L̸a femme est immortelle

Antiphilosophie de Jacques Lacan aux côtés de celles qui sont *pas-toutes*

女は不死である

ラカンと女たちの反哲学

立木康介

Tsuiki Kosuke

河出書房新社

女は不死である――ラカンと女たちの反哲学　目次

II 各論 ラカンと女たち 95

女は不死である

――ラカンと女たちの反哲学

To the memory of
Edmund Warren Perry Jr.
(1963–2019)

序

第二次世界大戦後のフランスで主に劇作家、シナリオライターとして活躍した詩人アントワーヌ・テュダル（彼は画家ニコラ・ド・スタールの最初の伴侶の息子だった）に、こんな詩片がある——

男と愛のあいだには、
女がいる
男と女のあいだには、
ひとつの世界がある
男と世界のあいだには、
壁がある

精神分析家ジャック・ラカンがこの詩を愛誦したことはよく知られている。ラカンの読者にとって、ラカンにたいするこの詩の親和力は、いわば自明のことがらだ。今日ふりかえると、この詩のなかにはラカンの教えがすべて詰め込まれているようにすらみえる。

「壁」は、ラカンにおいては言わずと知れる「言語」の壁だ。これが人間存在を根底から規定するとともに、いっさいの人と人のあいだに入り込んで、その論理に人を従わせる。「世界」とは、こうして言語の水面に浮かんだ人間関係の泡の寄せ集めにすぎない。

だが、男と女のあいだに挟まれた「世界」が意味するのは、それだけではない。「ひとつの世界がある il y a un monde」とは、フランス語では「(世界ひとつ分ほどの)大きな開きがある」ということだ。ある場所で、ラカン自らがこれを「けっして向こう側には着きませんよ」という意味だと説明してきかせたことがある。

男と女のあいだには、だから、およそ赤道一周分にも等しい、いやそれ以上の規模の、深い峡谷が横たわっている――テュダルの詩はそういいたいのだ。とすれば、これと正確に同じ意味をもつ命題がラカンに見出されることに思い至らぬ人はいない。ただし、ラカンはさらに簡潔に、しかしそのぶんいっそうセンセーショナルに、こう定式化したのだった――性関係はない、と。ラカンにとって、これは件の「壁」が存在する事実からほとんど直接的に導き出される帰結だった。つまり、男と女のあいだには、この言語の壁によって規制され、許諾され、しかるべく調合された享楽、それゆえ、この壁を受け容れたくない個人にとっては偽造されたものにしかみえない享楽だけが、介在しうるということだ。この享楽(ラカンはこれを「ファルス享楽」と名づける)はけっして人間が異性(他なる性)に、いや、異性の身体に、乗り入れることを可能にしてはくれない。それはあくまで〈一者〉(突き詰めていえば、個の身体)にのみ開かれ、〈他者〉には閉ざされた享楽なのだ。お好みなら、この不可能を「悲劇」と呼んでもかまわない。しかしラカンにとって、これはひとつの現実(現実的なもの)にほかならなかった。

だが、この断絶、性関係の不在という断絶は、精神分析の結語ではない。そこに架橋するとはいわないまでも、この不在を多少なりとも補填する何かがどうやら存在するらしい――しかも、女たちの側に！　この福音を伝えたのは、ラカンのもうひとつ別のテーゼだった。曰く、女なるものは存在しない。もちろん、女がこの世にひとりもいない、という意味ではない。そこから出発してどんな個人でも女性と判定できるような、単一で普遍的な概念としての〈女〉は存在しない、ということだ。つまりラカンは、女たちを集合化するものから、女たちを概念のヘゲモニーに従属させようとするものから、彼女たちを解き放つのである。なぜか。それは、そうすることではじめて、女の享楽、女たちに固有の享楽、すなわち、言語の壁の表面にねっとりと付着した享楽を凌駕する享楽への道が、姿を現すからだ。いや、女の享楽はたんにファルス享楽を凌駕するだけではない。さらに高く舞い上がり、無限に遠くたなびいてゆく可能性を秘めている――享楽にかんして、女たちは不死である、といいうるほどに！

　こうして、最後に「愛」の謎が残る。だが、もはや案ずるには及ばない。女の享楽がこのように見出され、名指されるそのとき、「愛」は女の背後に留まることをやめ、男と女のあいだに回帰してくるだろう。といっても、新たな断絶を刻むためにではない。むしろその断絶を埋め、両者を別のしかたで結ぶために。いや、結び直すために……。

　テュダルの詩篇は、こうしてみると、まるである種の神託のようだ。ラカンはその身を以て、いや、精神分析家としてのその教えを以て、この神託を実現する運命を引き受けたのだといってよい。

　本書は、ここに示された二つのテーゼ（「性関係はない」「女なるものは存在しない」）を中心に、そのラカンの歩みを辿り、そこに見出される曲折や起伏を浮き彫りにすることをめざして書かれた。

　だが、それを達成するには、本書を互いに性質の異なる二つのパートに分けることが必要だった。前半の「総論」は、本書のこの目標にいわば純粋に理論的な平面でアプローチする試みだ。ただし、性関係の不在と女の享楽という一九七〇年代前半のラカンの教えにのみ焦点を合わせるのではなく、その「前史」と呼べるもの（そしてこの前史じたいが、女性のエディプスコンプレクスとセクシュアリティをめぐるフロイト以来の長い論争に棹さしている）にまで一旦遡り、そこからこれらのテーゼのほうへいわば精神分析史の河を下るという手法をとる。

それにたいして、後半の「各論」では、総論で概観されたラカン理論の陰影や襞を、ラカン（その人とテクスト）に所縁の深い幾人かの女性たちの形象によってパラフレーズし、例証し、さらにそのポテンシャルを炸裂させる（！）ことがめざされる。これは、「女なるものは存在しない」というラカンの命題そのものによって、おのずと私たちに課せられる作業だ。というのも、繰りかえしになるが、この命題は何よりも「女」をひとつの完結した「概念」として捉えること、そのような概念から出発して女の「存在」――個々の女たちの存在――をつかもうとすることへの、深いアンチテーゼだからだ。

それだけではない。ラカンにとってこれは明確に哲学的、いや、この時代のラカン自身の造語にしたがえば反哲学的なバトル、すなわち「概念」とのバトルだった。一九六〇年代には、むしろ精神分析が生み出し、培ってきた諸概念の精度を高めることに腐心してきたラカンにすれば、これはきわめてラディカルな思想的転回だ（にもかかわらず、これまで世に問われたラカン論でこの点に触れた著作は少ない）。そのような転回へとラカンを誘ったのがまさに女たちについての思索だったという事実を、私たちはいくら強調してもしすぎることはない。ようするにラカンは、女たちとともに、あるいは女たちのために、哲学を捨てたのである。そしてそれは、私たち自身の進むべき道でもある。

だからこそ、ラカンの発言の総体から浮かび上がる女のイマージュを新たな概念に昇華させてしまうのではなく、むしろそれらの発言を個別に、かつ、それが投げかけられた（つまり、それがかかわる）個々の人物において吟味し、確認し、いわば学び直すプロセスがどうしても欠かせない。「各論」を彩る女たちは、たしかに、それぞれの存在様式も出自も著しく不揃いであるようにみえる。だが、これらのヒロインは、私にとって、女たちについてラカンが教えたこと、教えようとしたことを、まるで高性能のプリズムのように、色鮮やかに眼前に映し出してくれるという共通の強みをもつ。いや、プリズムというより、彼女たちは精神分析の領界のシャーマンであり、テュダルの神託をあらためてラカンに聴きとらせたシビラなのだ。本書はまた、このシビラたちに私が捧げる愛とオマージュでもある。

思えば、前世紀最後の四半世紀以来、世界は女の顔をもつようになった。欧米を中心に女性の社会進出が進み、政界や財界を席捲する女性のリーダーたちが現れた。ところがその一方で、同じ世界から「第二の性」の抑圧、この性のみが被るいわれなき不遇や不運の訴えが、消えてなくなったとはいいがたい。女性を取り囲むランドスケープは、だから深刻に二分されたままだ。なぜ、そうなのか。

女性の解放、女性の権利の向上を謳う思想は、男たちと同等の権利や地位を求めるあまり（そのために闘うことはもちろん必要不可欠だ）、いきおい（男性と比べて）「まだ足りない」という視角に収束してしまいがちだ。それは紛れもなく欠如から出発する思考であり、たとえ不足を埋める作業を自らに課すとしても、最初は引き算から出発しなくてはならない。

それにたいして、本書が見出したいのは、事足りてもなお「さらにその先」を呼び込む思考、そしてそれを支える論理だ。何かが足りないからもっと手に入れなくてはならない、ということではない。むしろ反対に、すべてが満たされてもなお「その先」がありうる世界、いいかえれば、引き算なしの足し算、それも果てしない足し算の世界だ。足りない部分を埋めるものを私たちは「補足complément」と呼ぶ。それにたいして、満たされた上でなお到来しうるものは「上乗せ supplement」になる。補足と上乗せ。これらはまったく異なる宇宙に属する。両者のあいだの開きは、そう、まさしくテュダルのいう il y a un monde に等しい。

それもそのはずだ。補足と上乗せの違いは、ようするに、男の享楽と女の享楽の隔たりだからだ。女の未来、そして女たちとともにこれからの世界が切り拓いていくべき未来が、どちらの宇宙に私たちを待つのかは言うに及ばない。その宇宙を望む窓のひとつとなることが、本書のささやかな野心である。

I 総論 女のエディプスから女なるものの享楽へ

精神分析家たちはなぜ、盲目の予言者テイレシアスに惹かれるのだろうか？
いうまでもない、オイディプスの罪を、それゆえ精神分析がフロイト以来「エディプスコンプレクス」と名指してきたものを、ゼウスが、あるいは――別の伝説によれば――アテナが授けた全知によって、誰よりも早く見抜き、オイディプス本人からのいかなる威嚇、いやいかなる「抵抗」にもかかわらず、告げることをためらわなかったからだ。

もちろん、精神分析家は神秘的な力をもつ予言者ではない。むしろその対極だ。自分の目の前にいる患者や分析主体のことを、分析家は何も知らない。もっぱら、これらの主体（患者や分析主体）が彼のうちに「想定する」（彼のうちにあるとみなす）「知」を、かりそめに、それゆえある種のフィクションとして、担うにすぎない。主体の真理にかかわる知は、本人の――無意識の――うちにしか、ほんとうには見出されないからだ。にもかかわらず、精神分析という特異な実践の構造上、この「知」（を想定される立場）をかりそめにも引き受けることを余儀なくされることで、あるいは、治療上のいわば戦略的な必要性から、分析家がテイレシアスになる（というより、なりすます）モーメントはけっして排除されない。

実際、「街頭で馬に噛まれるのが怖い」と訴える五歳の少年ハンスの治療に間接的に――つまり精神分析の心得のある父親を介して――当たっていたフロイトは、以前から見知ってはいたこの子どもを自らのキャビネ（診察室）に初めて迎え入れたとき、ソフォクレスが描いたテイレシアスの峻厳さには似ても似つかぬフレンドリーな態度においてではあったにせよ、やはりひとりのテイレシアスとして振る舞わなかっただろうか。馬恐怖を父親へのエディプス的敵意に決定的に関係づけるべく、フロイトは本人にこう告げたのだった——「きみはお母さんのことがあんまり好きなものだから、お父さんを怖がっているんだね。きっと、お父さんがそのことできみに怒っていると、きみは思っているにちがいない。でもそんなことはない。お父さんはきみのことが好きだし、きみは怖がらないでお父さんに何でも話していいんだよ。きみがこの世に生まれるずっと前から、先生にはちゃんと分かっていたんだ。お母さんのことが大好きになり、そのせいでお父さんを怖がらなければならなくなるハンスという子が、いつかここに来るだろう、と。だからお父さんにもとっくにそう話しておいたのさ」[1]。この一言に喫驚したハンスが、帰り道、「あの先生は神様とお話しするの？　あんなことがぜんぶ前々から分かるなんて」[2]と父親に尋ねずにいられなかったのもムリはない。フロイト自身が「冗談半分のはったり（meine scherzhaften Prahlereien）」と認めるこの「お告げ」は、おそらく解釈としてよりもパフォーマンスとして効いた、つまり、無意識の主体と症状との癒着を揺るがすことに成功したのである。

だが、精神分析家が関心を寄せるのは、このテイレシアス、すなわち、オイディプスを真理の発見に導くという彼の伝説中のこの部分にだけではない。ジャック・ラカンはこう述べている——「分析家はテイレシアスの機能を支えもつだけでは十分ではない。アポリネールが言うように、このテイレシアスは乳房をもっていなくてはならない」[3]。

この一節が見出される文脈においてラカンが論じているのは、分析家が転移のなかで演じる役割についてだ。その役割は、たんに主体の無意識（が症状や夢のかたちで発するメッセージ）を翻訳してやったり、主体の欲望の在処を名指してやったりすることには、けっして還元されない。それらに加えて、分析家は、中華レストランでちんぷんかんぷんな名前のメニューを解説してくれる女主人の胸元を客がついチラ見してしまう場合のように（念のためにことわっておくが、これはラカン自身が引き合いに出している例だ）、面接の最中に主体の欲動がムズムズと動き出す、その欲動の対象になる（あるいはこの対象をもつとみなされる）ことができなくてはならない。精神分析とは、いうまでもなく、純粋に知的な営みなどではなく、主体の——ときにナマナマしい——欲動にかかわる実践だからだ。

(1)（精神分析的に）女性的なるもののほうへ

しかし、ここでラカンがギヨーム・アポリネールの戯曲『テイレシアスの乳房』（一九一七）を思い出しているのは偶然ではない。フェミニズムに目覚めた主婦テレーズが男性の権威にもはや屈しないと宣言したとたん、彼女にヒゲが生え、彼女の身体から乳房が離れて風船になって舞い上がる場面からはじまるこの——プーランクが一九四七年にオペラ化したことでも名高い——不条理劇を、ラカンはいたく気に入っていたらしく、再三にわたり引き合いに出している。男性になったテレーズがテイレシアスを名乗り、将軍になり議員になり市長になってザンジバル（それが戯曲の舞台だ）の人々の人気を集める一方、やがて夫のほうも女性化し、憲兵に言い寄られたり、一日に四〇〇四九人の赤ん坊を生んだりするハチャメチャなストーリーはたしかに可笑しい。にもかかわらず、これがたんなる荒唐無稽で終わらないのは、この戯曲がテイレシアスの両性具有にかかわる伝説を下敷きにしているからだ。ラカンは他の場所で、より直接的にそれに言及している。曰く——「テイレシアス、精神分析家たちの守護聖人《パトロン》といってもおかしくないこの人物、見者テイレシアスは、最高女神ユノーによって盲目にされた。嫉妬深い女神は、テイレシアスが気に障ることを言ったのにたいし、こうして復讐したのだが、その顛末をオウィディウスは『変身物語』第三巻でわれわれにていねいに説明している」[4]。

とくれば、ギリシャ・ローマ神話中もっともイミシンなエピソードのひとつといっても過言ではないこの「顛末」を、オウィディウスのナレーションで辿ってみたくなるのが道理というものだ。『変身物語』にはこうある——

〔…〕たまたま、ユピテルは、神酒《ネクタル》に陶然として、わずらわしい悩みを忘れ、これも無聊《ぶりょう》をかこっていたユノーを相手に、くつろいだ冗談をとばしていたというのだ。ユピテルは「これは確かなことだが、女の喜びのほうが、男のそれよりも大きいのだ」といった。ユノーは、とんでもないとそれを否定する。そこで、もの知りのテイレシアスの意見を聞こうということになった。この男は、男女両性の喜びを知っているからだが、それにはわけがある。[5]

その「わけ」とは、かつてある森のなかで、交尾している二匹の大きな蛇を杖で殴りつけたとき、男であったテイレシアスの身体が女に変わった、というものだ。テイレシアスはそのまま七年を過ごしたのち（この「七年」がアポリネールの戯曲では「だがしかし、パン屋のおかみは七年ごとに脱皮した／七年ごとに、彼女は羽目をはずすのさ」というリフレインに聴きとられることを、ラカンは、これまた喜々として——まるで自分だけがそれに気づいたとでもいわんばかりに——繰りかえし指摘している）、再び同じ蛇たちに出くわした機会をとらえて、これらの蛇を以前と同じように叩いた。すると、彼は元の性に戻ったのである。だが、肝腎なのはこれに続く記述だ——

いま、冗談めいた争いの裁定者に選ばれると、彼は、ユピテルの意見のほうを正しいとした。ユノーは、伝えられているところでは、度を越えて深刻に、話の中身に不釣り合いなほど気を悪くして、その裁定者を罰し、彼の目を永遠の闇でおおった。しかし、全能の父なる神は――ある神がおこなったことを無効にすることは、どんな神にも許されないので――テイレシアスが視力を奪われたかわりに、未来を予知する能力を彼に与え、この恩典によって罰を軽くした。[6]

『愛の技法』なる恋愛指南書の著者でもあるオウィディウスにしては、肝腎なところをいささか淡泊に記述しすぎているように見えなくもない。ユノーが「話の中身に不釣り合いなほど気を悪くし」たのはなぜかと、私ならここでもう一歩踏み込みたい気になる。テイレシアスにずばりほんとうのことを言われたと思ったからこそ、ユノーは我を忘れて激高したのではないのか。いや、ひょっとするとオウィディウスには、ユノーが過剰に反応した理由は自明すぎて、それに余計な説明を加えるのはかえって野暮だと感じられたのかもしれない。いずれにせよ、この問題がオウィディウス以外にも多くの神話伝者たちの興味を惹き続けたことは疑いを容れない。同じエピソードを扱った他のヴァージョンをいくつか温《たず》ねてみよう。トロイヤ戦争から紀元前二世紀半ばまでの歴史を綴った『年代記』の著者として知られるアテネの文法家アポロドーロスと長いあいだ混同されてきた作家（今日では「偽アポロドーロス」と呼ばれる）によって、紀元一世紀もしくは二世紀に記されたダイジェスト版ギリシャ神話『ビブリオテーケー』は、「ヘシオドスによると」とことわった上で、件の場面をこう描いている――

それゆえ［すなわち、テイレシアスが男女両性を経験しているがゆえ］、愛の喜びを女と男のどちらがより多く手にするかをヘラとゼウスが言い争ったとき、二人はテイレシアスに裁定を求めた。テイレシアスは答えて曰く、愛の喜びが合わせて一九になるとすると、女はそのうち一〇を感受し、男が感受するのは九のみでございます、と。ヘラはこの判決に憤慨し、テイレシアスから視力を奪ったが、ゼウスは彼に予言の技を授けたのだった。[7]

おもしろいのは、この一節の直後に、韻文で書かれた別のヴァージョンが挿入されていることだ。おそらく典拠が異なるのだろう、そこに示された数字がいま見たものとかけ離れているだけに、読むものを当惑させずにおかない——

ゼウスとヘラにたいして、テイレシアスはこう告げた。享楽が一〇の部分から成るとすると、男はそのうちただ一のみを感受する。しかし、女は一〇の部分全部を感受するのである。[8]

ところで、ぐっと時代が下がった中世の厳格なキリスト教社会も、古代神話への関心を根絶するには至らなかった。これらの神話のコンピレーションのような手稿がヴァティカンに保管されており、その三つのヴァージョンのうち、俗に「ヴァティカンの第一神話伝者」と呼ばれる著者のテクストは、校訂者のネヴィオ・ツォルツェッティによると、八七五年から一〇七五年のあいだのどこかで書かれたという。テイレシアスがヘラ＝ユノーによって視力を奪われるエピソードはここにも見出されるが、どうやらオウィディウスに依拠したらしいその記述には、しかし、やはりオウィディウスにはないディテールが盛り込まれている。曰く——

ユピテルとユノーのあいだに諍いが起きていた。男女どちらの性がより多くの愛欲の歓び〔uoluptas libidinis〕を感じるかがその種だった。裁定役にテイレシアスが招かれたが、それは彼がどちらの性も経験したことがあったからだ。この求めに応じて、テイレシアスは、女が感じる歓びは男のそれより三倍も大きいと答えた。ユノーは激高し、彼の視力を奪った。彼女はこの答えを、ユピテルにおもねり、自分を侮辱するものとみなしたのだ。この侮辱のためにこうして盲目になったテイレシアスに、ユピテルは未来を知る能力を与えた。[9]

こうして並べてみると、物語（伝承）の本筋には異同のないことがよくわかる。男女どちらの性も経験したことがあるテイレシアスによって、女の享楽は男の享楽よりも大きいという証言がもたらされ、それを聴いてヘラ＝ユノーが――文献学者たちのあいだで定説になっているとおり、秘められた真実を暴露されたがゆえに――怒りを爆発させたというのだ。ヘラ＝ユノーのこの文字どおりヒステリックな反応はさておき、私たちが注目すべきなのはやはりテイレシアスの証言そのもののほうだ。性愛の営みにおいて、女は男より多くの享楽を得るらしい。だがその差は、神話伝者によって、「一〇対九」とみなされたり、「三倍」もしくは「一〇倍」と見積もられたりしている。おまけに、残念ながら出処を確かめることはできなかったが、「七倍」とする異説も一部では広まっているようだ。もちろん、おそらくはたんに話を面白くするために、それぞれの伝者が適当に盛ったにちがいないこれらの数字に、たいした根拠などあるはずがない。にもかかわらず、彼らがまるで当てずっぽうのように挙げてみせる数字の開き、というかばらつきに気を留めてみることは、けっして意味のないことではない。これらの食い違いは、結局のところ神話伝者たちのいわゆる「主観の違い」に帰せられるべきなのだろうか。いや、それはむしろ、男の享楽と女の享楽に共通の尺度がそもそも存在しないことを暗示するのではないだろうか。いいかえれば、男女の享楽を同じ「目盛」や「単位」で測ることはできないのではないだろうか。実際、比べられる二つのものの程度の差がはっきりしないとき、考えられる不具合の可能性は二種類しかない。秤が間違っている(不適切な秤が使われている)か、二つを同じ秤に乗せることが間違いであるかのどちらかだ。テイレシアスに魅了され続けたラカンが採ったのは、まさに後者の読みだった。より正確には、ラカンはこう考えたのだ。男の享楽と女の享楽は、互いに異なる論理に拠って立つ、と。いいかえれば、両者を同じ論理で扱うことはできない、と。そしてそれこそが、一九七〇年代初頭のパリを席捲したラカンの名高いテーゼが意味することにほかならない。これに聞き覚えのある読者も少なくないだろう。ラカンはこう言ったのだ――「性関係はない Il n'y a pas de rapport sexuel」と。

さて、ここでいったん仕切り直しとしよう。少し理屈っぽくなるかもしれないが、これから先は精神分析のことばで語らなくてはならない。

「性関係はない」というラカンのテーゼは、彼のアンチ生物学主義からの直接的な帰結であると同時に、男性性と女性性(男らしさと女らしさ)をめぐるフロイト以来の理論を迷わず踏み越えようとする革新的な一歩でもあった。

精神分析の直接の「生みの親」というべきものは主に二つある。ひとつは、一九世紀末のヨーロッパで流行した「ヒステリー」の臨床であり、フロイトはそのフィールドにおいて、自らの出発点である催眠療法と訣別し、あれこれの試行錯誤を経て、精神分析という固有の治療法に辿り着くと同時に、神経症の原因が無意識のセクシュアリティ(幼児期の性生活に由来する性的欲望と性的空想)のうちに見出されることを突き止めることができた。もうひとつの生みの親は、ほかならぬフロイト自身の「自己分析」であり、その経験がフロイトに「夢判断」(夢解釈)の技法の確立とエディプスコンプレクスの発見をもたらした。ヒステリーが心因性の病であることを訴える上で、男性ヒステリー患者の存在をフロイトが強調したことは（当時、ヒステリーはまだ、その名の由来である「子宮《ヒュステラ》」に結びついた女性特有の病とみなされることが多かった）、しかし、ヒステリー患者の大多数がやはり女性であったという事実を妨げない。それゆえ、フロイトに神経症の性的病因論を教え、さらには、それを一般化する過程で、性的空想の重要性を教えたのは、フロイトのもとで分析を受けた女たちだったといってよい。にもかかわらず、フロイトが自らの分析（自らを患者として扱う分析）を通じて見出したエディプスコンプレクスを普遍化し、幼児期の性生活の中核に位置づけたことで、精神分析の性理論はいきおい男性中心的、いや男性先行的なパースペクティヴのもとで構築されざるをえなくなる。エディプスコンプレクスと去勢コンプレクスを軸とする幼児期の性的発達の道筋が、男性についてはすでに一九〇〇年代に概ね把握されたのにたいして、女性については一九二〇年代まで待たねばならなかったのは、そのためだ。

エディプスコンプレクスとは、異性の親への愛と同性の親への憎しみから成る無意識的欲望の複合体をさす。フロイトは当初、それは男女において単純な対称性をもつと考えていた。つまり、男性においては母への欲望と父への攻撃性が、女性の場合には父への愛情と母への憎悪が、幼児期の性生活の前景を占めるということだ（ただしフロイトは、いかなる主体も無意識においては両性的であり、解剖学的な性とは反対の性の諸傾向も併せもつと考え、これら表のエディプスがつねにそれと反対方向の傾向、すなわち裏エディプスを伴うことを強調してもいる）。だが、成人の社会生活はいかなる近親姦も認めない以上、エディプスコンプレクスはやがて抑圧される運命にある。それでは、何がエディプスコンプレクスを収束させるのだろうか。

この問いにたいするフロイトの答えが「去勢コンプレクス」だった。つまり、母親や他の女性の身体にペニスがないことを知り、また、覚えはじめた自慰行為を威嚇的に禁止されて、子どもは、ペニスを失う恐怖（去勢不安）から、母への愛を断念してそれを他の対象に振り向けるとともに、父を憎むことを諦めて父への同一化をめざすようになる、という理屈だ。男児にかんしてなら、この見方はまずまず合理的で、思春期後の性的発達の一般的な方向性（父のような男になって母のような女を欲望するという）にもよく馴染む。だが、いうまでもなく、この説明は女児の場合にはまったく整合性をもたない。女児においては、去勢はいわば最初に見出され、男児のようにそれを怖れる理由はないはずだからだ。とすれば、そこには新たな謎が生じてくる。女児の場合も最初の性対象が母親であることに変わりはない（前エディプス的母娘関係）。そこから出発して、女児はどういう経緯で父親を愛するようになるのだろうか。いいかえれば、女児のエディプスコンプレクスはいかにして構築されるのだろうか。

フロイトがこの謎の解明に取りかかるのは、ようやく一九二五年になってからだった（その翌年になってもまだ、フロイトが成人女性の性生活を精神分析にとっての「暗黒大陸」と呼んで憚らなかったことはよく知られている）。しかしここでも、答えは去勢のうちにあった。女児は、男性と引き比べて自身におけるペニスの不在を確認すると、自分がひどく「損なわれている（beeinträchtigt）」[10]と感じ、男性と同じようなペニスをもつことを熱望するようになる（ペニス羨望）。同時に、自らと同じ不幸を被っている母親に幻滅し、母親から愛情を引き上げると、それをまるごと父親のほうに振り向ける。父親なら自分にペニスをくれるかもしれない、いや、ペニスの代わりである子どもをくれるかもしれない、と。そしてこのように父親に転移された欲望こそが、やがてペニスをもった男性（父以外の）への愛に、すなわちいわゆる「正常な」異性愛に、女性を導くだろう……。

こうしてフロイトが最終的に辿り着いたのは、エディプスコンプレクスと去勢コンプレクスの順序は男児と女児でまったく逆になるという認識だった。ここには、私が先に述べたラカン的オプションが、すなわち、男女のセクシュアリティをそれぞれ異なる論理に書き込むというオプションが、すでに先取りされていないだろうか――エディプスと去勢のあいだの順序の逆転は、男女の性的発達が別々の論理を辿ることを意味すると考えられなくもないのだから。いや、残念ながら、そうではない。フロイトのこの説は、反対に、男女のセクシュアリティを紛れもなく同一の基盤の上に打ち立てている。その基盤とは、いうまでもなく「去勢」である。つまりフロイトは、男性性と女性性、男性の欲望と女性の欲望を、ペニスがある／ないの区別に由来する同一の論理で、だからひとつの尺度で、捉えているのである。多くのばあい批判的にフロイトに向けられる「ファルス中心主義」ということばは、まさにその謂に解さなくてはならない。

もっとも、このように去勢の一元論に支えられてのこととはいえ、フロイトがかろうじて男性性と女性性の決定的な非対称を際立たせるのに成功したことは、評価されてよい。そこにフロイトを導いた要因のひとつは、母娘の前エディプス的癒着（ペニスの不在がまだ女児にとって問題にならない段階での母子密着）の重要性に遅ればせながら気づいたことだった。この発見は、「死の欲動」の導入（一九二〇年）に続くフロイト理論の地殻変動の陰に隠れてしまいがちだが、フロイトの晩年を代表する成果のひとつだと言える。にもかかわらず、この前エディプス的密着がもつ臨床的射程を、それを特徴づける激烈なアンビヴァレンツ（愛と憎しみの同居もしくは交代）が女性のその後の性生活にいかに重くのしかかるのかという実際的問題（フロイトが強調するのは、前エディプス期への強い固着を残す女性の場合、母親から父親へ転移された愛情をさらに父親から引き継いだはずの夫が、同時に、母親に向けられていた憎悪や反抗心の新たな対象にもなるため、結婚生活がおうおうにして破滅的になるという事実だ）にほとんど収斂させてしまい、去勢コンプレクス以後に確立されるエディプス的な女性性のいわば余白で、この母娘関係の名残がいかなる運命を辿りうるのかについて、フロイトがそれ以上掘り下げて追究しなかったのはいささか残念だ。実際、最晩年の名高い論文においても、フロイトは去勢コンプレクスの二つの顕れかた、すなわち、男性における「去勢不安」と女性における「ペニス羨望」を、精神分析のプロセスのなかで分析家を「尋常でないほどひどく煩わせる」[11]困難と位置づけながら、それを結局のところ分析では克服できない、それどころか克服する必要のない問題とみなすことで満足しているように見える。フロイトによれば、去勢不安は女性的な立場に置かれることへの強い拒否の形をとり、分析家の解釈やアドヴァイスをいっさい受けつけない（つまり、父性的な分析家の権威にけっして屈しない）というタイプの抵抗を引き起こすのにたいし、「ペニス羨望」のほうは――ペニスの代理である子どもがほしい、ペニスをもった男性パートナーがほしいという願望の形をとって、根強く存続してきただけに――分析治療がこれを満たしてくれないことがわかると、重篤な抑うつを生じさせるおそれがあるという。にもかかわらず、フロイトはそれらを、分析の作業がそこに到達すれば分析が完了したと考えてもよい「岩盤」[12]に帰することを怖れない。その岩盤とは、精神的なものがその上に基礎づけられるところの「生物学的なもの」であり、それに太刀打ちすることは精神分析家の能力に余るというのである。

　おそらく、それが生物学にたいするフロイトの率直なスタンスなのだろう。一方では、フロイトは一貫して、「男性的なもの」と「女性的なもの」を心的に表象するものが何もないことを強調してきた。かろうじて「能動性／受動性」の対が「男性性／女性性」に対応する場合もあるが、それらとてけっして完全に一致するわけではない。男性性／女性性の探求は、それゆえ、生物学的事実とはさしあたって一線を画したところでなされなくてはならない。その「一線を画したところ」が、フロイトにとって「エディプスコンプレクス」や「去勢コンプレクス」を軸に描き出される幼児セクシュアリティの探求だったことはいうまでもない。その一方で、しかし、フロイトは、いつか生物学が男女の謎（男性および女性の本性が何に存するか）を解明してくれるだろうという望みを捨ててはいない。それが解明された暁には、ペニスの現前／不在によって方向づけられる男女の性的発達の違いが、生物学的真理のうちに晴れて回収され、そこに確固たる基盤を見出すだろう——そう期待するのがフロイトなのだ。ここには、一九世紀的実証科学の理想にたいするフロイトの素朴な信頼（あるいは「帰依」といってもよいかもしれない）が透けて見えている。

これにたいして、ラカンの立場はこの点でははるかにラディカルだ。二つの大戦を経験したあとのヨーロッパにあって、ラカンにはもはやフロイトと同じ科学的理想を共有する必要がなかったのに加え、フロイトの時代にはまだ存在しなかった、あるいは萌芽的にしか見出されなかったいわゆる「人間科学」（ただし、ラカン自身はけっしてこの呼び名を好まず、自らを「主体の科学」の担い手とみなしていた）の成果を参照できる強みがあった。そこから、まさに男と女の差異についての、ラカンの次のような発言が生まれる——

実存は、性の分裂のおかげで、交接の上に成り立つ。交接には二つの極がかかわることが強調されるが、世々の伝統は、これらの極をつとめて雄の極と雌の極として性格づけようとする。というのは、そこにこそ生殖の原動力が宿るからだ。古来、この根本的現実をめぐって、生殖という目的性に多少なりとも結びついた他の特徴がグループを形成し、互いに調和し合ってきた。ここで私にできるのは、生物学の範域において、性の分化に結びつくものを、二次的な性的特徴および性的機能の形で指し示すことだけである。われわれは今日、この〔性の分化という〕問いにかんして、諸機能の配分がいかにして、社会のなかで、〔そのつど二つの項の〕交代ゲームのかたちで根拠づけられてきたのかを知っている。それは、現代の構造主義が最もうまく説明できたことがらだ。構造主義は次のことを明らかにしたのである。すなわち、根本的な諸交換が実行されるのは姻戚関係の水準において――それゆえシニフィアンの水準において――であり、その場合の姻戚関係とは自然による生成に、生物学上の系譜に、対立するものである、ということだ。そして、まさにそこにおいてこそ、われわれは社会の動きの最も基本的な諸構造を見出す。これらの構造は、ひとつの組み合わせを構成する諸項のうちに書き込まれなくてはならない。[13]

ラカンが念頭においているのは明らかにクロード・レヴィ＝シュトロースの『親族の基本構造』だが、それを繙くまでもなく、この一節に込められた意図は見紛う余地がない。性の分化に伴う諸機能や諸特徴を人間社会において支えているのは、生物学的事実ではなく、二項対立的構造をもつ「シニフィアン」の組み合わせである、とラカンは言いたいのだ。いいかえれば、ある個体が男もしくは女としていかに振る舞うか、いかなる配偶者を娶るかは、それどころか、いかなる性格を身につけるかに至るまで、他の動物においてならいざ知らず、少なくとも人間においては、生殖という目的に奉仕するあれこれの生物学的、生理学的、解剖学的機能によってではなく、私たちの言語と文化を構成する要素にほかならないシニフィアンによって決定される、ということだ。ようするに――ラカンにしたがえば――話す存在たる人間の性と生物学的性のあいだには埋めがたい断絶が存在するのである。

もっとも、ラカンのこうした立場は、けっして生物学的次元のたんなる否定や否認には還元されない。生命体としてのヒトの身体が生物学的組成をもち、生物学的機能を担うこと、それをラカンは忘れてはいない。それどころか、生命のない身体に「享楽」は宿らない、と彼は言うだろう。だが重要なのは、この身体が人間においては同時に言語によって、だからシニフィアンによって、棲まわれているということだ。たんに身体の外部から規定され、拘束されるだけではない。身体の内部に発する感覚や欲求ですらも、シニフィアンの構造を通過しなければ私たちの生のなかで意味をもちえない。そしていったんこのようにシニフィアンの構造に接続されるや、私たちの身体は本来の生物学的事実とは根本的に切り離された別の現実――それをラカンは「象徴界」と呼ぶ――を生きざるをえないのである。

とすれば、私たちの「性」もその例に漏れるはずがない。両性の結合による「生殖」が、人間において、両性の関係をいささかも目的論的に規定しないことは、いまさら言うに及ばない。人は子どもがほしいから性交するわけではない。もちろん、子どもがほしくて性交する人たちもいる。だが、それは私たちの性生活全体を支配する目的などではないし、私たちの性行為のうちには生殖と結びつかないものも少なくない（それどころか、大部分は生殖といかなる直接的な関係ももたないと言わねばならない）。だからこそ、私たちは性的にさまようことを余儀なくされもするのである。生物学的な目的性を奪われた性関係、それどころか、そのような目的からいくらでも隔たりうる圧倒的な可変性、可塑性を与えられた男と女の関係は、何をめざし、どこに向かうのだろうか。もちろん、ここにはいかなる正解もない。人間が話す存在であ（り続け）るかぎり、男も女もこの正解の不在だけが君臨する虚空を漂う運命を免れえない。ラカンのテーゼは、プルタルコスが伝える「偉大なるパーンは死んだ」にも似て、この虚空に響き渡るのを彼だけが聴きとった神託のようなものだと言えるかもしれない。それをラカンはパリの、ソルボンヌ大学大講堂につめかけた五〇〇人を超える聴衆に向けて、マイクを通して告げたのだった。そう、「性関係はない」と。

(2)「男と女とに神は彼らを創り給うた」

だが、これだけではまだ、性関係の不在をほかならぬ「享楽」の水準で、とりわけ「女の享楽」にかかわる問題として、捉えたことにはならない。

そもそも、「享楽」はラカンにおいて、いわば「遅れてきた客」だった。一九六〇年代後半にこの概念が理論の前景を占めるに至る前に、主役の座を演じていたのはむしろ「欲望」だった。それゆえ、ラカン理論の発展史の時計を少し巻き戻し、「男」と「女」にかんするラカンの問いを「欲望」の水準で辿り直してみよう。

述べたとおり、男性性と女性性をめぐるフロイトのファルス主義的理論が、一九世紀的実証科学への信頼に支えられたある種の生物学主義のうちに回収されてゆく（かのように見える）その地点において、およそ四半世紀後に、構造主義（そのレヴィ＝シュトロース的ヴァージョン）というバネを手にしたラカンは、フロイトとは対照的に、生物学的なものと一線を画する地平にやすやすと飛び移ることができた。

とはいえ、そのラカンも「ファルス主義《ファリシズム》」と呼ばれうるものからつねに自由だったわけではない。むしろ、ラカンのアンチ生物学主義は、とりわけ一九五〇年代（より正確には、一九五八年に前後する時期）には、徹底的にファルスに依拠した議論を展開することにおいてこそ、際立っていた。それは、一方では、「ファルス」の概念を身体上の解剖学的器官（ペニス）から切り離し、厳密に「シニフィアン」として位置づけ直すラカンの独創のなせる業だったと見ることもできる。だが、他方で、男女の性差をあくまで「ファルス」という座標軸のもとで探求するという視座そのものは、フロイトの女性論に引き続き、いや、正確にはそれと前後して沸き起こり、一九二〇年代から三〇年代の精神分析界を大いに賑わせた諸論争のそれを明らかに踏襲したものだった。ようするに、ラカンの独創は精神分析の歴史から切り離されてはいない、、、、、、、、、、、、、、、、、、存在しないのだ。

女性の性的発達についてこの時代に際立った言説を紡いだ分析家のうち、ラカンのテクストに繰りかえし登場してやまないのは、アーネスト・ジョーンズとオットー・フェニヒェルの二人である。今日ではフロイトの伝記作家として真っ先に名前の挙がるアーネスト・ジョーンズ(一八七九~一九五八)は、英語を母語とする世界初の精神分析家であり(初期の精神分析家はほとんどがオーストリア人、ドイツ人、ハンガリー人であり、第二次大戦以前にはドイツ語こそが精神分析の母語だった)、これまでに世界で最も成熟した精神分析的言説を花開かせたといってよい英国精神分析の基礎を築いた人物だ。ジョーンズ自身の発案により、一九一二年、フロイトの側近中の側近のみを集めて組織されたいわゆる「秘密委員会」(そのメンバーひとりひとりにフロイトが指輪を贈呈したことから、「指輪委員会」とも呼ばれる)は、フロイト理論の純粋性を逸脱や曲解から(つまり異端から)守るという名目のもと、フロイトの側近中の側近のみを集めて組織されたいわゆる「秘密委員会」のメンバーであり、同委員会が二七年に役目を終えたのちも、同じイデオロギーを国際精神分析協会の指導部にもちこみ、精神分析理論＝フロイディズムの保全と標準化に目を光らせた。

それゆえ、ジョーンズをしてフロイト理論のもっとも忠実な唱道者と錯覚する向きもあるが、じつはそうではない。フロイトとその娘アンナの宿敵となるメラニー・クラインにいち早く注目し、彼女が頭角を現したベルリンからロンドンへと彼女を移住させて、子どもの精神分析家としての彼女の活動を後押ししたのは、ほかならぬジョーンズだ。このことは、フロイト一家のロンドン移住後、一九四〇年代の英国精神分析協会に、クライン派とアンナ・フロイト派の文字どおりの戦争――ナチス・ドイツによるロンドン空爆のさなかにも続けられたという両派の論争は、英国の分析家たちにとって、第二次大戦下に繰り広げられたもうひとつの戦争だった――をもたらすものの、クラインという傑出した分析家の拠点がロンドンに形成されたことで、その後の英国精神分析の繁栄に道を拓いたといえる。そのクラインの明らかな影響のもとに、ジョーンズがフロイト理論との対決を鮮明にしたのは、女性の去勢コンプレクスとその帰結についてだった。といっても、ジョーンズはフロイトに面と向かって異を唱えたのではない。フロイトの学説に根本的に依拠するというポーズをとり、フロイトの顔を立てた上で、ある一線から先はフロイトの言を丸呑みにできない、自分はむしろクラインの説を採りたい、云々と展開してゆくのである。その、よくいえば折衷的、悪くいえば二枚舌的なしたたかさを、ラカンが「弁証法的スケーティング」[14]と揶揄しているのが可笑しい。

おそらく、ジョーンズにはもともと「去勢コンプレクス」という概念、とりわけそのフロイト的把握への抵抗が一貫してある。フロイトは男性の「去勢恐怖」について語った。女性におけるペニスの不在を発見した男児が抱く、(性的欲望をもつと)自分もあのようになるのではないか、という怖れだ。男児においては、それがエディプスコンプレクス(近親姦的欲望)の消沈につながってゆく。だが、女性においては何がこの恐怖に対応するのだろうか。女児が自らの去勢を発見すること(男性のペニスを前にしての、自らのペニスの不在、あるいはクリトリスの小ささの発見)を、男児の場合とは反対に、エディプスコンプレクスへの助走とみなすフロイトの理論からは、この問いへの答えは出てこない。それにたいしてジョーンズは、一九二六年に発表された論文「女性のセクシュアリティの早期発達」において、根源的な恐怖の源泉としての「去勢」概念を相対化する方向に向かう。怖れられているのが文字どおりの「去勢」であるとすれば、それに対応する恐怖が女性に見られないのは当然だ。だが、性的欲望にブレーキをかけるような怖れ(不安)は女性にも存在する。とすれば、それはペニスの有無にかかわる怖れに限定されてはならない。ジョーンズ曰く――

男性のあいだで去勢恐怖が際立つために、われわれはときおり、男女どちらの性においても、去勢はたんに性的能力にたいする部分的な脅威にすぎないことを忘れがちになる。〔性的能力の〕完全な消失というメイン・ブロウについて、われわれは〔去勢とは〕別のターム、たとえばギリシャ語の「アファニシス」を使うのがよかろう。

あらゆる神経症のベースに横たわる根源的恐怖をその根幹にまで辿れば、われわれは、私見ながら、それが真に意味するのはこのアファニシス、すなわち、性的享楽のための能力の完全な、そしてもちろん恒久的な、消失である、という結論に達する。[15]

この「アファニシス（aphanisis）」は、ラカンの読者にはまず「欲望の消失[16]」として、次いで「主体の（存在の）消失」としてお馴染みだ。とりわけ一九六四年のセミネール『精神分析の四根本概念』において、ラカンはジョーンズに明示的に言及しながら、ジョーンズによって去勢コンプレクスの真のモーターとみなされた「アファニシス」を、主体が根源的に同一化するシニフィアンのもとでの「主体の（存在の）消失」の意味に転用した。

だが、私たちにとって重要なのは、それではない。「アファニシス」の概念を導入したこの論文においてジョーンズが最も強調したのは、いわゆる「男根期（ファルス期、phallic phase）」が女性においては性的発達の一段階ではなく、心的葛藤にたいする二次的な防衛反応である、という点だった。フロイトはこれを、「力動的諸関係にも時間的諸関係にも合致しない[17]」として斥ける。それに食い下がって、ジョーンズが一九三二年にものしたのが、まさに「男根期[18]」と題された長編の論考だ。男根期とは、精神分析が仮定する幼児の性的発達の一段階であり、性的欲動のエネルギーである「リビドー」の源泉が、授乳を通じて口唇帯域（唇、口腔、咽喉）に形成される「口唇期」、トイレットトレーニング（糞便を介するコミュニケーション）を通じて肛門とその周辺に築かれる「肛門期」に次ぐ、三つめの主要なステージであるとされる。フロイトはそれを、男児においても女児においてもただひとつの性器、すなわちペニス（および女性におけるその解剖学的対応物であるクリトリス）のみが性的関心を方向づける時期と特徴づけ、そこではまだ女性性器（膣）が発見されていないことを強調した。通常、三歳から五歳頃と想定される男根期はまた、エディプスコンプレクスが絶頂に達する時期でもある。それを衰退に向かわせるのが、フロイトのいう「去勢」の発見にほかならない。男児は女性におけるペニスの不在を目撃し、「去勢された人間」の存在を知るのにたいし、女児は男性のペニスに遭遇し、自分にはそれが不在であること（あるいは、自分のクリトリスがそれよりはるかに小さいこと）を知って自分が「損なわれている」と感じる。その結果、男児は母への近親姦的欲望を断念し、これまでは性的なライヴァルだった父への同一化を求めるようになり、女児は自分と同じハンディキャップを負った母に幻滅し（あるいは自分にペニスをくれなかった母にルサンチマンを募らせ）、愛情を母から父にシフトさせるに至る。こうして、フロイトにおいては、先に確認したとおり、男児の場合はエディプスコンプレクスから去勢コンプレクスへ、女児の場合は去勢コンプレクスからエディプスコンプレクスへという、男女間の性的発達の非対称が生じる。

これにたいするジョーンズの批判は、相互に連関する次の三つの点に集約されるといえる。

（一）男女ともに幼児期早期から（つまり男根期以前から）「女性性器」についての知（ただし無意識的知）をもっている。

（二）男根期前半には男女それぞれにエディプスコンプレクス（異性愛的対象愛）を発展させるの

であり、その意味で両性の発達のあいだには完全な対称性が見出される。

（三）　これらのエディプス的発達は去勢恐怖（とされるもの）によってブレーキをかけられるが、その結果は男女ともに異性愛的対象愛の断念という同一の防衛反応になる。

このうち、最も重要なのはいうまでもなく（一）の観点であり、（二）および（三）はそこからの帰結ないし論理的展開にすぎない。ところで、その（一）の観点は、ジョーンズのそれである以前に、カレン・ホルナイのそれであり、いっそう色濃くメラニー・クラインのそれであることは、これらの女性分析家への賛同を隠さないジョーンズのテクストからも一目瞭然だ。つまりジョーンズはここで、一九二〇年代から著しく擡頭してきた若い女性分析家たちの側に立って、フロイトの説を斥けている、いや斥けることを余儀なくされているのである――ラカンが「弁証法的スケーティング」と呼ぶ詭弁術を用いて、あくまでフロイトの顔を立てる素振りをしながら。

いずれにせよ、これらの議論をフロイト理論と何とか中和させるためにジョーンズが持ちだすのが、「男根期」を二つに区切るというやりかた、すなわち、去勢恐怖（とフロイトが呼ぶもの）を境に「第一男根期（proto-phallic phase）」と「第二男根期（deutero-phallic phase）」に分断するというやりかただ。前者は、ペニスの有無という問題について自我に葛藤がなく、少なくとも意識のうちでは無垢で無知な段階、後者は、世界が「ペニスをもつ者」と「去勢された者」の二極に分離しているという意識が自我に芽生え、不安や葛藤、現実否認の努力がなされる時期、とそれぞれ定義づけられる。ジョーンズの口ぶりでは、このように区別することによって、フロイト理論との齟齬は「第二男根期」のみに限定されるという理屈らしい。たしかに、そこがキーになることはまちがいない。だが、もちろん、齟齬はそれだけにとどまらない。男女それぞれについて第一および第二男根期が存在するわけだから、この区別によって「男根期」はいわば四つの「象限」をもつことになるが、ジョーンズが上記（一）の観点に立つ以上、これらの象限のいずれにおいても、描かれる景色はフロイトが想定するものと大きく食い違わないはずがない。ジョーンズにおいて、男児の「第一男根期」は、母へのたんなる愛着のようなものではなく、母の身体の開口部（「侵入しうる空洞penetrable cavity」）にペニスを挿入しようとする明確な衝動に牽引される。その衝動に身を任せる男児を脅かす恐怖は、けっしてフロイトがいう意味での「去勢恐怖」、すなわち去勢された女性性器への恐怖ではなく、その女性性器の内部で男児のペニスが出会う父のペニスへの恐怖、このペニスの破壊性への恐怖にほかならない。その結果、男児の「第二男根期」は、母の性器へのペニスの挿入を、したがって異性愛的対象愛を断念し、父のペニスにたいして女性的態度をとると同時に、自らのペニスに自己愛を集中させるという、同性愛的でナルシシズム的なポジションに至る。こうした傾向を留めたまま大人になったのが、自分のペニスの大きさばかりを気にして、女性にペニスを挿入しようとする衝動を欠いた心気症的な男性である——と、ジョーンズは見立てる。

これにたいして、女児の場合はどうか。ジョーンズは事実上のフロイトの説を「見解A」、ホルナイやクラインが打ち出す見方を「見解B」として、そのA・Bを「両論併記」しているが、ジョーンズ自身が採用するのは言うまでもなく後者のほうだ。それゆえ、この「見解B」の概略をやや単純化しつつ再構成してみよう。まず、女児の第一男根期には、生の糧を与えてくれる存在としての母への口唇期以来の愛着と並んで、その糧で完全には満たされないことから生じるやはり口唇期以来の母への不満という素地の上に、より多くの満足をもたらしてくれる（かもしれない）大型版乳首としての（父の）ペニスを受容しようとする異性愛的かつ対象愛的——さらにフェラチオ的——関心と、そのペニスを膣のなかに呑み込んで離さない母へのサディズム衝動が高まる。この状態は、一方では、母からの報復への強い恐怖をもたらすと同時に（これが男児の「去勢恐怖」に対応する女児の側の「恐怖」である）、他方では、「自らの受容的本性を満たすという真の、女性的欲求」[19]を妨げ、さらには、この欲求に固執する女児の身体を、それゆえ膣や子宮を、破壊すると威嚇してきた母への強い非難を生じさせる。その結果、第二男根期の女児は、女性性の追究を手放し、フロイトが「ペニス羨望」と呼ぶ態度、すなわち、自分自身のペニスをもちたいという欲望を示すことになる。

だが、ジョーンズにとって、これはフロイトが述べたようにエディプスコンプレクス（ペニスや、ペニスの代わりである子どもを自分にくれる父親への愛）への前進ではなく、むしろすでに発展していたエディプス的なものからの撤退を意味し、何よりも、母によって自らの身体が破壊される結末を逃れるための回避措置とみなされねばならない。曰く、「第二男根期は〔母に脅かされる〕状況への女児の反応であり、エディプスコンプレクスにまつわる危険への女児の防衛なのである」[20]。そしてこれは、同時に、異性愛的対象愛から同性愛的自体愛（ここでの「自体愛」は「自慰」を強く暗示する）への――真の倒錯にまで至りうる――旋回でもある。じつは、「女性の去勢コンプレクス」へのジョーンズの関心は、もともと、同時期に複数の女性同性愛のケースを分析した彼自身の経験のなかで芽生えたものだった。「その行動においては暗示的に、その夢においては明示的に、自分たちはほんとうにペニスをもっているという信念を開示する」[21]女性同性愛者のうちに、ジョーンズはいまや、母に身体を破壊される恐怖のゆえに異性愛的対象愛を放棄した主体を見る。その意味において、女性同性愛者はジョーンズにとって、先に見た「女性へのペニス挿入の衝動をもたない心気症的男性」と対をなす臨床的パラダイムなのである。

エディプスコンプレクスは厳密に男児にのみ当てはまる、というフロイトの持論とは裏腹に、「第一男根期」の女児がほぼ完全なエディプスコンプレクス（父のペニスへの欲望、それを独占する母への敵意）に到達することを示した箇所で、ジョーンズは、「われわれはここでは、plus royaliste que le roi であることを余儀なくされているようだ」[22]と述べている。「王よりも王党主義的」、ということはつまり「フロイト本人よりもフロイト主義的」であるという意味だ。ラカンの言う「弁証法的スケーティング」の真骨頂をここに見出すか否かは別にして、これはもちろん詭弁にすぎない。こうした理屈は、たとえば、第一次大戦中に「戦争神経症」の問題を扱ったフロイトの弟子たち、とりわけカール・アブラハムとシャーンドル・フェレンツィの仕事になら、当てはめてもよいかもしれない。外傷性神経症の一種である戦争神経症は、精神分析がこれまで扱ってきた「転移神経症」（ヒステリーや強迫神経症）や「ナルシシズム神経症」（パラノイアやメランコリー）とは異なり、性的な要因をもたないかもしれない、という疑いを捨てきれなかったフロイトの慎重さを余所に、アブラハムとフェレンツィは、どちらかといえば「ナルシシズム神経症」に引きつけてではあるにせよ、従来どおりの「性的病因論」を戦争神経症に応用することをためらわず、その意味でまさに「フロイト以上にフロイト的」な議論を展開したのだった（それにたいして、ことこの問題については、ジョーンズはむしろフロイトの慎重さを共有していた）。

だが、「男根期」についてのジョーンズの主張は、このようなフロイト理論の「過剰な応用」とはまったく性質が異なる。ジョーンズの「男根期」理論は明らかにフロイト学説からの「離反」以外の何ものでもなかった。もっとも、それが批判されるべきだというのではない。その反対だ。この理論的離反が意味するのは、当時、つまり一九二〇年代から三〇年代にかけて、女性のセクシュアリティとその運命（「発達」などということばを遣うより、フロイトが「欲動運命」について語ったのと同じ意味で「運命（Schicksale）」という語を用いるほうが、ことがらにふさわしいだろう）について精神分析に沸き起こってきた論争の渦のなかで、フロイトの説はもはやスタンダードでもオーソドクシーでもなくなった、いやありえなくなった、ということであり、そのことを私たちは胸に刻んでおかなくてはならないのである。ジョーンズが――その弁舌のしたたかさが却ってある種の不器用さを浮かび上がらせずにはおかないやりかたで――試みたのは、いわば、そうした状況のもとでのある種の「交通整理」であり、そこには、度重なる癌の手術を経て公の場に姿を見せなくなったフロイトに代わって、いまや精神分析界の並ぶものなき実力者となった自分こそが、議論の収拾に向けた道筋をつけなくてはならない、という責任感もあっただろう。

　もっとも、女性のセクシュアリティをめぐるジョーンズの一連の論文を精読していたにちがいないラカンが、それにたいして下す評価は概して手厳しい。一九五七年のある日のセミネールで、ラカンはこう述べている――

> 性器にかかわる象徴の働き全体のなかでファルスが突出した役割を演じるという事実を、性器の成り立ちといったことから演繹しようとしても、けっしてうまくいかないだろう。そんなことをしても話がひん曲がっていくだけであって、ジョーンズ氏の例がいい見本だ。フロイトがまったくぞんざいに「こういうものです」と言うだけは言った男根期について、満足のいくコメントを与えようとして、また、女性の持ち物ではないファルスがいかにして女性にとってこれほど重要になるのかをわれわれに示そうとして、ジョーンズ氏が語っていることの詳細をみなさんに示せたらと思うが、見ていてじつに可笑しくなる代物だ。

　じつは、問いはまったくそこにはないのである。問いは何よりもまず事実にかかわっている。それはひとつの事実なのである。性器発達のさまざまな冒険や流転、さらにはその挫折や不全を司る想像的弁証法全体のなかでの、ファルスの優越や卓越を、諸現象のうちに露わにするのでなかったら、実際、問題など存在しないだろう。〔…〕だが、なぜそうなのかを説明する理由は、いうまでもなく、何であれ何らかの生理学的素因のうちに起源をもつものからは演繹できない。想像的ファルスの存在から出発しなければならないのである。[23]

ようするに、「男根期」を四つの象限に分割しつつ、そのひとつひとつを綿密に再構成しようとするジョーンズの微に入り細をうがつような記述全体、すなわち、母体内ペニスの空想からペニス挿入衝動の放棄に至るまで、あるいは、「乳首＝ペニス」の等式から想像的ペニスの自慰的所持に至るまで、まさに「想像的弁証法」の名にふさわしい子どもの空想生活のタブロー全体が、ラカンにとってはいわば無用の長物なのだ——もしそこに「ファルスの優越や卓越」という事実を見ようとしないのなら。ラカンにおいて「ペニス」と「ファルス」が同義でないことは、この一節からも容易に読みとられる。「ペニス」は——いかに解剖学的に「立派」な一物であっても——しょせん身体の一器官でしかない。これにたいして「ファルス」は、いかなる個別のペニスの「立派」さにもけっして還元されない「優越性」や「卓越性」をもつ。そしてその「優越性」や「卓越性」をもたらすものこそ、ラカンがここで「想像的ファルス」と名指しているものにほかならない。

「想像的ファルス」とは、母に欠如しているがゆえに母の欲望の対象であると想定される「x」のことであり、幼児はそれを、自らが完全に依存しているこの他者の間歇的な不在（自分の傍につねに現前していてはくれないこと）のうちに読みとる。だが重要なのは、この母はすでに「象徴界」の存在である以上（母の現前／不在は、言語の構造化に不可欠の0、1の差異をもたらす）、想像的ファルスもまた象徴界に書き込まれ、象徴界の要素すなわち「シニフィアン」として子どもに出会われることだ。ラカン曰く、「想像的ファルスが重大なシニフィアン的役割を演じるからこそ、状況はこのように提示されるのである。シニフィアンというのは、それぞれの主体が自分の性や素因や生まれたときの浮かれ具合に応じて発明するようなものではない。シニフィアンは存在する。シニフィアンとしてのファルスの役割は精神分析によってはじめて露わにされたのだから、この役割がふだん表に出ないことは疑いないが、にもかかわらずそれが本質的なものであることに変わりはない」[24]。じつは、このセミネールが位置づけられる一九五〇年代後半という限られた時間的切片のなかでも、ファルスのシニフィアン性にかかわるラカンの記述は文脈によって微妙に揺れているように見え、「想像的ファルス」に言及することなく、母の欲望の根底にある欠如を埋めるシニフィアン、それゆえこの欠如と等価であるシニフィアンとして、ダイレクトに「ファルス的シニフィアン」が説明される場合もある。いずれにせよ、重要なのはこのファルスのシニフィアン性にほかならない。ラカンが強調するファルスの「優越性、卓越性」も結局のところこのシニフィアン性によって支えられることは言を俟たない。そしてだからこそ、そのようなファルスの性質を「何らかの生理学的素因のうちに起源をもつもの」から、つまり生物学的所与から、導き出すことはできないのである。

ラカンは、別のテクストのなかで、ジョーンズの議論があまりにも「自然なものの支配という偏見に駆り立てられている」[25]ことを批判している。ラカンの目には、「男根期」論文の末尾に引かれた旧約聖書のことば、「男と女とに神は彼らを創り給うた」は、その「偏見」の骨頂と映るようだ。ジョーンズはたしかに、先に見たように、第二男根期の内容——フロイトとはかなり異なる意味での「去勢恐怖」と「ペニス羨望」——を「神経症的防衛」とみなした。ジョーンズにおいて、これは明確に「自然な発達過程（natural evolution）」からの「逸脱」を意味する。つまりジョーンズは、「自然な発達過程」なるものがどこかに存在すると想定している、ということだ。だが、このことは同時に、逆の解釈も要求せずにはおかない。すなわち、「ファルス」の出現によって、この「自然な発達過程」は決定的に躓くことを余儀なくされるのである、と。実際、いま触れたラカンの批判に反して、ジョーンズはむしろ、フロイトから拒絶された彼の一貫したテーゼ、すなわち「男根期は神経症的防衛である」という主張において、はからずもファルスの「非自然」を、もしくは「非生物学的本性」を、ようするにその「シニフィアン性」を、際立たせていると言えないだろうか。つまり、ラカンからふりかえるとき、ジョーンズは事実上、男根期の諸困難をファルスのシニフィアン性に帰していると見えなくもないのである。とすれば、ジョーンズとラカンを隔てる距離は、じつはラカン本人が強調するほど大きくはないことになる。ジョーンズにたいする数々の皮肉や揶揄にもかかわらず、ラカンがジョーンズへの参照をやめなかった理由を、私たちはそこに探ってみるべきなのかもしれない。

(3) 女＝ファルス

続いて、女性の性的ポジションについてラカンが繰りかえし参照するもうひとりの分析家、オットー・フェニヒェル（一八九七〜一九四六）のほうに目を向けてみよう。ラカンにおけるファリシズムが女性のセクシュアリティをいかに描き出そうとするのかを捉えるためには、フェニヒェルの議論に立ち入ることが欠かせない。

フェニヒェルといえば、カレン・ホルナイやメラニー・クラインと同じく、ベルリン精神分析インスティテュート（ＢＰＩ）の出身者であることが知られる。精神分析家の育成は、訓練分析、スーパーヴィジョン、理論的学習の三つの柱から成るが、これらすべてを系統的に提供する世界初の総合的精神分析家育成機関として一九二〇年に設立されたＢＰＩは、たちまちベルリンを世界の精神分析の「首都」の座に押し上げた。精神分析家になることを志すヨーロッパ中の若き才能（彼らの多くは医師だったが、クラインのように医師ではない俊英もいた）がベルリンに押し寄せ、クラインやフェニヒェルのほかにも、フランツ・アレグザンダー、ハインツ・ハルトマン、マイケル・バリントら、BPIでトレーニングを受け、第二次大戦後のヨーロッパやアメリカで精神分析界のリーダーもしくはスターとして活躍した分析家は枚挙に暇がない。一九三〇年代にラカンの分析家となるルドルフ・ルヴェンシュタインも、やはりBPIから巣立ったひとりだ。そのなかで、早くも一九二四年にBPI訓練分析家となったフェニヒェルは、精神分析とマルクス主義の統合をめざす自らの政治的立場を隠すことなく、同じ理想を抱くヴィルヘルム・ライヒやエーディット・ヤーコプゾーンらとともに、唯物論的歴史観をいかに臨床的知に結びつけるかを議論する若手分析家のグループ、通称「チルドレンズ・セミナー（Kinder Seminar）」を主導したことで、独特の存在感を放った。当時の所長マックス・アイティンゴンがこのグループを黙認していたらしい事実に鑑みても、BPIにはこのような「政治的」意見を受けつける鷹揚な雰囲気があったのだろう。もっとも、フェニヒェルらの活動は、BPIそのものの存続もろとも、ナチズムの擡頭によって断絶を余儀なくされる。BPIの母体であるドイツ精神分析協会（DPG）が、時の国際精神分析協会会長アーネスト・ジョーンズの承認のもと（！）、一九三五年、「ドイツ精神分析の救済」のためと称して、協会所属の全ユダヤ人分析家を除名する措置を執ったため（ヒトラーの手から精神分析を守るには、ヒトラーの政策が精神分析に及ぶ事態に備えて、精神分析のほうからユダヤ人と手を切ったとみせかける必要がある、という判断だ）、フェニヒェルは、三六年、他のユダヤ人分析家と同様、ドイツを逃れ、その後ウィーン、プラハを経由してアメリカに亡命する。一方、こうして大半の分析家を失ったBPIは、三八年、「精神分析のアーリア化」を謳うナチス・ドイツに接収され、ヒトラーの閣僚だったヘルマン・ゲーリングの従兄、マティアス・ゲーリングが指導する「ドイツ心理学研究所」（通称ゲーリング・インスティテュート）にあっけなく統合されてしまった。ようするに、DPGの「精神分析救済策」など何の意味もなさなかったのだ。それどころか、この事実上の対ナチ協力策はドイツ精神分析の「暗黒時代」というべき一幕となり、戦後のDPGはその清算から再出発することを余儀なくされるだろう。アメリカに渡ったフェニヒェルは、シカゴ、カンザスを経てロサンジェルスに落ち着くものの、戦後間もない一九四六年、四八歳の若さで世を去った。その九年後、フェニヒェルの英語版著作集の出版にあたり、ジョーンズの記したことばが残っている――「フェニヒェルは、まちがいなく、過去三〇年の先導的精神分析家のうち、最も優れた一二人《ダズン》、いやおそらく六人《ハフ・ダズン》のうちに数えられるだろう[26]」。

さて、私たちが注目しなくてはならないのは、このフェニヒェルが一九三六年に発表した論文、その名も「象徴的等式：少女＝ファルス[27]」である。発表の日付から考えて、執筆されたのはおそらくフェニヒェルがドイツを脱出する直前だろう。だが論文の内容からは、そのような差し迫った時代状況は微塵も感じられない。この論文の出発点に措かれているのは、フェニヒェル自身が分析したひとりの「服装倒錯者」のケースだ。「自分はファルスをもった少女（ファリック・ガール）である」というこの患者の無意識的空想には、母親に同一化する男性同性愛者と、女性がペニスをもつという信念を手放さないフェティシストの特徴が同時に認められる。だが、この患者の倒錯的実践を分析すると、彼がじつは一個のファルスそのものとして振る舞っていることが明らかになった。彼の女性性は、自分のペニスへの素朴なナルシシズム的愛情と組み合わされており、そのペニスを彼はあるペット・ネームで呼んでいたが、当のペット・ネームは彼自身が女の子だったら欲しかったという名前の変形だったのだ。こうして、次のような象徴的等式が成り立つ――「女装した患者

＝ペニスをもつ母親＝ペニス一般[28]」。加えて、この患者には、ひとりの少女として憧れられたいというナルシシズム的願望があった。彼はそれを、この少女にペニスを備えつけると同時に、少女そのものをひとつのペニスとしてじかに空想することによって、満たしていた。そこには、「私＝私の身体全体＝ひとりの少女＝おちびちゃん〔die Kleine〕＝ペニス[29]」という等式を見出すことができる。フロイト以来、その妥当性が頻繁にたしかめられてきた象徴的等式「ペニス＝子ども（ちびっこ）」は、このように「ペニス＝少女」という特別な形を取ることがあるのである。

　実際、フェニヒェルによれば、少女たちが無意識において自らをペニスに同一視する事実はしばしば観察される。フェニヒェルはこれを、「根源的な自己愛的ペニス羨望を克服する方法[30]」のひとつと位置づける。この「ペニス羨望」は、厳密にそのオリジナルの意味、すなわち、ジョーンズではなくフロイトがこの語を用いるときの意味に解してよい。ウィーン生まれで、ベルリンに移住してからもウィーンの分析家たちと親交の深かったフェニヒェルは、「男根期」論争においてもフロイトの側に立ったことはいうまでもない。とはいえ、ペニス羨望を「父のペニスへの同一化」、つまり「父のペニスになること」に結びつけるのは、フェニヒェルが放った新機軸であることに変わりはない。彼が引き合いに出すのは、覗き症の傾向をもつひとりの女性患者のケースだ。この患者は、二度にわたって、「ペニスの代わりに子どもを腹からぶら下げた男（たち）[31]」の夢を見た。そこでは、彼女は子ども＝ペニスに同一化しており、ある種の「父体空想（Vaterleibsphantasie）」ともいえるこのイマージュは、「父のペニスを食べる（食いちぎる）」という空想の対極にある。フェニヒェルによれば、この父体空想は、ひとつの母体空想の延長であり、ペニスの観念は母の体内の観念の延長だった。つまり、父のペニスへの同一化は、母胎内の胎児への同一化を意味していた。かつて母の身体との調和的一体化を空想することで、母にたいする口唇サディズム（母の乳房を食いちぎる）の意図を斥けた患者は、ここでも父のペニスとの一体化によって、このペニスへの口唇サディズム（ペニスを食いちぎる）を回避したのである。

だが、フェニヒェルにとって重要なのは、父体空想の起源にある母体空想を明らかにすることではなく、この父体空想の意味をより正確に捉えることだ。この空想において、少女はペニスのように父の身体にぶら下がる。いいかえれば、彼女は父と分かちがたく結びつき、父の身体の部分になる。この「部分」は、あくまで全体の一部にすぎないが、しかしなくてはならない一部、その最も重要な部分にほかならない。彼女が「サムソンの毛髪」よろしく父の「魔法の杖」として機能しないかぎり、じつは、父は無力なのである。ここに見出されるのは、古来の伝説やお伽噺にお馴染みの、ピンチに陥った偉大な男を救う少女というモティーフだ。リア王の末娘コーデリアに代表されるこれらの形象は、フェニヒェルによれば、やはり伝説やお伽噺のなかで奇蹟を呼び起こす小人や魔法の札と同様、「ペニス」としての意義を付与されている。フロイトが死の女神の表象とみなすコーデリアが、しかし自分よりはるかに偉大ではるかに強い父を完全に支配するように、こうした女性たちは「魔術的全能」の概念によって、小人や魔法の札のようなファルス的形象に接続するのである。まさにこの「全能空想」のうちに、フェニヒェルは、「ペニスの欠如によってナルシシズムが受けた侮辱の代償[32]」を、すなわちペニス羨望の克服（の試み）を認める。「私は小さいけれど、父は私を愛してくれるはずだ、なぜなら、私がいなければ、彼はまったく何もできないのだから」というのが、この空想の意味なのである。そこからフェニヒェルが取り出すのは、次のような結論だ――「〔男性の身体についた〕ペニスの発見によって新たに脅かされた少女の幼児的全能は、〔父の〕ペニスへの同一化によって復旧されるのである[33]」。（実際には、フェニヒェルの考察はこの結論のあとも延々と続き、他の症例や、スラップスティック・コメディ、さらにはリルケやアンゲルス・シレジウスの詩句などが吟味されてゆくのだが、それらがすべて「父を助ける全能のペニス＝少女」という同一の図式に帰着することは見やすい。つまり、そうして積み上げられる臨床的、演劇的、文学的実例の総体によって、フェニヒェルは、「父を助けるペニスになる」空想は少女がペニス羨望を克服する手段であるとする自説の補強を試みているのである。）

ラカンがフェニヒェルのこの論文に言及するとき、その評価は——先にみたジョーンズの一連の論考にたいするそれと対照をなすかのように——つねにポジティヴであるといってよい。まず、冒頭の服装倒錯者について、ラカンはフェニヒェルが「女性の衣服の下にいるのはひとりの女である」ことを際立たせた点に注目し、「主体はひとりの女性に、ただしファルスをもった女性に、同一化するのだが、そのファルスは隠されたファルスである」[34]と指摘する。このことが見逃せないのは、「ファルスはつねにそれを覆うものの性質を帯びる。ここには、私がヴェールと呼んだものの重要性が見てとれる[35]」からだ。じつは、フェニヒェルは同じ患者のケースをすでに一九三〇年に報告しており、ラカンがここで参照しているのはこの三〇年の論文のほうなのだが、そこにはまだ「ファルスをもった少女＝ファルス」という等式がなかった。にもかかわらず、「ファルスは本来ヴェールに覆われてある」というラカンの一貫したテーゼを、この服装倒錯者のケースは見事に例証していると、ラカンは直観したのだろう。ここではこれ以上立ち入れないが、私たちもこのテーゼをたえず頭の片隅に措いておかねばならない。

だが、いっそう重要なのは、ラカンの次の指摘だ（ここでは、ラカンは明らかにフェニヒェルの三六年の論文を参照している）——

Mädchen = *Phallus* という象徴的等価性、あるいは、英語で *Girl* = *Phallus* と記される等式、

これらを示したのはフェニヒェル氏であり、彼はこの等式を、いささかごちゃごちゃしているものの賞賛に値するある試論のテーマにしている。この等式は、子どもの欲望がそこを通って母の「存在しそこない〔manque-à-être〕」に同一化する術を見出す諸々の想像的道のりに根差している。この「存在しそこない」には、もちろん母親自身が象徴界の法によって導き入れられるのであり、この欠如はその法のもとで構成されるのである[36]。

「いささかごちゃごちゃしているものの賞賛に値する」というフレーズが、同時期の他のテクストにおいて「足元が覚束ないものの賞賛に値する」[37]と僅かに異なる表現で繰りかえされているのを見ても、フェニヒェルの論文にたいするラカンの評価が一貫していることは明らかだ。ひとことでいえば、フェニヒェルにはラカンにとって「使えるところ」と「使えないところ」の両方があり、ラカンは前者のみに焦点を合わせたいのである。その「使えるところ」が何であるかは見紛いようがない。「少女＝ファルス」という等式そのもの、すなわち、少女がペニスに同一化するという（無意識的）幻想の存在である。これにたいして、フェニヒェルが論じた他の問題は、いっさいラカンの眼中にないように見える。とりわけ、フェニヒェルは、少女が同一化するのは父のペニスであることを強調し、なぜそうでなければならないかを執拗に論じている（強者であり、支配者である父が頼りにするペニスであるからこそ、それに「なる」、もしくはそれで「ある」ことは、去勢の発見による女児のナルシシズムの傷を癒すことができる）にもかかわらず、ラカンはその点に目もくれていない。その代わりにラカンが前面に押し出すのは、母のファルスへの同一化、より正確には、母に欠けていると想像されるファルスへの同一化なのである。

なぜそうなのか。ここではその文脈を割愛しなければならないが、いま引用した一節は、フロイトがその手記を「分析」したことで知られる精神病患者ダニエル・パウル・シュレーバーの「脱男性化」妄想について、ラカンが記したコメントのなかに見出される。シュレーバーのテクストでは、「脱男性化（Entmannung）」という語が「女性化（Verweiblichung）」と同義に用いられているように見えるが、ラカンによれば両者は区別されねばならない。といっても、それはたんに、「脱男性化」は主にペニスの消失を含意するのにたいし、「女性化」は肉体そのものが女性的になることを暗示するといった意味論上の区別が重要だということではない。先に引用した文の直前の箇所で、ラカンはこう述べている――「患者〔＝シュレーバー〕が女になる定めにあるのは、ペニスへの権利を失効するからではなく、ファルスにならねばならないからである[38]」。つまり、「脱男性化」は「ペニスをもつ／もたない」にかかわるのにたいし、「女性化」は本来的に「ファルスになる」ことと同義だと、いいかえれば、「女性であること」は「ファルスであること」に等しいと、ラカンは言いたいのだ。フェニヒェルの等式「少女＝ファルス」ほど、ここで引き合いに出されるのにうってつけの理論的成果は他にない。

　だが、ラカンはたんに自らのシュレーバー解釈を裏づけるためにフェニヒェルを引用しているのではない。この一節をよく読んでみよう。ラカンは、女性らしさが「ファルスであること」に存するのを訴えた上で、それが何に由来するかという問いに踏み込んでいる。曰く、「この等式は、子どもの欲望がそこを通って母の「存在しそこない」に同一化する術を見出す諸々の想像的道のりに根差している[39]」と。「存在しそこない」という耳慣れぬ語は、シニフィアンの領域である「象徴界」に身を置くいかなる主体にも課される根源的な条件を指す。人間はシニフィアンによって名指され、シニフィアンに同一化する（自らをひとつのシニフィアンに同一視する）ことはできても、自らの「存在」そのものをシニフィアンの領域に持ちこむことはできない。象徴界に存立しうるのは、その自律的な法（＝象徴界の法）に従って互いに区別されたり、組み合わされたりできる要素、すなわち「シニフィアン」だけだからだ。それゆえ「存在」は、シニフィアンの世界の手前でいわば「締め出し」を食らうのであり、その意味で人間は象徴界に「存在しそこなう」ことを余儀なくされる。しかし、逆にいえば、それこそが、人間が象徴界に住まうこと、すなわち、シニフィアンを使って話し、思考し、現実を認識し、他者と関係を結ぶことを可能にする。「存在しそこなう」という形で「欠如」をもつことこそが、人間を「話す主体」、「シニフィアンの主体」たらしめるのである。そしてこの条件は、厳密に「普遍的」であり、いかなる主体も、したがって「母」なる個人も、これを免れることはできない。

ところで、ラカンがここで強調しているのは、母が「存在しそこなっている」という事実を、幼い子どもはしかるべくキャッチしているということだ。もちろん、子どもは文字どおり母に「存在しそこない」があると捉えるわけではない。「さまざまな想像的道のりを通って」とあるとおり、めいっぱい空想を働かせて、いや――フロイトやジョーンズ、フェニヒェルが用いたターム「空想(Phantasie, phantasy)」に代えて、ラカンは「幻想(fantasme)」という語を用いるので――、あれこれの「幻想」を構築しながら探求を続けた結果、ひとつの「想像的ファルス」という形でそれを見出すのである。前節に見たとおり、この「想像的ファルス」は、母の欲望の対象であると想像されるかぎりで「想像的」ではあっても、その座や本性は象徴界の論理に書き込まれ、卓越した「シニフィアン」として機能する。そして子どもは、この「シニフィアンとしてのファルス」に同一化することで、母に刻まれた欠如＝「存在しそこない」に同一化する、つまり我と我が身でこの欠如を埋め合わせるのである。

しかし、気をつけなくてはならないのは、ここでラカンが母の「存在しそこない」に（それゆえ母のファルスに）同一化するとみなしているのは「子ども」であって、必ずしも「少女」あるいは「女性」ではない、ということだ。ラカンが「少女＝ファルス」という等式の「由来」に踏み込んでいる、と私が先に指摘したのは、まさにこの点にほかならない。「子ども」は男女ともに、母のファルスに同一化し、それを通して母の「存在しそこない」に同一化する。フェニヒェルが見出した等式「少女＝ファルス」、すなわち、女性がファルスに同一化するという無意識の幻想は、この「母の欠如への子どもの同一化」に「根差す」、すなわち構造論的根拠をもつ、とラカンは述べているのである。いいかえれば、母のファルスへの同一化という、もともとは両性の子どもに共通する心的態度が、後年、女性に特徴的なポジションになる、ということだ。とすれば、そのあいだにいったい何が起きるのだろうか――精神分析がまさに「去勢」と呼ぶもの以外に？　同時代の他のテクストで、ラカンはこう述べている――

> この〈他者〉の欲望の試練が決定的になるのは、臨床がわれわれに示すところによれば、自分が現実のファルスを持つかどうかではなく、母がそれを持たないことを、主体がそこで学ぶことにおいてである。経験のこのような契機がなければ、去勢コンプレクスに関係づけられるいかなる症候的帰結（恐怖症）もしくは構造論的帰結（ペニス羨望）も効果をもたない。ここにおいて、ファルス的シニフィアンがその印であるところの欲望と、「もちそこない」の脅威ないしノスタルジーとの結合が果たされるのである。[40]

ラカンは、子どもは自らのペニスの有無に気づかないと述べているのではない。フロイトが「去勢」と呼んだ契機において、子どもはたしかにそれに気づくだろう。だが、重要なのはその区別ではなく、母がペニスをもたないことを発見することのほうだと、ラカンは指摘する。なぜか。それは、母がペニスを「もちそこなっている」事実が、子どもがそれへと同一化している母の「存在しそこない」に重ねられることで、この同一化の「想像（界）的」本性とその限界が浮き彫りになるからだ。それが意味するのは、母の欲望が「ファルス」であると想定し、それに同一化することで母の欲望に応えようとする子どもの想像的解決（想像界の道筋を通っての解決）は間違いである、ということにほかならない。ラカンはここで、〈他者〉（大文字の他者、l'Autre）という語を用いているが、これは子どもにとって初めからひとつの「象徴的現実」として出会われる他者、すなわち、現前／不在の交代によってシニフィアンの水準に打ち立てられる他者としての「母」を指す。その〈他者〉の欲望の「試練」とは、子どもが母に投げかける「愛の求め」、すなわち現前の要求（そばにいてほしい）が、母が繰りかえす不在によって、そしてその不在の理由である（はずの）母の欲望によって、問いに付されることを指す。いまや、この試練が母の「もちそこない」に行き着いたことで、母の欲望の謎を解く答えが子どもの手にはないことが明らかになった。いいかえれば、母の存在に刻まれた欠如を埋め合わせる解は、子どもの想像界には存在しない、ということだ。去勢（の発見）とは、ラカンにおいて、子どもがこの事実を突きつけられること以外の何ものでもない。そしてその結果が、ラカンが示唆する二つの帰結、すなわち、自らの幻想（想像界）のこのような無力さが、今後も欲望の途上で露わになるかもしれないという「脅威」、あるいは、この無力さの発見によって打ち砕かれる以前の、幻想の充足状態への「ノスタルジー」である。前者は主体の欲望にブレーキをかける「恐怖症」の症状として、後者はいわゆる「ペニス羨望」として、それぞれ「去勢コンプレクス」の男性的・女性的臨床像を構成するだろう。

だが、これはいわば「去勢」の負の効果にすぎない。先の一節に続いて、ラカンはこう記してい

> る――
>
> もちろん、このシークエンスにおいて父によって導入された法にこそ、欲望の未来はかかっている。
>
> だが、ファルスの機能について話を続けるなら、両性のあいだの諸関係〔rapports〕がそれへと従属することになる諸構造を指摘することができる。
>
> これらの関係〔rapports〕は、ひとつの「(で)ある〔être〕」とひとつの「(を)もつ〔avoir〕」をめぐって展開してゆくことになるが、この「ある」と「もつ」は、ファルスというシニフィアンに関係づけられることで、一方では、このシニフィアンにおいて主体に実在性を与え、他方では、指し記すべき諸関係〔relations〕を非現実化するという、相反する効果をもつことになる。[41]

〈他者〉の欲望の謎を解く鍵が自らの想像界にないことを知るのは、自分がこれまで同一化していたファルスが「シニフィアン」であること、シニフィアンであるかぎり、それは誰彼の幻想＝想像界にではなく、父の機能が代表する「象徴界の法」に従属することを、認識することでもある。これは、ひとことでいえば、「父という審級を受け入れる」こと、いや、ひとり母の欲望のみに繋がれていた世界から、父の法が欲望の規範と論理をもたらす地平へと、主体が開かれてゆくことにほかならない。母の欠如を埋め合わせる解が主体のもとにないのは、それが本来的に父のアフェア、父の手に委ねられるべき問題だからだ。同時に、主体の欲望もこれ以後、母の欲望に左右されるのではなく、父の法に依拠し、父の法によって方向づけられてゆくことになる。そのとき、男女の欲望はそれぞれどこに向かうのだろうか。「欲望」そのものの水準に立てば、男女はともに「ファルスである」から「ファルスをもつ」へとそれをシフトさせていかねばならない（ただし神経症者は、男女ともに「ファルスである」ことへの欲望に固執する）。解剖学的な「ペニスをもつ／もたない」を男女にいわばオートマティックに振り分ける従来の公式からの隔たりは、一目瞭然だ。だが、ラカンによれば「欲望（désir）」はつねに「要求（demande）」――これはとりもなおさず「愛」の要求にほかならない――と弁証法的な関係に措かれるがゆえに、この「欲望のシフト」は、男女それぞれに異なる（つまり非対称をなす）、多少なりともこみいったプロセスを辿らざるをえない。

そしてそのことが、女性を「ファルスである」というポジションに留まらせることになる。なぜなら、男性は「欲望のシニフィアン」としての「ファルス」である女性を欲望すると同時に愛し、女性も自らの愛の達成のためにそれに応じる以上、この「要求」＝「愛」の水準において、女性は「ファルスである」ことを引き受けざるをえないからだ。これはたんなるメタファーではない。上の引用にあるとおり、この「ファルスである」こそが、女性の「主体」に「実在性（réalité）」を与えるのである。ただし、愛の水準におけるこのポジションは、それにはけっして還元されぬ欲望を女性がもつことを妨げない。その欲望は、まさに自分が愛するその男性の身体上で「ファルス」の価値をもつ器官、すなわちペニスに向けられるだろう。この場合、いささか逆説的にも、男性のペニスは女性において、「ファルスの代理」という本来の意味での「フェティッシュ」の価値を帯びることになる。そして、このようにいったんフェティッシュ化されることで、女性の欲望の対象は、ペニスからたとえば「子ども」へと、さらにはそれ以外の社会的価値へと、従来「ペニス羨望」の名で呼ばれてきたものの経路を辿って、ズレてゆくことが可能になるのである。

ちなみに、男性のほうでは、この「愛と欲望の弁証法」は、奇しくもフロイトが「男性における対象選択の一特殊型について」（一九一〇）に記したとおりの対象の分裂をもたらす。つまり、ファルスのシニフィアンが女性を「自分のもたぬものを与える」（これはラカンによる「愛」の定義であると同時に、端的に「ファルスである」のポジションに結実しうる人間的所作である）存在として構成するかぎりにおいて、自らの愛の要求をこの女性＝ファルスを「もつ」ことによって満たそうとする一方で、男性は、処女であるとか、娼婦であるとかというある種の付加価値においてファルスとなりうる「もうひとりの女」のほうに欲望を向けるのである。男性のこのポジションは、「ファルス」と「ペニス」の一次的な（ファルスである女性が対象として選ばれる以前の）混同、すなわち（女性にとっての）欲望のシニフィアンと自らの身体器官の混同によって支えられる。混同といっても、それはたんなる想像界のナルシシズム的産物ではない。むしろ父という媒介を経由しての混同、すなわち、母の欲望を満たす父の「ファルス」と同じ機能を、自分のこのペニスもいつか果たせるようになるだろう、という計算にもとづく混同である。いいかえれば、父への同一化のバネともなり帰結ともなったにちがいない戦略的な混同だ。だが、このように「器官」（ペニス）への顧慮が大きなウェートを占めるがゆえに、男性のポジションは他方でつねに「去勢」への弱さを残すことになる。器官の機能不全として顕れる性的不能や性的萎縮が、とりわけ男性につきまとう顕著な「悩み」として認識されやすいのはそのためだ。また、同じ「混同」によって、もはや純然たるシニフィアンとして機能しないために、「ファルス」は、男性と女性のあいだに実現したかもしれぬ関係、つまり「性関係」を印づけるのに適当な要素ではなくなる。それはむしろ、やはり先の引用にあるとおり、この関係を「非現実化」するのである。

ところで、議論を女性の側に戻すと、もうひとつ但し書きが必要かもしれない。事実上「去勢」（母のペニスの不在の発見）後の性愛生活において女性が受け容れる（ことを余儀なくされる）「ファルスである」は、それ以前のポジション、すなわち、母の「存在しそこない」への同一化という男女共通の前エディプス的な心的態度に根差すフェニヒェル的等式「少女＝ファルス」と、いかなる関係に措かれるのだろうか。いいかえれば、去勢後に「ファルスである」から「ファルスをもつ」にシフトしてゆく性的成熟の道のりのなかで、欲望の水準ではなく愛（要求）のそれにおいてであるにせよ、女性が「ファルスである」に留まり続けることは、いかにして可能になるのだろうか。これはおそらく、ひとつの「偽の問題《フォ・プロブレム》」というべき問題だ。前エディプス的な「ファルスである」と去勢後のそれのあいだには、やはりひとつの断絶がある。それをあえて精神分析固有の——あるいはメタ心理学的な——タームで捉えようとするなら、「抑圧」と呼ぶのがもっともスマートだろう。前エディプス期にはまだ意識とも無意識ともつかない状態でただ子どもの想像界の中心に幅を利かせていた「ファルスである」は、去勢を機に抑圧され、真の意味で「無意識」になった、ということができる。[42] フェニヒェルの「少女＝ファルス」からラカンが繰りかえし引き出す、「主体の無意識のうちに湧出してくるのは、〈他者〉の欲望、すなわち〈母〉によって欲望されるファルスである」[43] という結論に寄り添うなら、私たちはそう考えるしかない。つまり、去勢後の性愛生活における女性の「ファルスである」は、この抑圧された無意識的モティーフによって裏打ちされ、方向づけられているのである。といっても、この「ファルスである」は、ラカンにおいて、けっしてある種の「性の生態学」のようなものに尽きるわけではない。たとえば、女性の化粧や服装はつきつめていえば美しいファルスであるための戦術にほかならない、じっさい、身体のラインが浮き彫りになるコスチュームやハイヒールや長い髪のようなファリックな特徴に男たちは弱いではないか——といった言説を繁茂させるために、ラカンは女性の「ファルスである」を定式化したわけではない。[44] もちろん、そのような応用も無意味ではない。しかしラカンの念頭にあるのは、むしろこのポジションが、こういってよければ社会的に、いや構造的に、人間文化において大いに利用されてきた事実だ——

まさに〔母の「存在しそこない」への同一化という〕同じ原動力が、女性たちをして、現実界のなかで、——女性のみなさんにはどうか気を悪くしないでいただきたい——、親族の基本構造が秩序づけ、想像界において恒久化される場合もある諸交換のための対象の働きをさせる。だが、象徴界においてこれと並行して伝達されるのは、ファルスにほかならない。[45]

ここでいう「現実界」はまだ、「象徴界の（論理的）不可能」という後年の——ラカン独自の——意味に解する必要はなく、たんに「何かが実際に動く、何らかの出来事が具体的に生じる領域」の謂である。だが、その点さえ了解してしまえば、この一節にはもはや長々しいコメントは無用だろう。レヴィ＝シュトロースは原始的社会における「婚姻」を異なる親族グループのあいだの「女性の交換」と位置づけたが、厳密な諸法則（演繹体系）によってコントロールされるこれらの交換が意味をもつのは（一般に、婚姻はそれにかかわる親族グループ間の結束を強めるとされる）、まさに女性たちが「ファルス」の価値をもつからだ、とラカンは指摘しているのである。一九五八年に書かれたこの文は、第一節に引用した一九六四年のセミネールでの発言（そこでもレヴィ＝シュトロースの名が行間に聴き取られたのだった）、つまり「根本的な諸交換が実行されるのは姻戚関係の水準において——それゆえシニフィアンの水準において——であり、その場合の姻戚関係とは自然による生成に、生物学上の系譜に、対立するものである」という発言に直結する。この一事をもってしても、一九五八年を頂点とするラカンの「ファリシズム」が、フロイトがまだ拘泥せざるをえなかった（ようにみえる）生物学的なものへの準拠からいかに決定的に隔絶しているかをイメージするには十分だ。ひとつのシニフィアンである以上、「ファルス」の機能はいかなる解剖学的事実にも、生理学的機構にも還元されない。ようするに、いかなる生物学的現実にも結ばれないのである。

とはいえ、〈他者〉の欲望を軸に、主体が「男」または「女」として自らの欲望および幻想を織りなしてゆく、その論理的ベースとしての「ファルスをもつ／ファルスである」の地平からは、ゼウスとヘラの諍いを招いたあの問い、すなわち「女の享楽は男の享楽といかに共約不能でありうるか」という問いの高峰は、いまだ遥かに霞んで見えるにすぎない。

その頂に到達するまでの道のりは、母なる〈他者〉と女なる〈他者〉を隔てる――ラカン理論のなかで一〇年を超える歳月に匹敵する――距離に、厳密に等しい。それを踏破する、とはいわないまでも、せめてその距離を測ることくらいは私たちにもできなくてはならない。そのために、いま一度ここで仕切り直そう。

(4) ファルスがある／性関係はない

ペニスを「もつ／もたない」から、ファルス「をもつ／である」へ――。

男女の差異という人間社会の永遠の問いについて、一九五〇年代のラカンが精神分析にもたらした新たな概念化の試みは、きわめて単純に、そう要約できる。

そしてこれは、フロイトのいわば生物学的なファルス主義が、ラカンにおいて徹底した言語論的（構造主義的）ファルス主義へと脱皮した結果だった。オットー・フェニヒェルの等式「少女＝ファルス」にラカンが加えた解釈の綾を辿りながら詳らかにしたとおり、ラカンは、男または女として生きる主体の欲望の起源を、言語によって母という存在のうちに刻まれる欠如の水準に位置づけ直すことで、精神分析には克服不能とみえるほど根源的な男女の性的ポジション（男性における「去勢不安」、女性における「ペニス羨望」）をあたかも幼児期における身体の解剖学的差異の発見に帰するかのようなフロイトの議論を、レヴィ＝シュトロースに触発された構造主義的アプローチのもとで、鮮やかにリロードしてみせたのだった。

ラカンによれば、母の欲望の対象とみなされる想像的ファルスに「なる」ことで、母の「存在欠如」を埋め合わせようとする子どもの試みは、母における「去勢」の発見（これはとりもなおさず、架空《イマジネール》のファルスであろうとするこの戦略が誤りであり、母の欲望の謎に解を与えることができるのはひとり父の法のみであることが明らかになる契機だった）を通じて脆くも頓挫し、あるいは抑圧された結果、新たに、シニフィアンの秩序の内部で価値づけられるファルス、すなわち象徴的ファルスを軸にして、愛と欲望の弁証法とラカンが呼ぶ性愛生活の迷路のなかで、男性の場合は、このファルスと自らの性器との混同にもとづいて、ファルス（として出会われる女性）を「もつ（もちたい）」という欲望へ、女性の場合は、同じ抑圧の上にいわば建て直される、象徴的ファルスで「ある」ことによって愛されるポジションへ（それと同時に、男性の身体上でファルスの価値をもつ器官を欲望することへ）と、分岐しながらそれぞれに発展してゆく。だが、問題はここからだ。本総論のはじめに引き合いに出したゼウスとヘラの諍いをいま一度思い出してみよう。一九五八年を頂点とする時期にラカンが繰りかえし提示したこの性差の理論は、太古のオリュンポスに緊張を走らせたにちがいないあの烈しい諍いについて、いや、それを決したテイレシアスの確固たる証言について、何か目の覚めるような新たな光を投げかけるだろうか？

残念ながら、そのような期待はもちろん裏切られるほかない。なぜなら、男女の性的オリエンテーションをそれぞれ「ファルスをもつ」／「ファルスである」という二つの、しかしいずれもファルスに準拠することに変わりはないポジションに関係づけるこの理論は、ペニスの有無という解剖学的差異をめぐる（あるいはこの差異から組み立てられた）従来の学説に比していかに洗練されていようと、あくまで男女の愛と欲望の論理を描き出すもの、それゆえセクシュアリティを愛と欲望の面から（のみ）捉えたものにすぎないからだ。これにたいして、ゼウスとヘラの諍いの種はけっして愛や欲望ではなく、この諍いを伝えるいずれのヴァージョンでも露骨に表現されているとおり、紛れもなく性的な悦び、すなわち「享楽」だった。つまり、男女のどちらがより多くの享楽を得ることができるのか、いや実際に得ているのかという問いこそが、ゼウスとヘラをかくも気色ばませたのであり、それにたいしてテイレシアスは――私たちがすでに示した解釈を踏まえて翻訳するなら――、両者を測る共通の尺度が見あたらぬほど女の享楽のほうが大きい、と証言したのだった。そしてこの証言は、秘められた真理を余すところなく開示するものであったがゆえに、ヘラをかくも激高させずにはおかなかったのだろう。

　このように、男女のセクシュアリティの差異は、けっして欲望の次元のそれ、すなわち欲望の論理の違いには還元されない。精神分析の教えを俟つまでもなく、そこでは少なくとももうひとつ、享楽というファクターを問うことが欠かせないし、それどころか、最高神夫婦の禍々しい諍いを伝える神話エピソードに示唆されるとおり、むしろそちらのほうが本質的ですらあるにちがいない。いずれにせよ、認めざるをえないのは、フロイトが「去勢不安」および「ペニス羨望」の問題と格闘した理論的土俵を、言語の領域における母の根源的な存在欠如の水準に位置づけ直すだけでは、けっして十分ではなかったということだ。いいかえれば、ラカンの構造主義的言語論によるフロイトの生物学主義の超克だけでは、精神分析はけっして享楽からみた男女の――神話によれば決定的な——相違を論じたり説明したりするところにまで到達できなかったのである。

それゆえ、ラカンには次の一歩を踏み出すことが必要だった。その一歩を代表するテーゼが、世に名高い「性関係はない Il n'y a pas de rapport sexuel」にほかならない。そこではじめて、ラカンは男の享楽と女の享楽の根本的な違いを、真の意味で、すなわち、こういってよければ主題的に、定式化するに至るのである。だが、「性関係はない」というテーゼと、それに伴う、あるいはその関数となる、一群の諸概念や諸定式（性別の論理式、「女なるものは存在しない」、ファルス享楽／剰余享楽の弁別、云々）は、じつは、けっして一気呵成に打ち出されたわけではなく、およそ一九七〇年から七三年にかけて、つまり、セミネールでいえば、『にせかけにならぬようなひとつのディスクールについて』（セミネールXVIII、一九七〇〜七一。「にせかけ」というタームについては後述）から『アンコール』（セミネールXX、一九七二〜七三）にかけて、精神分析家としての自らの経験とフロイト以来の分析理論の諸成果を傍らに置き、また、一九六八年に導入した「剰余享楽」の概念や、六九年に構築した「四つのディスクール」のマテーム（数学的公式に倣った記号式）といった真新しい思考ツールを駆使しつつ、集合論から様相論理まで、ペアノ、カントール、フレーゲからアリストテレス、プラトンまで、論理学や哲学の多様な成果を駆け巡りながら、数々の旋回や突破を重ねて醸成されていった。そしてその白眉は、何といっても、一九七二年に書かれた圧倒的な凝縮度を誇る論考、「うっかり言ったり（L'étourdit）」をおいてほかにない。

ここでは、その歩みをつぶさにふりかえろうとは思わない。男と女の享楽をめぐるラカンのテーゼや公式は、あくまで「うっかり言ったり」と『アンコール』に示された完成型に準じて論じざるをえない。だが、そこに向かうにあたり、一九五〇年代のラカンのディスクールと七〇年代のそれとのあいだを、どのような共通の関心が繋ぎ、反対にどのような変化が隔てているのかについて、やはり漠然とではあれ捉えておくことが欠かせない。それは、「ラカンの教え」と呼ばれる巨大なコーパスのうちに一定の歴史的コンテクストや時代的メルクマールを読みとることを要求する作業だから、個人的な解釈を導入することがどうしても必要になる。そのことをお断りした上で、いくつかの問題に焦点を合わせてみよう。

まず、「性関係はない」というテーゼがそのものとしてラカンのディスクールに最初に現れるのは、おそらく一九六九年三月五日だ。しかし、そこでの発言はやや奇妙で、同じテーゼがすでに過去に告げられたことをラカン自身が示唆している。私が最近調べ直したのは「セミネール」の記録(正規のルートで出版されたものとそうでないもの)だけだから、もちろん見落としがあるのかもしれない。いずれにせよ、このテーゼにはじつは「性行為はない」という先駆形態があり、その初登場は一九六七年四月にまで遡る。カトリックの教義にナイーヴな信仰を寄せる田舎の老婦人たちに「教会の秘密とは何かね？　教会の秘密とは……煉獄はない、ということなのじゃ！」と告げ、彼女たちを戦慄《わなな》かせて悦ぶ、バルベ＝ドールヴィイの描く悪魔的な聖職者よろしく、ラカンは、パリ高等師範学校のデュサンヌ講堂に詰めかけた数百人の聴衆に向かって、「精神分析の秘密、精神分析の大いなる秘密、それは、性行為はない、ということだ」[46]とかましたのだった。「精神分析を成り立たせる行為とは何か」(「端的に「精神分析がなされた」と証言することを可能にする行為は何か」)という、当時のラカンの最大の関心を背景に、この一節がそもそも「行為とは何か」を問う遠大な射程をもつことには、ここでは立ち入らない。だが、この「秘密」についてラカンが挙げる直接的な理由は、かいつまんで言えば、こうだ。性行為のうちには、主体を「性をもつもの」として、性をもちつつ反対の性の主体と結合するものとして、登録できるものが何もない。反対に、性行為について何か語らおうとすれば、必ずやひとつの「第三者」たる「ファルス」を介在させることになる。

ところがこのファルスは、たえず横滑りを続けるか（換喩）、別のものに置き換えられるか（隠喩）する機能しかもたず、「何らかの永遠の本質において対立する男なるものと女なるものを、性行為のうちに私たちが措定することを、いかなる場合にも許してはくれない」……。ようするに、ファルスをペニスと混同しつつ、私たちが多くの場合に性行為について想像するのとは裏腹に、まさにファルスこそが性行為の存在を妨げる、とラカンは言いたいのである。ここにはすでに、一九五〇年代の彼のファルス理論には収まらないパースペクティヴが開かれている。

この新たなパースペクティヴがいっそう明確な形をとるのは、四年後のセミネール『にせかけにならぬようなひとつのディスクールについて』だ。次のような一節に注目しなくてはならない――

まさにこの第三者〔＝ファルス〕のもとで、享楽を袋小路に追い詰めるものいっさい、たんに生物学的な角度から定義するのでもよいかもしれない男と女を、性的享楽とのあいだで困難に陥る存在にさせるものいっさいが、秩序づけられるのである。[47]

この「袋小路」とは、「性関係」が見出されるとすればその彼岸にでしかないようなひとつの行き止まりのことだ。人間がたんなる生物学的雄もしくは雌にすぎないのなら、それぞれの性は性染色体XおよびYの組み合わせによって決定され、性関係は性的享楽ともども生殖（次世代の個体の生成）という唯一の合目的性に回収されてもおかしくない（「享楽」と精神分析では訳されるフランス語「jouissance」は、同時に、とりわけ法律用語としては、「（自己の権利として）享受（すること）」でもあるから、生殖における性染色体の使用は、当の個体の性の「享受」を含むという意味で、性的享楽の獲得もしくは行使とみなして差し支えない）。だが、幸か不幸か、人間のセクシュアリティはいかなる意味でも生殖に還元されないし、人間の性（それぞれの主体が男もしくは女として生きる性）もまたXYもしくはXXという染色体の組み合わせのみに帰することはできない。人間の男と女のあいだには、好むと好まざるとにかかわらず、「第三者」たるファルスが介在し、いや、割って入り（ラカンはこの「第三者」がけっして「媒介者ではない」[48]ことに注意を促している）、それぞれの性的ポジションと性的享楽を支配するだろう。ここで「享楽を袋小路に追い詰めるもの」と呼ばれているものの筆頭は、言うまでもなく「ファルスをもつ」および「ファルスである」と定式化される男女の愛と欲望のロジックにほかならない。だが、同じセミネールでラカンがファルスを「言語（langage）」の唯一の「*Bedeutung*（指示対象）」と位置づけていることからダイレクトに帰結するように、その唯一の「*Bedeutung*」を――隠喩と換喩によって――たえず指し示すことを余儀なくされる言語そのもの、すなわち、言語を構成するシニフィアンの諸連関のすべてが、ファルス的《ファリック》なものになり、男と女が「関係」を結ぶ（より正確には、追って述べるように、そうして結ばれたかもしれないこの「関係」が「書かれる」）手前で、それぞれの「享楽」をファルス的なものに意味づけしてしまう、いや、意味づけるまでには至らないとしても（これは精神病の場合だ）、自己の身体において、あるいは、投影の経路を用いて他者において、ファルス的な享楽として到来させてしまう。まさにその意味において、ファルスは性的享楽が性関係に達するのを妨げる。そして、だから、性関係はない、のである。

　これは、一九五〇年代のファルス理論のダイレクトな帰結であるように思われなくもない。だが、「欲望」にかんして、その弁証法のロジックを男女それぞれにおいてリードしてゆく羅針盤とみなされていたファルスが、ここに至って、「享楽」にかんして、性関係が存在するのを妨げる障壁（「袋小路」）と位置づけられるようになったインパクトは大きい。この『にせかけ……』のセミネールで、ラカンはやはりひとつの角を曲がった、あるいは、少なくとも、大きなカーブにさしかかったと見なくてはならない。実際、「ファルス」はそこで「にせかけ（le semblant）」[49]の側に、すなわち、空にかかる虹が目に見えるとおりには実在しないのと同じように、「現実界（現実的なもの、le réel）」の「ふり」をしてはいても、じつはその「みせかけ」でしかないもの、イマージュやシニフィアンの諸連関が生み出す「作為（artefact）」でしかないものの側に、位置づけられる（もっとも、その意味では、想像界と象徴界のいっさいが「にせかけ」であると言わねばならないのだが）。つまり、ファルスが、言語の装置全体を動員しつつ、主体に到来させてしまう享楽は、性関係が実現したとしたらそこに生まれるかもしれない享楽の「パロディ」[50]にすぎない、ということだ。もちろん、この「パロディ」という語にこめられた酷薄なアイロニーを見逃してはならない。それは何らかのオリジナルにたいするパロディではなく、オリジナルを決定的に欠いたパロディ、それどころか、オリジナルの存在を妨げると同時に（あるいは、妨げるからこそ）その空疎な代理にしかなれないことを宿命づけられたパロディなのだ。この「パロディ」としての享楽と、その不在の「オリジナル」とを、ラカンはやがて「ファルス享楽（ファルス的享楽、jouissance phallique）」[51]および「〈他者〉の享楽（大文字の他者の享楽、jouissance de l'Autre）」とそれぞれ呼び習わすことになるだろう。ただし、後者の呼び名については若干の説明が必要かもしれない。「〈他者〉の享楽」というタームを、ラカンは、一九六〇年代前半には「〈他者〉が享楽する」という意味で、とりわけ、超難解をもって知られる論考「カントとサド」（一九六二）に読みとられるように、欲望の「純粋状態」を志向する主体が己れの欲望を純化すればするほど、〈他者〉がその主体の享楽――主体自身がそこにアクセスすることができず、それゆえもてあましているところの享楽――を奪うかのように、ますます享楽するという意味で、用いていた。それにたいして、ここで「ファルス享楽」の対岸に位置づけられた「〈他者〉の享楽」は、主体が「〈他者〉で享楽する」こと、より正確には、「〈他なる〉性」（〈異〉性、Autre sexe）を代表する相手の身体で享楽することを意味する。もしも実現したなら「性関係」の存在を印づけるであろうこの「〈他者〉の享楽」は、いうまでもなく、けっして実現しない（あるいは「書かれないことをやめない」）。なぜなら、他者の身体で享楽する以前に、すなわち、当の他者自身が己れの身体で味わう（かもしれない）享楽に到達する以前に、主体はファルスで――いっさいの性的享楽をジャックし、占拠し、自分の色に染めてしまうファルスで――享楽してしまうからだ。ようするに、先に述べたのと正確に同じ意味で、性関係はない、のである。[52]

もちろん、これは福音ではない。しかしまた、精神分析の結語でもない。

実際、性関係が存在しないことは、ラカンにとって、いわば神経症の臨床がダイレクトに告知する真実だった――

私があえて声高に述べ、人に気づいてもらおうとしたのは、ようするに、神経症者の知によってわれわれに提供される啓示がこう言語化されることだったのだ。すなわち、性関係はない、と。[53]

だが、この「啓示」を理論の平面に確立しようとするとき、ラカンが繰りかえし強調するのは、性関係が「書かれえない[54]」こと、性関係を書き表すものが何もないことだ。

関係ということが真面目に言えるのは、たんにひとつのディスクールが関係を確立するだけでなく、関係が言表されるときである。現実的なものはわれわれがそれを思考する前にそこにあるが、関係はそれよりはるかに疑わしい。たんにそれを考えるだけではなく、それを書かなくてはならない。それを書くことができないかぎり、関係は存在しないのである。[55]

性の生物学的所与である性染色体XとYがいかに組み合わされようと、人間の「性関係」が書かれたことにならないのは、すでに述べたとおりだ。しかしそれだけではない。ラカンがこのように語ったのは、「主」「ヒステリー者」「分析家」「大学人」という四つの異なる「ディスクール」（ラカンはディスクールを「社会的紐帯」と定義する）を、「S_1」（主のシニフィアン）、「S_2」（知）、「$\$$」（分裂した主体）、「a」（対象a）という四項の配列とその回転によって書き表した「マテーム」が完成して間もない時期だ。「マテーム（mathème）」とは、精神分析的知を「教える」（伝達する）ためのツールとしてラカンが多用する数学風の記号式を指す。「性関係は書かれえない」と断定するとき、ラカンが念頭に置いている「書」とは、それゆえ、マテーム（的な文字式）であることはまちがいない。実際、それまで（一九七〇年代初頭まで）の折々にラカンが構築してきたマテームのうち、「性関係」を表すもの、「性関係」を表すことに応用できそうなものは、ひとつとしてなかった。「性関係」の表記におそらく最も近似的であるとみなせるのは、五八年に組み立てられた「幻想」のマテーム「$\$ \diamond a$」だが、言語（シニフィアン）によって規定されることで存在を喪失した主体「$\$$」（これは後述の「疎外」の結果である）と、主体のこの「失われた存在」を〈他者〉の領域で代理する働きをする対象「a」（その代表的なパラダイムは母の乳房である）とが、〈他者〉に内在する「欠如」において重なり合うことを教えるこのマテームにも、残念ながら、男と女という二つの「性」の関係が書き込まれているとはいかにしても言いがたいし、「$\$$」や「a」はどちらも単独で「男」や「女」に対応させることができない以上、「性関係」を書くことにこのマテームを転用できる可能性もかぎりなく乏しい。そもそも、いまさら驚くには及ばないが、ラカンの理論には初めから「男」

とは何か、「女」とは何かを表すマテームが決定的に欠けていたのであって、男女の性的ポジションを「ファルスをもつ」および「ファルスである」の二公式に帰着させたときですら、ラカンはこれらをマテームに書き表すことがなかったのである。[56]

だからこそ――と、言わねばならないのだろう。だからこそ、「性関係は、少なくとも現在までのところ、いかにしても言語に書き込まれえない」[57]と語る、まさにその『にせかけ……』のセミネール（それはまた、東洋の漢字に触発されて「文字」論が展開されたセミネールでもあった）において、ラカンはあらためて「男」と「女」を「書く」試みに乗り出すのである。実際、性関係の不在は、けっして「性への関係」、すなわち、それぞれの主体が男性もしくは女性という「性」にたいしてもつ関係の存在を妨げないだろう。ここでも、出発点になるのはやはり「ファルス」だ。だが、ラカンが一九五八年頃から親しんできた数学者ゴットロープ・フレーゲの「命題関数」論の強い影響のもと、ファルスはいまやひとつの「関数（fonction）」に格上げされる。つまり、ある主体 x について、その男としての、もしくは女としての価値を決定する関数「Φx」である。これは、具体的には、あの「ファルスをもつ」／「ファルスである」のように、「男」と「女」について世に謂われる（というのはつまり、「〈他者〉のディスクール」が伝える）あらゆる定義の総体と考えてよい。そしてこの関数のうちには、およそ「去勢」を経験したあらゆる主体が書き込まれることになる。といっても、ここでの「去勢」とは、もはや、一九五〇年代のラカンが男女の欲望を定式化するに当たって強調した「母の去勢」ではなく、むしろ、先に述べたように唯一の「*Bedeutung*」たるファルスをめぐって組織化された「言語」によって自己を規定し、他者と関係を結ぶことを運命づけられた主体自身の「去勢」、すなわち、ファルスは言語のほうに見出される以上、その言語のうちで生きる主体の身に「ファルス」があってはならないという意味での「去勢」である。

ラカンの理論において、事実上、この意味での「去勢」は、一方では、一九六四年の『精神分析の四根本概念』（セミネールXI）で「疎外」と呼ばれたものに重なる。「ひとつのシニフィアンによって他のシニフィアンにたいして代表される」主体（話す主体）は、ちょうど、ひとりの国会議員よって他の国会議員にたいして代表される一国民が国会の議事に参加できないのと同じように、シニフィアンの集合である言語の領界に一個の「存在」として立ち入ることはできない。つまり、主体はシニフィアンとの関係において「疎外」されるのであり、そうして「存在欠如」となった主体（より正確には、存在を手放すことを条件に、シニフィアンへの同一化を果たすという形で「分裂した」主体）をラカンは「$」と記したのだった。だが、さらに重要なのは、この「去勢」が他方では、一九六八〜六九年の『ひとつの〈他者〉からもうひとつの〈他者〉へ』（セミネールXVI）にて「享楽の断念」と名指されたプロセスに相同的であることだ。「六八年五月」の余韻さめやらぬなか開講され、ラカンがマルクスに最も接近したことで知られるこのセミネールは、マルクスの「剰余価値」に着想を得た「剰余享楽（plus-de-jouir）」の概念化によって、ラカンの「享楽」論における画期となった。労働者は、本来自らがその価値を享受すべき「労働力」を商品として市場に委ねることで、この商品の対価のうち資本家によって支払われない部分に相当する「剰余価値」を、やはり彼自身はそれを享受することなく（それゆえ資本家に搾取されつつ）、生み出す。同様に、しかしいっそう根源的な次元で、「話す主体」は、言語という構造のうちに身を置き、ディスクールという「社会的紐帯」によって他者と関係を結ぶことを受け入れた時点で、仮にそうしなかった場合に他者との関係から得られたかもしれない「享楽」を決定的に断念することを余儀なくされる一方、それと引き替えに、「ディスクールの効果」としての「剰余享楽」を生産することになる。この「引き替えに」は、厳密に、不可欠の「条件」を表すものと解されねばならない。いかなる主体もシニフィアンによって主体になる以上、ディスクールの外部に仮想される（ただしあくまで仮想されるだけの）根源的とも神話的とも呼びうる享楽の断念を経ずして、ディスクールの平面に立つことはできないし、況んや、ディスクールの運用によって剰余享楽を生産することも不可能だからだ。とすれば、この断念を「去勢」と呼ばずして何と呼ぼう。実際、こうして断念される根源的享楽は、理論上、近親姦の享楽に等しいと考えることもできるから、その断念はフロイト的意味での「去勢」にも通じると言わねばならない。いずれにせよ――ここが最も強調しておきたい点だ――、この「享楽の断念」と「去勢」の理論的等価性によって、去勢とはじつは「ディスクールの領域に享楽の市場をオープンする」[58]のを可能にする条件にほかならないことが、浮き彫りになる。去勢＝「享楽の断念」と引き替えにディスクールを通じていわば絞り出される「剰余享楽」は、なるほど、労働者にとっての剰余価値と同じく、話す主体が自由に享受したり、処分したりすることができる享楽ではないかもしれない。にもかかわらず、それが性的享楽として露わになり、なおかつファルスに準拠する（ファルスによって方向づけられる）かぎり、この享楽は主体にたいしてまさに認可された享楽でありうる。ラカン曰く――

> じつのところ、剰余享楽はもっぱら人が性的享楽とのあいだに確立する関係によって正常化される〔規範化される、se normalise〕。ただし、この享楽が定式化され、言語化されるのはひとりファルスによって、すなわち、この享楽のシニフィアンたるファルスによってである。[59]

上述の「ファルス享楽」の概念が、この一節の直接的な帰結であることは言うまでもない。ファルス享楽とは、ようするに「ファルス関数」における剰余享楽の一般的なありかたなのだ。それゆえ、私たちはいまやこう言ってよい——去勢によってファルス関数にしかるべく自らを登録した主体は、誰しもファルス享楽に浴する権利を付与される、と。これは、ファルス関数「Φx」の定義でさえある。

(5) 女~~なるもの~~とその享楽

では、この関数から出発して、「男」および「女」はいかに書かれるのだろうか。先ほど、ファルス関数こそが男女両性の主体の価値を決定すると述べたのだから、この問いは一見すると奇妙な印象を与えるかもしれない。だが、じつはそうではない。なぜなら、ファルス関数の支配的な地位は揺るがないにせよ、それぞれの主体はこの関数を否定することもできる（はずだ）からだ。「男」と「女」を「書く」というラカンの試みは、じつはそのままファルス関数の、だからファルスそのものの、否定を導入するチャレンジでもあった。その初歩（一九七一年五月）から完成（一九七二年六月）までに要した一年余りのあいだには、古今の論理学の諸成果に触発されつつ、いくつかの試行錯誤が重ねられたが、ここではその曲折に立ち入らず、あくまで完成型に即して、ラカンの最終的な意図を浮き彫りにしてみよう。今日「性別化の表(tableau de la sexuation)」の名で知られるその完成型は、左右に二つずつ振り分けられた四つの記号論理式（論理命題）から成り、左側が「男」の、右側が「女」の領域とされる。まず左上の式——

$$\exists x\ \overline{\Phi x}$$

$\exists x\ \overline{\Phi x}$	$\overline{\exists x}\ \overline{\Phi x}$
$\forall x\ \Phi x$	$\overline{\forall x}\ \Phi x$

性別化の表

は、「それについて関数Φxが満たされない、すなわち、機能しないがゆえに事実上排除される、そうしたxが存在する場合が、例外的にある[60]」と読まれる。早くもここに、ファルス関数の第一の否定が書き込まれていることは、Φxの上に渡された棒線（否定記号）からも一目瞭然だ。ラカンはこの否定を「否と言う（dire que non）」ことに本質的に結びつけているから、この論理式は、より単純に、「ファルス関数に否と言う少なくともひとつのxが存在する」と読むこともできる。いずれにせよ、ラカンの念頭にあるのは、フロイトが『トーテムとタブー』（一九一三）に記した「原父（Urvater）」、すなわち、有史以前の原始社会において、群のすべての女を独占し、息子たちをこれらの女から遠ざけておく（がゆえに、やがて共謀した息子たちに殺害される）父親にほかならない。この父親は、すべての男（息子）を去勢するが、自分ひとりはその去勢を免れるという意味で、ファルス関数に「否」と告げる例外者とみなされうる。

ところが、この例外者による否定は、じつはファルス関数を無効にするわけではない。むしろその反対だ。他の「すべて」の男を等しく去勢することで、原父はひとつの「普遍」（普遍的去勢）を導入し、それによってこの関数をまさに基礎づける。そこから、左下の式——

$$\forall x\ \Phi x$$

すなわち「いかなるxについても、Φxは満たされる[61]」と読まれる式が、最初の式と対をなすものとして、導入される。たんに関数Φxが成り立つだけでなく、それがすべての主体（すべての「x」）について成り立つのである。この違いが決定的に重要であることは、いくら強調してもしすぎることはない。というのも、この違いこそが、主体がたんにファルス関数に自らを書き込むことと、性別化の表の左側にそうすることとのあいだの位相の開きを生むからだ（ファルス関数から出発して「男」および「女」がいかに書けるのか、という冒頭の問いは、もちろんこの後者の位相に位置づけられる）。つまり、表の左側に自らを書き込むことは、ファルス関数に準拠することに加えて、男であろうと女であろうとすべての主体がこの関数の支配に甘んじる（甘んじなければならない）と考えることを意味するのである。とすれば、そこでは必然的に「ファルス享楽」が、そして享楽としてはそれのみが、普遍化される。いいかえれば、「ファルス享楽」以外のいかなる享楽もそこに入り込む余地はない。これをファルス享楽のヘゲモニーと呼ばずに何と呼ぼう。いや、そもそも、表の左側は紛れもないファルスの帝国、ファルスの全体主義国家なのであり、ファルス享楽のヘゲモニーはいわばその専制的イデオロギーにすぎない、と言うべきかもしれない。[62] いずれにせよ、性と享楽にかんするこのファルス統治に自らの身を任せる主体、それをラカンは「男」とみなすのである。

それにたいして、表の右側、つまり「女」の領域は、どのように捉えられるだろうか。そこではまず、「男」の側で逆説的にも関数Φxを基礎づけるとされた否定が、否定される。すなわち――

$$\overline{\exists x}\ \overline{\Phi x}$$

「関数Φxに否と言うxが存在しない」ことを表すこの式は、ラカンによれば、「ファルス関数に中断が存在しない以上、根拠のないことも含めて、いかなることもこの関数について言いうる、ということによって、主体が決定される[63]」ことを意味する。ファルス関数を「基礎づける」とされる「∃x」（ファルス関数に否と言うx）が否定されるのだから、ファルス関数はいわば浮遊状態に陥り、一般に「規範」や「基準」と呼ばれるものを提供する力を根こそぎ失うにちがいない。にもかかわらず、よくいえば自由な、悪くいえばアナーキーな、その状態こそが、表の右側に自らを書き込む主体を決定するだろう――そうラカンは告げているようにみえる。だが、同時に、この論理式はフロイト的「原父」の否定（より正確には、原父の機能の否定）でもあることを見逃してはならない。「すべての女たちを独占する男」などに女たちは興味がないし、そもそも「すべての女たちを独占する」ことなどいかにしても不可能なのだ。ラカン曰く、「〔原父が〕すべての女たちを享受するという神話が指し示すのは、すべての女など存在しないということだ。女の普遍はないのである」[64]。これが、「性関係はない」とほぼ同時期にラカンが定式化したもうひとつの名高いテーゼ「女なるものは存在しない」、もしくは「女~~なるもの~~（~~La~~ femme）」の意味するところにほかならない。

いや、より厳密には、このテーゼは、いま検討している論理式（ファルス関数に否と言う原父の否定）を補うもうひとつの式（右下の式）のほうに関係づけられねばならない。すなわち――

$$\overline{\forall x}\ \Phi x$$

じつはこの「$\overline{\forall x}$」こそ、ファルス関数にラカンがもたらす第二の、そして真の意味での「否定」にほかならない。ファルス関数を基礎づけた第一の否定とは対照的に、ここでは、否定記号は量化子のほうに付されている。それが意味するのは、すべてのxが関数Φxを満たすわけではない、ということだ。つまり女の側では、ファルス関数はけっして「すべて」を、したがって普遍を、成立させはしない。その意味で、「女なるものは存在しない」のである。

それだけではない。この論理式について述べられた、次のようなラカンの一節はひときわ雄弁だ――

> 否定される量化子によって主体が決定される半〔＝女たちによって構成される半数〕の側に立つ主体については、存在する何ものも〔ファルス〕関数の限界を成さないがゆえに、ひとつの宇宙に属するものは何であれたしかなものになりえないだろう。こうして、この半によって根拠づけられることで、「彼女たち」はすべてならず〔*pastoutes*〕であり、さらにその帰結として、そしてこの同じ事実のゆえに、〔「彼女たち」の〕どのひとりももはや全ではないのである。[65]

フランス語の形容詞「tout」は、ごく大雑把にいえば、後続する名詞が複数形であれば「すべての〜」、単数形であれば「〜全体」の意味になる。それを否定辞「pas」で打ち消すと、「すべてならず」および「全体ならず」の謂になるが、ラカンはこれらを半ば独立のタームのように、いや概念のように、扱おうとする。おそらくラカンの考えでは、この「$\overline{\forall x}\,\Phi x$」は「すべてならぬxについてΦxが成り立つ」と読むべきなのだろう。いずれにせよ、女たちはけっしてファルスのもとにひとつの普遍的な集合を形成しない。だから、女を定冠詞つきで（« la femme », « les femmes »）名指すことはできない。女にはつねに不定冠詞を添え、「ひとりの女（une femme）」もしくは「（不特定の）女たち（des femmes）」と書くことしかできないのである。だが、重要なのは、量化子∀の否定である「すべてならず（pas-toutes）」が、ここでは単一の主体の「全ならず（pas-toute）」を導くことだ。このことは、じつは何よりも「享楽」にかかわる。ひとりの女は全体でない、というのはつまり、ファルス享楽がひとりの女を満たすことがあるとしても、その女の全体を満たすには至らない、ファルス享楽がひとりの女全体を満たすことはできない、ということだ。いいかえれば、ひとりの女にはつねに、ファルス享楽が満たしきれない余白の部分が残る。いや、「部分」や「残る」は、一般に、なんらかの「全体」の存在を前提にした表現だから、ふさわしくない。ひとりの女には、ファルス享楽が満タンになってもなお、それを越え出る別の享楽の入り込む余地が――「全体」が存在しないがゆえに、権利上は無限に、つまりいくらでも――見出される、と言わねばならない。

何という論理！　しかしこれが、つまりこの「ファルスの彼岸の享楽」[66]こそが、女の秘密なのだ。女にとって、ファルス享楽で満たされることは、その上に別の享楽がさらに追加されること、あるいは上乗せされることを、けっして妨げない。その意味で、ラカンは女の享楽に「上乗せ享楽

(jouissance supplémentaire)」という名を与える。気をつけねばならないのは、「全ならず」なる女のポジションに対応するこの上乗せ享楽は、「全ならず」という表現からするといかにも逆説的だが、いっさいの「欠如の論理」の埒外にある、ということだ。去勢＝「(原始的)享楽の断念」によって条件づけられる「ファルス享楽」は、ひとつの根源的な「欠如」を前提し、それにいわば全面的に依存している。去勢のないところにファルス享楽はない、というわけだ。これにたいして、上乗せ享楽はあくまで「追加」であり、それを可能にする「全ならず」は、何かを「全体」とみなす必要(もしくは必然性)がないということであって、全体から何らかの部分が「差し引かれた」、すなわち「欠けている」という意味ではないのである。だからこそ、ラカンは次のように書くことができた――

フロイトと違って、私は女たちに、彼女たちがシニフィアンにまで高めることのない魅惑的な鞘を、去勢の靴休めによって測る務めを負わせはしないだろう。[67]

端的なシニフィアンであるファルス(に、しばしば混同されるペニス)とは対照的に、女性性器はシニフィアンに数えられる必要はない。同様に、そこに生まれる享楽は、必ずしも去勢によって条件づけられるとはかぎらない、いや、去勢に条件づけられる享楽(ファルス享楽)の上をいく享楽でありうる。そして、まさにここに、ヘラに強いられてテイレシアスがやむなく証言したあのスキャンダラスな真実の理由がある。先に述べた、「全ならぬ」女の身に上乗せ享楽が入り込む「余白」を、「すべてならずの論理的力能を、女性性が掠めとる享楽の議定書に棲みつかせるという点で特異な「最果ての地」」と名指しつつ、ラカンはこう断定する――

この「最果ての地」は〔…〕、オウィディウスが神話中のテイレシアスの姿をそれに与えることでそれから身を逸らしたのと同じ極限である。ひとりの女が全でないと言うこと、それは、彼女の享楽が性交から生じるそれを凌駕するとき、彼女はただ独りである、ということによって、神話がわれわれに示すことである。[68]

女の悦びが男のそれを凌駕するのは、上乗せ享楽がファルス享楽の上をいくからだ。「すべてのxにとってファルス関数が成り立つ」側に立つ男にとっては、ファルス享楽が「すべて」だが、「すべてならず」の側に身を置く女にとっては、ファルス享楽が「すべて」ではなく、それに追加されるという意味でそれを凌駕する享楽の到来する余地がつねにある。加えて、この「女の享楽」は、ファルス享楽にたいする「上乗せ」であるという一事によって、ファルス享楽の尺度ではいかにしても測ることができない。この共通尺度の不在こそが、女の享楽を男のそれの三倍であるとか、七倍であるとか、一〇倍であるとかと、神話作家に書かせたのだろう。だが、ラカンが明らかにしたように、二つの享楽の違いはけっして量や程度の差には還元できない。それは端的に次元の違いであり、「すべて」と「すべてならず」のあいだに横たわる論理の違いなのだ。

それゆえ、ここでいま一度「性別化の表」に立ち戻り、それを支える論理の絶妙な仕掛けを見直してみよう。「すべて」と「すべてならず」のあいだの「論理の違い」は、じつは、この表の論理式に別の形で現れている。ラカンは、表の右側の二式について、それらが「数学における慣例に準じない」[69]ことをことわっている。古典論理学的なセンスで考えるなら、左上の式「$\exists x\ \overline{\Phi x}$」（$\Phi x$を満たさないxがある）と右下の式「$\overline{\forall x}\ \Phi x$」（すべてのxが$\Phi x$を満たすわけではない）、および、左下の式

「$\forall x\,\Phi x$」（すべての x がΦxを満たす）と右上の式「$\overline{\exists x}\,\overline{\Phi x}$」（$\Phi x$を満たさない x はない）は、それぞれ等価になるようにみえる。だが実際には、これらの論理式の読みは先に見たとおりであり、このような等価性はけっして成り立たない。表の左右のあいだには、それゆえ、見かけとは裏腹にじつは断絶しかないのであり、それはまさに表の左側と右側が異なる論理で成り立っていること以外の何ごとをも意味しないだろう。ところで、「性別化の表」にこうして浮かび上がる断絶、本来なら等価性が成り立つべきところに決定的な齟齬しか見出されないことのうちにいわば書き込まれているかにみえるこの断絶に、私たちが読みとるよう促されるものは何だろうか――「性関係はない」というテーゼの明らかな刻印でないとしたら？「性関係はない」は、前節にて確認したとおり、ラカンにとって何よりも「性関係は書かれえない」の謂だった。だが、性別化の表によって、いや、というより、その左右の論理式のあいだにはいかなる接点も書き込まれないと示すことによって、ラカンはまさに「性関係は書かれえない」ことを「書いた」のだと言ってよい。

そしてこのことは、とりもなおさず、「女の享楽」すなわち「上乗せ享楽」は、いかに「ファルス享楽」を凌駕するとはいえ、けっして「性関係の享楽」とみなされてはならない（つまり「性関係」を存在させるわけではない）、ということを意味する。じっさい、上乗せ享楽はファルス享楽と並んで、「性関係」の不在を「補塡」するものでしかない。議論がいくぶん本筋から逸れるが、ここにはひとつ重大な問題が隠れている。前節において、私たちは「ファルス享楽は性関係の成就を妨げる」とするラカンの定式にアクセントを置いた。「ファルス享楽」というタームの定着こそ後れたが、この定式の萌芽はすでに一九六七年に見出され、事実上、それが七〇年前後に「性関係はない」というテーゼを導いたのだった。ところが、「うっかり言ったり」（一九七三）やセミネール『アンコール』（一九七二～七三）になると、ファルス享楽が性関係の不在を「補塡する」という指摘が繰りかえされるようになる。一見すると、これら二つの見解は齟齬を来す。はたして、ファルス享楽は「性関係はない」の理由なのか、それとも埋め合わせなのか。だが、じつは、これはいわゆる「偽りの問い」だ。ファルス享楽が性関係の実現を阻むことは、それが性関係の不在を補塡することと、必ずしも矛盾しない。どちらの面も、ようするに、言語の場に棲まわざるをえない主体とファルスとの関係の事実であることに変わりはないのである。とすれば、この見かけ上の循環を前にして、私たちはむしろ「性関係」のいわば絶対的な不可能性をこそ、それにふさわしい名で刺し止めるべきではないだろうか――「性関係はない」は最も根源的《ラディカル》な意味での「現実界」である、と。

この時代のラカンは、アリストテレスの論理学的諸様相に親しみ、「不可能」を「書かれないことを止めないもの」と定義した。[70] 性関係は、まさにその意味で、つまり「書かれないことを止めない」という意味で、話す存在にとっての永遠の不可能、すなわち現実界なのである。ただし、先に述べたとおり、性関係の不在はけっして精神分析の結語ではない。それを補塡する享楽が存在し、いまやその享楽にひとつの新種が発見された。女の享楽、すなわち「上乗せ享楽」である。そしておそらく、希望はこの第二の享楽の側にこそある。ラカンは言う――

性関係というこの難題、それに光明を投げかける点があるとすれば、それはまさにご婦人方の側にある。というのも、切り拓かねばならないのは、全ならずに磨きをかける道だからだ。[71]

だが問題は、この「ご婦人方」の享楽は、もしかすると「知」の対象ではないかもしれない、ということだ。少なくとも、それはまだ知られてはいない――女自身によってでも！

彼女には、存在せず何ものも指し記さないこの彼女には、ひとつの享楽がある。彼女にはひとつの享楽があるが、それについてはたぶん彼女自身も何も知らない、ただ自分がそれを感じているということ以外は。自分がそれを感じているということ、それなら彼女は知っている。彼女がそれを知るのは、もちろん、それが到来するときである。だがそれは彼女たち全員に到来するわけではない。[72]

こうして、「女の享楽」において、私たちはまさに「知の果て」と呼ぶにふさわしい不可視の深淵を、言葉もなく覗き込むことを余儀なくされるかにみえる。この「不可知なるもの」を前にして、精神分析はただ無力に甘んじるべきなのだろうか。あるいは、「(言語的命題によっては)語りえぬもの」についてヴィトゲンシュタインが述べたように、「口をつぐむ」ことしかできないのだろうか。

じつは、ここにこそ、本書のレゾンデートルのひとつがある。ラカンは「女の享楽」をいわば論理的に突きとめ、概念的にその輪郭を描いた。にもかかわらず、残念ながら、それに実質的な内容を与えるには至らなかった。なぜなら、定義上、上乗せ享楽はファルスの彼岸、およそ言語が語りうることの彼岸であり、女たちはそれを感じることはできても、それが何であるかを知ることはできない、つまり、それについて証言することができないからだ。ラカンは、この困難な証言に果敢に挑戦するよう、女たち、とりわけ女性の分析家たちを鼓舞してはいた。だが、そのような証言を自ら蒐集することはなかった。おそらく、そうした証言を気長に待つには、すでに七〇歳を越えたラカンに残された時間はあまりにも短かったのだろう。だが、だからといって、私たちは完全にお手上げになるわけではない。「性関係」の場合と異なり、女の享楽は「書かれないことを止めない」という意味で不可能＝現実界であるわけではない。少なくとも、ラカンはけっして女の享楽を「書かれえないもの」と定義することはなかった。それどころか、ラカンは「それが何であるか」に迫るための道筋をいくつか指差しさえした。たとえばこうだ――

神秘論者たちの証言の本質が、まさに、彼らはそれをまざまざと感じているが、それについて何も知らない、と告げることにあるのは明らかだ。[73]

「それを感じてはいるが、それが何であるか知らない」という点で、キリスト教の神秘論者が語る享楽は、女の享楽と重なる、いや、一致する。神秘的享楽、すなわち、アビラの聖テレサやアントウェルペンのハデウェイヒが語るそれは、それゆえ上乗せ享楽の一パラダイムであり、これらの修道女たちの証言は上乗せ享楽にかかわる証言とみなしてさしつかえない。ローマの「勝利の聖マリア教会」の一祭壇を飾る、ベルニーニ作のあからさまにエロティックな聖テレサ像（ラカンの読者には、セミネール『アンコール』の表紙でお馴染みだ）を眺めて、「彼女が享楽していることはまちがいない！」と感じたというラカンの直観は、卓越した精神分析家のそれであるだけに、けっして捨て置いてはならない。だが、気をつけなければならないのは、同じ箇所でラカンが挙げる神秘論者のうちには、十字架の聖フアンの名も含まれていることだ。これまであえて指摘してこなかったが、「性別化の表」の左側に書き込まれるのが解剖学的男性であり、右側に位置づけられるのが解剖学的女性であると、私たちが考えるなら、私たちは再び、ラカンがすでに一九五〇年代に決然と斥けたはずの生物学主義の罠に陥ることになるのはいうまでもない。愛と欲望の水準における男女のポジション、すなわち「ファルスをもつ」／「ファルスである」について、ラカンは『にせかけ…』のセミネールでもこう述べている――

言語の領野は性関係の裂孔のうちに用意されるのであり、その裂孔をファルスは塞ぐことができない。ファルスがそこに導入するのは、雄のものおよび雌のものと定義される二つの項ではなく、本性も機能も異なる二項、すなわち「ある」と「もつ」と呼ばれる二項のあいだの選択にほかならない。[74]

ここで「選択」という語が使われているのを見逃してはならない。すなわち、解剖学的な男性が「ファルスをもつ」ことを欲望し、解剖学的な女性が「ファルスである」ことを受け容れるわけではない。「ファルスをもつ」という性的ポジションを欲望においてと同様愛においても選択する者が男であり、「ファルスである」というそれを愛について選択しつつ、欲望については「ファルスをもつ」に向かう者が女なのだ。同じことが、享楽をめぐって、ファルス関数にたいする「すべて」と「すべてならず」についても言える、いや、いっそう徹底して言われなくてはならない。ファルス関数にたいして「すべて」のポジションをとり、ファルス享楽に隅々まで満たされることを選択するのが男であり、「すべてならず」のポジションに立ち、剰余享楽に自らを開くことを選択するのが女である、ということだ。それゆえ、解剖学的な女性が「すべて」の側に立つこともあれば（実際、「女」とはこういうものだ、という観念にしがみつく女性は、そうした観念がすべての女を決定しなくてはならないと信じている点で、「すべて」の論理に骨の髄まで浸っている）、反対に、解剖学的な男性が「すべてならず」の側に越境することもある。自らが生きた神秘的享楽を卓越した詩文に著す「才能に恵まれた」[75]聖ファンは、ラカンの目には「享楽にかんして女の側に立つ者」と映った。そのような解剖学的男性が、他にも存在していないはずがない。

キリスト教の神秘論者をめぐるラカンの思索は、「それが何であるか」に導く可能性を秘めた別の手がかりにも通じている。聖テレサやハデウェイヒの著作を「最高の読み物」と褒めて憚らないラカンは、自らが「神を信じている」ことに誰もが納得するだろうと言い切る。といっても、それは通常「父なる神」と呼ばれる神ではない。少なくとも、そのようなものとして出会われる神の「顔」ではない。ラカン曰く、「〈他者〉のひとつの顔、神としての顔を、女の享楽によって支えられるものと解釈してはいけないだろうか?[76]」享楽する女としての神。キリスト教神学(のみならず、あらゆる一神教の神学)に殴り込みをかけるかのようなこの発想もまた、捨て置けぬ鉱脈に私たちを誘《いざな》わずにはおかない。敬虔なカトリックの家庭に生まれ、弟マルクがカトリックの修道士であったばかりか、自らもポール・クローデルに「目がない」ことを公言し、同時代のカトリックの教義や言説に精通していることを折々に仄めかしてさえいたラカンには、「すべてならず」の論理を神の享楽に結びつけることをためらわぬだけのたしかな、しかし彼にしか抱くことのできない、直観なり閃きなりがあったにちがいない。だが、ラカンの宗教的バックグラウンドが垣間見られるこれらの思索とは別に、私たちがぜひとも注目しておかねばならないのは、じつに臨床的な示唆に富む次のような指摘だ——

フロイトがエディプスコンプレクスについて捻り出した理屈にしたがえば、女性においては去勢がはじめからある(ト、フロイト謂ヒケリ)がゆえに、女性はエディプスコンプレクスのもとで水を得た魚だということになるが、この理屈は、女性が女性として、父親から得られるよりも多くの糧を得られるものと期待する母親との関係が、多くの場合、惨禍〔ravage〕になるという事実と痛切なまでに対照をなしている。——この惨禍にあっては、父親とのあいだでうまくゆかないことは二の次である。[77]

本総論のはじめに触れたとおり、フロイトは、女児における母との前エディプス的関係の重要性に気づくのが遅かった。しかし、いったんフロイトがその重要性を認めると、それは女性のセクシュアリティをめぐる精神分析家たちの大論争の呼び水になった。その論争のなかにジョーンズやフェニヒェルがおり、一九五〇年代のラカンはそれを彼なりに総括したのだった。とはいえ、ラカンにとって、精神分析の軸はやはり父子関係（この「子」がつねに息子であったとは言わないが）の側に置かれたままであり、英国の対象関係論におけるように、母子関係、とりわけ早期幼児期のそれが治療や転移の主要テーマとされることはなかった。そうした背景に照らして見ても、「うっかり言ったり」のこの一節は、ラカンにおいて紛れもなく稀有な価値をもつ。あたかも、ここでやんわりと批判されているフロイトと同じく、女性のセクシュアリティを捉え直す上で、母娘の前エディプス的関係が不可欠の鍵になることに、ラカンもまた遅ればせに目覚めたかのようだ。いずれにしても、ここで私たちの目を奪うのは何よりも「惨禍（荒れすさみ、ravage）」という語である。母と娘という血を分け肉を分けた女同士のインティマシーにつきまとう、激烈な怨悪や果てしない確執。英国精神分析に親しんでいる人なら、メラニー・クラインの早期幼児期の理論もさることながら、クラインとその娘メリッタ・シュミッドバーグのあいだの調停不能な反目を思い浮かべるかもしれない。フロイトは、そのような母娘の底知れぬ葛藤が、成人した娘がやがて夫とのあいだにもつ関係に転移＝移動され、そのために結婚生活が空中分解せざるをえなくなるケースも稀ではないという過酷な、というより、身も蓋もない臨床的真実（これは今日でも、夫婦関係が破綻する最もありふれた要因のひとつだ）を、あたかも神託でも告げるかのように平然と告知したのだった。

だが、ラカンの指摘の核にあるのは、この「惨禍」の舞台となる「母との関係」から、女性は本来、父から得られるよりも多くの糧(subsistance)を受け取るはずであり、それゆえに、この関係は父とのエディプス的関係よりも女性にとっていっそう本質的である(だからこそ、そこでの「惨禍」がいっそう際立つ)という認識だ。「食糧」を意味することもあるこのフランス語「subsistance」は、それがなければ生きていけないという意味での「糧」、つまり主体を生かす(生きながらえさせる)「命の糧」を指す。女性において、それが父からよりむしろ母から与えられるという洞察は、たしかに私たちの直観にもよく馴染む。いま述べたように、娘は母にとって文字どおりの「分身」であり、父/娘でも、母/息子でも、いわんや父/息子でもこうはいかない。娘は父からじかに生まれるのではないし、息子は母と同じ形をしていない(同じ形にはならない)。そして父と息子のあいだには、母を介さなければいかなる肉の繋がりもない(そもそも、人間社会において「父」とはけっして生物学的な、つまり自然な存在ではなく、徹頭徹尾社会的な存在なのである)。しかし問題は、母娘のあいだで伝達されるこの「糧」が、あるいはその伝達が阻害されるがゆえに生じる「惨禍」が、娘の性的享楽——女としてのそれ——にいかにかかわるのか、ということだ。というのも、女児のエディプスをフロイトがある意味でユートピア化したことにあからさまに留保をつけつつ、母娘間の伝達の切実な困難にアクセントを置くことで、ラカンは明らかに母と娘の良くも悪くも濃密な関係を女の享楽の特異性に結びつけているのだから。残念ながら、これは今日の精神分析にとってひとつの純然たる謎であって、私たちはそれについて多くの答えを手にしているわけではない。もっとも、近年、ラカン派のいくつかの団体では、「ひとつの精神分析はいかに終結するのか」という枢要な問い(ラカン派のいわゆる「パス」で吟味されるのはこの問いだ)を通じて、この謎にしばしばスポットライトが当たるようになった。あたかも、ラカンが女性の分析家たちに期待した「女の享楽」をめぐる証言が、こうして、母娘の前エディプス的紐帯が分析の終わりにいかなる役割を演じるかという問いを経由して、徐々に蓄積されはじめたかのようだ。しかし、それを理論的に読み解く作業はまだ端緒に就いたばかりであることに変わりはない。[78]

このように、女の享楽の「何であるか」についてラカンが示唆した手がかりは、いまだ「手がかり」の域を出ないままである印象は否めない。いや、女の享楽のみならず、そこに至るまでのラカンの歩みについても、だからラカンが女性のうちに見出すファリシズム（「ファルスである」のポジション）についてさえ、私たちはもっぱらそのクロノロジカルな推移や概念的輪郭を素描したにすぎない。つまり、ここまでの理論的助走で私が綴ってきたのは、いわば、「女」についてラカンが語ったことの骨組みないし見取図のみであり、そうした骨組みや見取図をいくら重ねてみても、血の通った女性像を結晶化させるにはほど遠いのである。だが、本書のモティーフは、繰りかえすがまさにそこにある。「女」についてのラカンのディスクールに血を通わせ、肉付けすること。そしてそのための素材は、けっして遠くまで探しにいく必要はない。というのも、概念化・理論化の過程で否応なく抽象化されざるをえなかった「女」一般や「女なるもの」（これは最終的に、ひとつの「普遍」という意味では「存在しない」とみなされたわけだが）と並んで、ラカンはまた個別の女たち、すなわち、現実のうちに、歴史のうちに、さらには神話や文学作品のうちに、ひとりの主体としての具体的な実在性をもつ女たちについても発言することをやめなかったからだ。それらの発言を拾い集め、その背景にある理論的、歴史的、文化的コンテクストを洗い出しながら、上述の骨組みや見取図の上にマッピングし直すこと。「女」についてのラカンのディスクールに血を通わせるためには、それにまさる方法はない。

それゆえ、以下に続くのは、六人の「女たち」に焦点を合わせた「各論」である。ラカンとじかに接触のあった女性分析家たち。ラカンが折々に引き合いに出した作家や神秘論者。そして、繰りかえしコメントされたフロイトの症例や文学作品のヒロイン。入れ替わり立ち替わり現れるこれらの女たちが、ここからは私たちの、いや、私たちが照らし出すラカンの歩みの、同伴者になる。作家マルグリット・デュラスについて、ラカンは「私が教えていることを私抜きに知っている」と、どこまでも一方的にみえるが、しかし最大級の、賛辞を贈った。以下に登場する他の女性たちもまた、「ラカンの教え」を、いや、それどころか「ラカンがまだ教えてもいないこと」すら、ラカンとは異なることばや概念を使って、思索し、実践していたのである。そこから、私たちは何をとり出せるだろうか——それが、これらの「女の名」にかけての、私たちの挑戦だ。

1 Sigmund Freud, Analyse der Phobie eines fünfjährigen Knaben (1909), in *Gesammelte Werke* (G. W.) Bd. VII, Imago/Fischer, 1941, S. 277.

2 *Ibid.*, S. 278.

3 Jacques Lacan, *Le Séminaire, Livre XI, Les quatre concepts fondamentaux de la psychanalyse* (1964), Seuil, p. 213.

4 Jacques Lacan, *Le Séminaire, Livre X, L'angoisse* (1962-63), Seuil, 2004, p. 214.

5 オウィディウス／中村善也訳、『変身物語』（上）、岩波文庫、一九八一、一一二頁。

6 同、一一二～一一三頁（訳文を一部改めた）。

7 *Bibliothèque* d'Apollodore l'Athénien, traduction par Étienne Clavier, tome premier, Delance et Lesueur, 1805, pp. 301-303. このフランス語訳が出版されたのは帝政期だが、訳者であるエティエンヌ・クラヴィエは、『ビブリオテーケー』と銘打たれた書物はアポロドーロスの複数の著作の要約版にすぎず、その著者はアポロドーロスとは別人であるとほぼ断定している。

8 *Ibid.*, p. 303. 友人である堀尾耕一氏（東京古典学舎）によると、ひとつ前の引用文中の数字（「一九」！）を訝しんだらしい近代の文献学者たちは、むしろこの韻文内の数字に本文を近づけようとしたのか、前者に「愛の喜びが合わせて一〇になるとすると、男は一を感受し、女は九を感受します」とする「修正読み」を施したという（それでも数字は一致しない）。『金枝篇』でお馴染みのジェイムズ・G・フレイザーによる英訳をはじめとして、今日おもに出回っているのはどうやらこの近代化ヴァージョンのほうであるらしい。だが、私はむしろ、もとの「一〇対九」説のほうに魅力を覚える。たった「一」の違いでよいのだ。しかしこの「一」が何だろうと問うとき、それは途方もなく巨大な差に見えてくるのである。『ビブリオテーケー』の著者は、この「一」のめくるめくような広大さを伝えたかったにちがいない。

9 *Le premier mythographe du Vatican*, texte établi par Nevio Zorzetti et traduit par Jacques Berlioz, Les belles lettres, 1995, p. 9.

10 Sigmund Freud, *Neue Folge der Vorlesungen zur Einführung in die Psychoanalyse* (1933), in : *G. W.* Bd. XV, Imago/Fischer,

1940, S. 133.

11 Sigmund Freud, Die endliche und die unendliche Analyse (1937), in : *G. W.* Bd. XVI, Imago/Fischer, 1950, S. 96.

12 *Ibid.*, S. 99.

13 Jacques Lacan, *Les quatre concepts fondamentaux...*, *op. cit.*, p. 138.

14 Jacques Lacan, À la mémoire d'Ernest Jones : Sur sa théorie du symbolisme (1960), in : *Écrits*, Seuil, 1966, p. 703.

15 Ernest Jones, The Early Development of Female Sexuality, in : *International Journal of Psycho-Analysis* (*IJP*), 8, 1927, p. 461.

16 Jacques Lacan, *Le Séminaire*, *Livre IV*, *La relation d'objet* (1956-57), Seuil, 1994, p. 217.

17 Sigmund Freud, Über die weibliche Sexualität (1931), in : *G. W.* Bd. XIV, Imago/Fischer, 1948, S. 538.

18 Ernest Jones, The Phallic Phase, in : *IJP*, 14, 1933.

19 *Ibid.*, p. 28.

20 *Ibid.*

21 *Ibid.*, p. 17.

22 *Ibid.*, p. 23.

23 Jacques Lacan, *La relation d'objet*, *op. cit.*, p. 190.

24 *Ibid.*, p. 191.

25 Jacques Lacan, Propos directifs pour un Congrès sur la sexualité féminine (1962), in : *Écrits*, *op. cit.*, p. 729.

26 Ernest Jones, Review of *Collected Papers of Otto Fenichel*, in : *British Medical Journal*, Aug. 13, 1955, p. 420.

27 Otto Fenichel, Die symbolische Gleichung : Mädchen = Phallus, in : *Internationale Zeitschrift für Psychoanalyse*, 22, 1936.（ドイツ語の Gleichung は一般に「方程式」を意味するが、「Mädchen = Phallus」という式のどちらの辺にも変数が含まれているとはみなせないので、本稿では一貫して「等式」と訳した）。

28 *Ibid.*, S. 300.

29 *Ibid.*

30 *Ibid.*

31 *Ibid.*, S. 301.

32 *Ibid.*, S. 304.

33 *Ibid.*

34 Jacques Lacan, *La relation d'objet*, *op. cit.*, pp. 193-194.

35 *Ibid.*

36 Jacques Lacan, D'une question préliminaire à tout traitement possible de la psychose (1959), in : *Écrits*, p. 565.

37 Jacques Lacan, Propos directifs pour un Congrès sur la sexualité féminine (1962), in : *Écrits*, p. 753.

38 Jacques Lacan, D'une question préliminaire..., *art. cit.*, p. 565.

39 *Ibid.*

40 Jacques Lacan, La signification du phallus (1958), in : *Écrits*, pp. 693-694.

41 *Ibid.*, p. 694.

42 この「抑圧」そのものは男女に共通であり、こうして抑圧された「母のファルスでありたい」という欲望は、神経症者の場合には男女を問わず――ラカンがすすんで提示した数少ない治療例のひとつとして知られる強迫神経症患者がその好例だ――無意識において支配的である。Cf. Jacques Lacan, Direction de la cure et les principes de son pouvoir (1958), in *Écrits*, p. 632.

43 Jacques Lacan, Propos directifs..., *art. cit.*, p. 753.

44 女性のマスカレードには二種類ある。ひとつは、ここに述べたように、自らをファルス――できるだけ美しいファルス――に仕立てること、粉飾することである。だが、その一方で、周囲の男性にとってある種の攻撃、ある種の侮辱と映りうる秀でた能力や成果、すなわち「ファルス的力能」を隠し、これらの男性からのありうべき処罰や反撃を回避するためになされるマスカレードも存在する。過剰な媚びや献身の形をとるこの後者のタイプの「女らしさ」を発見したのは、ジョーンズとフロイトに訓練分析を受けた精神分析家で、英国精神分析協会の創設メンバーに名を連ねたのち、メラニー・クラインの盟友として存在感を発揮したジョアン・リヴィエール（Joan Riviere, 1883-1962）である。『エクリ』にはその名が登場しないものの（いや、ラカンが女性の「マスカレード」に言及するときには、必ずリヴィエールが想起されているゆえ、「マスカレード」という語はラカンにとってほぼ「リヴィエール」という固有名と等価だっただろう）、リヴィエールの一九二九年の論文「マスカレードとしての女らしさ（Womanliness as a Mascarade）」は、ラカンにおいて、本書で参照されるジョーンズやフェニヒェルの諸論考にも劣らぬ重要性をもつ。

45 Jacques Lacan, D'une question préliminaire..., *art. cit.*, p. 565.

46 Jacques Lacan, *Le Séminaire 14 : Logique du fantasme*, texte établi par Patrick Valas, inédit, http://staferla.free.fr, p. 140. ここは、ラカンがバルベに親しんでいたことを証す珍しい箇所のひとつだ。

47 Jacques Lacan, *Le Séminaire, Livre XVIII, D'un discours qui ne serait pas du semblant* (1970-71), Seuil, 2006, p. 168.

48 *Ibid.*, p. 142.

49 Semblantというフランス語名詞は、de...を伴って「〜のみせかけ」、またfaire semblant de...で「〜のふりをする」の謂だが、ラカンのように「〜の」という限定を付さずにこれを用いるケースはまずない。したがって、事実上の造語新作と認め、「にせかけ」なる日本語を当てることにする。

50 Jacques Lacan, *D'un discours..., op. cit.*, p. 149.

51 このタームをラカンが使いはじめたのは、意外にも、一九七一年から七二年にかけてサンタンヌ病院の医師たちに向けて行われた一連の対話、『精神分析家の知』においてである。

52 ここでは立ち入れないが、ラカンは、「ファルス享楽」の概念化に先行する時期（およびそれに重なる時期）に、プラトンの対話篇『パルメニデス』と近代数学の「集合論」の諸成果に触発されて、「性関係」の不可能なパートナーである〈他者〉に〈一者〉（l'Un）を対照させる試みに没頭した。〈一者〉（もしくは〈一〉）とは、いわば象徴界の最も現実的な（「現実界」の意味で）現れ、いや、もっぱら数理論理学的にのみ突き詰めることのできるその現実的な本性の露呈であり、ラカンは、おそらくジャン・ヴァールによる『パルメニデス』のフランス語訳に倣って、それを部分冠詞つきで「de l'Un」と術語化した上で（そのニュアンスは、残念ながら日本語でうまく表現することができない）、プラトンによって吟味される命題「〈一〉がある（〈一〉あり）」を一言文的に縮約した「いちゃり（*Yad'lun*）」を、「性関係はない」の対岸に措いた。つまり、性関係はない、しかし／ゆえに、一がある、ということだ。「〈他者〉の享楽」（〈他者〉で享楽すること）は永遠に不可能に留まるのにたいし、象徴的秩序全体を圧搾して残る芯のような、上澄みのような〈一者〉が、「たった独りの〈一〉」として、性関係の意味と享楽とを独占し続けるだろう。いいかえれば、性関係を通じて人はけっして「二」（ひとつに結ばれた二）になることができない。そして主体は、いや、主体の身体は、一九六〇年代までのラカンがそう考えていたように〈他者〉によってではなく、じつはこの〈一者〉によってこそ棲まわれているのである。

53　Jacques Lacan, *D'un discours...*, *op. cit.*, p. 166.

54　*Ibid.*, p. 135.

55　Jacques Lacan, *Je parle aux murs*, Seuil, 2011, p. 33 (séance du 4 novembre 1971 des entretiens *Le savoir du psychanalyste*).

56　ただし、「四つのディスクール」のマテームが構築された『精神分析の裏』（セミネールXVII）から『にせかけ……』（セミネールXVIII）にかけて、「ヒステリー者のディスクール」と「主のディスクール」があたかも「女」と「男」をそれぞれ代表するかのように扱われ、両者のせめぎ合いについての考察が「性関係」への問いをリードした面はある。とはいえ、両「ディスクール」のマテームが「女」および「男」の性的ポジションそのものに対応するとは、もちろんいえない。

57　Jacques Lacan, *D'un discours...*, *op. cit.*, p. 131.

58　Jacques Lacan, *Le Séminaire, Livre XVI, D'un Autre à l'autre* (1968-69), Seuil, 2006, p. 18.

59　Jacques Lacan, *D'un discours...*, *op. cit.*, pp. 33-34.

60　Jacques Lacan, L'étourdit (1973), in : *Autres écrits*, Seuil, 2001, p. 458. 通常なら、この式は「関数Φxを満たさない何らかのxが存在する」と読めばよいのだが、ラカンがあえてこのx（Φxを満たさないx）の例外性・単独性を強調するのは、以下に見るとおり、この式がもうひとつの式$\forall x\, \Phi x$と組み合わされるからだ。

61　*Ibid.*

62　しかし、表の左側には「例外者たる父」も書き込まれている。とすれば、この原父の享楽をどう考えればよいだろうか。ここでは深く立ち入れないが、おそらくこう答えることができる。すべての女を独占して享楽する父というイマージュは、じつはファルス関数Φxを成り立たせる「去勢者」の純粋に論理的な機能に被せられた想像的なカバーにすぎない、と。この「去勢者」の機能には、それゆえいかなる享楽も結びついておらず、それはむしろ、表の左側における「享楽の空集合」と捉えられねばならないだろう。

63　Jacques Lacan, L'étourdit, *art. cit.*, p. 466.

64 Jacques Lacan, *D'un discours…*, *op. cit.*, p. 69.
65 Jacques Lacan, L'étourdit, *art. cit.*, p. 466.
66 Jacques Lacan, *Le Séminaire, Livre XX, Encore* (1972-73), Seuil, 1975, p. 69.
67 Jacques Lacan, L'étourdit, *art. cit.*, pp. 464-465.
68 *Ibid.*, p. 466.
69 *Ibid.*, p. 465.
70 残る三つの様相は、それぞれ「必然＝書かれることを止めないもの」「偶然＝書かれないことを止めるもの」「可能＝書かれることを止めるもの」と定義され、そこから、「必然」にはファルスおよび症状が、「偶然」には愛が、それぞれ属すると考えることができる。「可能」については、ラカンによっても、他のラカン派の分析家たちによっても、あまり言及されることがないが、さしあたって「倒錯」がそれに対応するのではないかという私の感触を述べておくにとどめよう。
71 Jacques Lacan, *Encore*, *op. cit.*, p. 54.
72 *Ibid.*, p. 69.
73 *Ibid.*, p. 71.
74 Jacques Lacan, *D'un discours…*, *op. cit.*, p. 68.
75 Jacques Lacan, *Encore*, *op. cit.*, p. 70.
76 *Ibid.*, p. 71.
77 Jacques Lacan, L'étourdit, *art. cit.*, p. 465.
78 母娘関係の「惨禍」について、本書の続く章では、残念ながら殆ど立ち入ることができない。しかし近年、我が国では、春木奈美子の歴史的といってよい論文が、この問いの臨床的かつ理論的実相を見事に抉出してみせた。春木奈美子「彼岸の女たち——マルグリット・デュラスの方へ」、『ジャック・ラカン研究』第一八号、二〇一九年。なお、私自身も次の拙論にて不十分ながら同じ問いを扱ったので、ご関心がおありの向きは参照されたい。立木康介「声なき身体、静かなる犯罪」、森本淳生／ジル・フィリップ編『マルグリット・デュラス〈声〉の幻前』（水声社、二〇二〇）。いずれの論考もデュラスに注目しているのは、おそらく偶然ではあるまい。

II　各論　ラカンと女たち

1　オフィーリア——幻想の構造と対象への関係

あまり語られることがないが、ラカンには英国かぶれ《アングロフィリー》の一面がある。その根がどこにあるのかは定かではない。だが、第二次大戦中にそれが高じたことは、どうやら疑いを容れない。

一九三八年にルドルフ・ルヴェンシュタインのもとでの訓練分析を終えたラカンが、次代の精神分析を担う先鋒のひとりとして頭角を現しつつあったパリ精神分析協会（SPP）は、「ユダヤ的科学のアーリア化」の名のもとに精神分析のイデオロギー的破壊が進められたドイツの二の舞を怖れるマリー・ボナパルトのイニシアティヴにより、一九四〇年、いっさいの活動を停止し、ある種の自発的な解散状態に入る（それが功を奏し、SPPはナチスへのいかなる協力も強いられることがなかった）。すると、パリで臨床医の仕事を続ける傍ら、ユダヤ人の血を引く愛人（ジョルジュ・バタイユの妻だった女優、シルヴィア・バタイユ）が避難したマルセイユ近郊へ、月に二度、占領地域・非占領地域の境界をまたいで移動する許可を得たラカンは、かつて彼のもとで分析を受けたジャーナリスト、ジョルジュ・ベルニエと当地で再会し、ささやかだが熱烈な、ある種の知的レジスタンスをはじめる。その触媒となり、マテリアルとなったのが、英語であり、英国文化だった。老舗のカフェ、ル・シントラのテラスにベルニエとともに陣取り、T・S・エリオットの詩の翻訳を試みたり、名訳の誉れ高いキング・ジェイムズ・バイブル——シェイクスピア全集と並んで、かつては英国のどの家庭にも一冊置かれていたという一七世紀の英語版聖書だ——を読み込んだりするのが、一九四〇年から四二年にかけて、ラカンのマルセイユでの日課になったのである。

精神分析史家エリザベート・ルディネスコは、ベルニエの次のような証言を引用している——「私たちには、英国が世界最後の希望であるというとても深い感情があり、それゆえ、私たちの前にはひとり英国の文化と思想のみが存在していた」[1]。ようするに、ナチスによるパリ占領に甘んじなければならなかった多くのフランス知識人にとって、当時の英国は燦然と眩しかったのだ。もっとも、ヘーゲルやハイデガーに耽溺し、ひとかたならぬドイツ的教養を身につけていたラカンにとって、この戦時中の英国熱には、精神分析のいう「対抗備給」、すなわち、ある表象（たとえば「ドイツ的なもの」）を意識に上らせないために別の表象（「英国的なもの」）に心的エネルギーを過剰に注ぎ込むという側面も、あったにちがいない。だが、最晩年のラカンがジェイムズ・ジョイスへの傾倒（この場合は、英国熱というより英語熱だが）を隠さなかったように、それが終生消えることのない痕跡をラカンのうちに残したこともたしかだ。一九四五年五月、対独終戦直後にロンドンに五週間滞在したラカンは、そのときの見聞にもとづいて、英国精神医学がいかに戦時下の国民のモラルを保つことに貢献し、英国を戦勝に導いたのかを、四七年の『精神医学の進化』誌に報告している。英国への深い敬意に満ちたこの論文「英国精神医学と戦争」は、ラカンの全著作《エクリ》中、最も格調高い文章で綴られたもののひとつと言ってよい。

キング・ジェイムズ・バイブルとほぼ同時代——エリザベス朝の終焉という一大事件があいだに挟まっているとはいえ——に書かれ、上演された『ハムレット』を、セミネールVI『欲望とその解釈』（一九五八〜五九）でとりあげたラカンのことばにも、同じ英国熱が漲っているように感じられる。原典を隈なく読み直しただけでなく、この戯曲について書かれた古今の、そして精神分析内外の、数々の文献を広く渉猟しつつ（ただし、アーネスト・ジョーンズの名著『ハムレットとオイディプス』

が、そこでは羅針盤の役目を果たしたようだ)、ラカンがこれら七回の講義に臨んだことは想像にかたくない。『欲望とその解釈』は、その名のとおり、「精神分析と分析的解釈における欲望の機能に意味を与え直す」という目標のもとに進められたセミネールだった。そして、この目標の達成には、彼が前年から徐々に構築してきた「欲望のグラフ」というシェーマを洗練させ、完成させることが欠かせなかった。ラカンの「ハムレット講義」は、まさにこの「欲望のグラフ」構築の最終段階に重なる。つまりラカンは、これらの講義によって「欲望のグラフ」を文字どおり仕上げたのである。そこへとラカンを突き動かしたのは、「『ハムレット』は欲望のドラマである」という揺るぎない洞察だった。

ラカンのこのことばは、こういってよければ強い意味で受け取らなくてはならない。すなわち、『ハムレット』というドラマの主人公は「人間の欲望」そのものであり、ハムレットという登場人物はその欲望の「座」を表すにすぎない、とラカンは言いたいのだ。ハムレットの「心理」あるいは「性格」を解明しようとした一九世紀的なシェイクスピア読解の伝統に抵抗しつつ、ラカンはむしろ、「話す主体」である人間の欲望が辿りうる弁証法の道筋として、『ハムレット』という作品の「構成」を読みとろうとする。その上で、ラカンが「欲望にたいするハムレットの立ち位置のバロメータ」と呼ぶ登場人物がいる。オフィーリアである。文字どおり運命に、いや、ことがらの巡りあわせに、翻弄されるこの究極の「悲劇のヒロイン」について語るたびに、ラカンの口からこぼれるのは、ふだんの彼のアイロニーやシニカルさとは似ても似つかぬ率直な賛美だ。曰く——

オフィーリアは、紛れもなく、人類の想像力に提示された最も魅惑的な創造物のひとつである。われわれが女性的対象のドラマと呼びうるもの、一文明の黎明期には〔トロイヤの〕ヘレネの形で姿を現す欲望のドラマが、オフィーリアのドラマと不幸のうちに体現されていることは注目に値する。このドラマもまた、おそらくはひとつの頂点なのである。[2]

だが、まさに「欲望のドラマ」としての作品の構成を浮き彫りにしようとするラカンの意図のゆえに、オフィーリアがハムレットにとっていかなる「バロメータ」であるかという問いにアプローチするには、オフィーリアとあらゆる点で対照をなすように描かれるもうひとりの女性の対象、すなわち王妃ガートルードの役割をあらかじめ俯瞰しておくことが欠かせない。そしてこのことは、ほかでもなく、一九世紀以来つねに解釈上の大問題であり続けるハムレットの「逡巡」の謎にかかわっている。

ハムレットはなぜ、亡き父王（の亡霊）から自らに課された務めの遂行を、刻一刻と先延ばしにするのだろうか？

『ハムレット』の物語を、ソフォクレスの『オイディプス王』と並ぶエディプスコンプレクスの一ヴァージョン――ただし、無意識の願望の偽装という点でソフォクレスの戯曲よりはるかに手の込んだ近代的ヴァージョン――とみなし、精神分析家たちの『ハムレット』読解に先鞭をつけたフロイトは、この逡巡をエディプス的な「自己非難」に帰すことをためらわない。すなわち、ハムレットの父を殺し、母を奪ったクローディアスは、ハムレット自身の幼児期の願望を実現した人物であるがゆえに、「［ハムレット］を復讐へと駆り立てる憎悪は、彼のうちで自己非難に、良心の咎めにとって代わられる」[3]、というのである。

これにたいして、ラカンが注目するのは、「人間の欲望は〈他者〉の欲望である」という彼自身の名高いテーゼをまるでなぞるかのように、ハムレットがたえず気にかけ、それに囚われてさえいる、母ガートルードの欲望にほかならない。鍵になるのは、言うまでもなく、劇中劇の場面のあと、王妃の居室でハムレットが母と交わす長い対話、第三幕第四場だ。「劇場で提示されうる最も並外れた物事のひとつ」であり、「読むことに耐えうるギリギリの線」であるこの場面を、ラカンは「劇の頂点」とみなし、「学校でするようにペンを手にとってお読みなさい」と聴衆に薦めている。実際、この場面にはハッキリとしたムーヴメントがある。ハムレットは終始けんか腰であり、神々しく気高さを備えた先王亡きあと、下種な悪党である現王に身を委ね、女としての快楽を懶惰に貪り続ける母ガートルードを、なじりになじる。それは、壁掛けの陰に隠れて様子をうかがっていたポローニアスを自らの手で惨殺しようと、さらには、彼の眼前にのみ不意に現れた父の亡霊に「母と震えているその心のあいだに入りこむのだ」と諭されようと、変わらない。いや、亡霊がいつとはしれず姿を消したあと、ハムレットのことばのトーンは、もはやサディスティックな攻撃というより、ラカンのことばを借りれば「哀願」にぐっと近いものになる。にもかかわらず、ハムレットの攻勢はやはり続き、それに気圧されたガートルードは、「おお、ハムレット、お前は、この胸を真二つに裂いてしまった」と口走るにまで至るのである。

ところが、問題はこのあとだ。ポローニアスの遺体を引き摺っていったん立ち去りかけたハムレットは、ふと「母上、もう一言」と引き返し、ガートルードが「どうしろと?」と尋ねると、奇妙にも、これまでの自らの発言を打ち消すかのようなことを訴えはじめる——

なんでもなさるがいい、いま申しあげたことは、一切わすれて。脂肪ぶとりの王様の言いなりに、今宵もお床入りなさるがよろしい。〔…〕臭い口でなめまわされ、いやらしい指さきで項《うなじ》をくすぐられて、それで有頂天になって、何もかもぶちまけてしまえばいいのだ。あの子の狂気は真赤なうそ、上辺《うわべ》だけの偽気《にせ》ちがいだと。そう知らせておやりになったほうがおためでしょう。[4]

いったい、ここでハムレットの身に何が起きているのだろうか。ラカンの読みはこうだ――

言うべきことの頂点にまで達すると、ハムレットのうちに唐突な〔気持ちの〕降下が生じる。〔…〕

われわれがここで辿っているのは、ハムレットの揺れの運動にほかならない。ハムレットは喚き散らし、罵り、懇願し、それから、彼の口上は降下し、パロールそのもののうちに投げやりな態度が現れ、母の欲望への同意のうちに彼の訴えは消え失せる。抗いがたいものとして姿を見せる何ものかの前で、彼は戦意を喪失してしまったのである。[5]

ハムレットの欲望は、亡き父からじかに託された使命である復讐に向けて自らを研ぎ澄ませてゆかねばならない、まさにその途上で、母という〈他者〉の欲望に衝突し、その欲望の打ち負かしがたさを思い知らされて、あっけなく降下してしまう、つまり萎えしぼんでしまう。エディプス的な「母への欲望」ではなく、「母の欲望」こそが問題であるとラカンが言うのは、この意味においてだ。男性の神経症者、とりわけ強迫神経症者には、こうしたケースがしばしば見られる。彼らは、自らの欲望を構築する途上で、そこに立ちふさがるように横たわる母親を何とか動かそうと悪戦苦闘するのだが、やがて、これがどうあがいても動かすことのできない〈他者〉、すなわち、絶対的に

「抗いがたい」〈他者〉であると判明する瞬間を経験する。そのとき、主体は一気に崩れ落ちる、いいかえれば、なすすべなくこの〈他者〉に屈し、その欲望に同意してしまう。ラカンによれば、〈他者〉の欲望を前にして主体の欲望が強いられるこのような降下、あるいは失墜こそが、ハムレットの逡巡を特徴づける「構造的契機」をなすのである。
とすれば、こうして墜落したハムレットの欲望は、そのあといかにして自らを取り戻すのだろうか。この問いを解く鍵こそ、ハムレットの「欲望の対象」とラカンが定義づける人物、すなわちオフィーリアにほかならない。

――

先ほどの「オフィーリア＝バロメータ」説に戻ろう。ラカンはそれをこうパラフレーズしている

オフィーリアにたいするハムレットの立ち位置が経験する進展と、欲望にたいする彼の立ち位置全般を決定するもののあいだには、本質的な相関がある。[6]

つまり、オフィーリアはハムレットの「欲望の秘密」を問う試金石なのである。だが、なぜそうなのか。ラカンの答えは明快だ。それは、オフィーリアがひとつの「対象」だからだ。いうまでもなく、ハムレットにとっての「欲望の対象」（あるいは、ラカンが追って修正するように、「欲望のなかの対象」）である。ただし、「〔この対象〕が欲望の対象でありうるのは、もっぱらそれが幻想の項である場合にかぎられる」とラカンが述べるように、欲望の対象――いや、より正確には、この対象の背後にあってこれを性格づける対象――は、主体の「幻想」のうちに見出されねばならない。こ

こでラカンは明らかに、「($\$\diamond a$)」と書き表される「幻想のマテーム」を念頭に置いている。左側の項「$\$$」は、シニフィアンと関係をもつことで存在を失った主体、すなわち「無意識の主体」を表し、真ん中の「◇」は、この主体が対象とのあいだにもつ（あるいは、もちうる）関係（「＜」と「＞」の両方から構成される二重の包含関係）を表現する。そして右側の項を構成するのが、ここで問われている「幻想の対象」、すなわち「対象a」にほかならない。

「対象a」の概念が真に確立されるのは、それに「欲望の原因」という定義が与えられる四年後のセミネール『不安』（一九六二〜六三）においてだ。だが、いま私たちが辿っているオフィーリア論には、この概念に直結する本質的なモティーフがほとんどすべて含まれている。というのも、ラカンにおいて「対象a」は、何よりも、第二次大戦後の精神分析界を席捲しつつあった英国発の新理論、いわゆる「対象関係論」へのアンチテーゼだったからだ。メラニー・クラインやドナルド・ウィニコットに代表される「対象関係論」は、ごくかいつまんでいえば、主体の発達を「対象」の性質や構造の変化の関数として捉える立場だ。ここでいう「対象」は、フロイトの古典的な理論と照合するなら、性欲動もしくはリビドーの対象に相当する。フロイトにとって、この対象は欲動に「はんだ付けされる」、すなわち、何らかの機能のゆえに欲動と本来的に結びついているのではなく、たんにある欲動を満たす（ことができる）から対象として選ばれるにすぎない。したがって、そこではむしろ対象こそが発達（「リビドー発達」としての）の関数であると言わねばならない。それにたいして、英国の分析家たちの主流になってゆくのは、リビドー（および、クライン派の場合は攻撃欲動）を突き動かすのは対象の諸性質にほかならない、とする考え方だった。乳児は、満足をもたらす良い乳房にはリビドー（性欲動）を注ぎ、それを取り入れようとする一方、不満を引き起こす悪い乳房には攻撃性を浴びせかけ、それを破壊し尽くそうとする。つまり、そこでは対象こそが一次

的な存在であり、主体の欲動の発露やその発達はそれにたいするリアクションにすぎない、ということになる。こうして、「快を求めるものと〔フロイトによって〕定義されたリビドーは、対象を求めるものになった」[7]。いいかえれば、「対象」の概念は「欲動」のそれにたいしてはっきりと優位を示すようになったのである。

だが、ラカンによれば、これは「対象を前性器的対象として理論化したことに由来する誤謬と混同」の結果にすぎない。ラカンはその「混同」を、「対象の弁証法を要求の弁証法とみなすこと」[8]と説明する。これを理解するためには、一九五〇年代のラカン理論のベースのひとつである、欲求(besoin)・要求(demande)・欲望(désir)の弁別を思い出さなくてはならない。乳児に典型的に観察されるように、人間は自らの「欲求」——これはさしあたって生理的なものと考えてよい——を言語(シニフィアン)によって、つまりひとつの「要求」として、他者に伝えなくてはならない。しかし、いったんシニフィアンの連鎖をくぐると、欲求はもはやそのものとしては存立しえなくなる。他者が返してくれる応答には必ず間違い(乳児が欲しいものとは別のものが与えられる)や過不足があり、要求と欲求のあいだには埋めがたい溝が生じてしまう。この溝に芽生えるのが「欲望」にほかならない。つまり欲望とは、裏を返すなら、要求そのものではありえない。いかに原始的な形をとろうと、シニフィアンによって言表された訴えそのものではありえない。要求の背後で失われたり、かき消されたりする何かがあってはじめて、欲望は生きながらえるのであり、だからこそ、欲望を捉えるにはそれを解釈することが欠かせないのである。ラカンが指摘する対象関係論の「混同」は、まさにこの構造を見誤ることに起因する。つまり、ひとつの「要求」にすぎない乳児の泣き声を、欲求の「対象」(乳房)の希求もしくは現前と等しいものとみなし、言語の介在ゆえに両者のあいだに刻まれるはずの断絶を考慮に入れないことが、対象関係論の誤謬なのだ。反対に、ラカンにとっては、対象への関係を問う以前に、要求との関係、したがってシニフィアンそのものとの関係こそが問われなければならない。要求との関係のなかで失われているものを見きわめることができないかぎり、真の意味での対象、すなわち欲望の対象が何であるのかを知ることなどできはしない。ただし――要求と対象を切り離す先述の議論からもじかに帰結するように――この欲望の対象は何よりもまず主体のうちに、いや主体の無意識のうちに、つまり「幻想」のうちに、求められねばならない。というのも、主体の欲望は――もしも主体がそれを〈他者〉の欲望に従属させることで満足せず、自らに固有の欲望として所持することを望むなら――もっぱら幻想によってのみ支えられるからだ。このことは、仮にその対象が現実のうちに対応物をもつ場合（ハムレットにとってのオフィーリアのように）でも変わらない。対象の機能を決定するのはあくまで幻想であり、対象のほうが幻想を方向づけるわけではないのである。

さて、以上を踏まえたうえでようやく、ラカンが注目する「相関」、すなわち、ハムレットにおけるオフィーリアと欲望の相関を吟味することができる。両者が相関する（とラカンがみなす）ことじたいは、これまでの議論からも明らかだろう。幻想の対象 a に媒介されて、いや、物語世界における「現実」のなかでこの対象の座に身を置くことによって、オフィーリアはハムレットの欲望に接続されるのである。重要なのは、『ハムレット』という作品――これをラカンは「欲望のドラマ」と呼んだのだった――において、この相関がいかなる道のりを辿るのかということだ。ラカンによれば、欲望の対象としてのオフィーリアにたいするハムレットの関係は、三つの段階を漸進してゆく。まず、第一の段階は、ラカンにしたがって「対象の疎隔」と名づけることができる。第二幕第一場、オフィーリアがまるで臨床家のような的確さでポローニアスに物語る、亡霊に遭遇した直後にハムレットが陥った尋常ならざる状態を思い出そう――「上衣《うわぎ》の胸もはだけ、帽子もかぶらず、汚れた靴下《くつした》はだらしなく垂れ下がったまま、紙のように青ざめたお顔で、お膝《ひざ》をふるわせ、今のいま地獄から脱《ぬ》けだして来《こ》られたかのよう……」[9]。ポローニアスが「恋ゆえの狂気」と断定するこの状態を、ラカンもまた「病理的」とみなすことをためらわない。ただし、ハムレットの身に起きているのは、ポローニアスがおそらくは想定していること（失恋の傷）より、いささか複雑で、かつ深刻な事態だ。亡霊との邂逅のショックは、青年期にしばしば一過性の統合失調症ふうの現象を生じさせるのと同じ主体の「編成の乱れ」をハムレットにもたらした。ラカン曰く――

このような現象が生じるのは、幻想のなかで何かが動揺し、それによって幻想の諸成分が露わになってしまう場合であり、そのとき、これらの成分は、離人症的経験と呼ばれるもののうちで感じとられる。〔…〕主体と対象のあいだの想像的境界が変形され、幻影的なものと呼ばれるものの次元に入り込んでしまうのである。[10]

ラカンがフロイトのいう「不気味なもの」の経験に近づけずにはおかないこの精神的な「危機」において、ハムレットは、目の前の他者（想像的他者）のイマージュ、すなわちオフィーリアのイマージュのうちに忽然と姿を現した対象aに動揺し、違和を感じ、それとの距離を調節しようとする。それが、「私の手首をおとりになり、ぎゅっと痛いほどお握りしめになって、それからお手の伸びるだけうしろへさがられ、片方のお手をこめかみにおかざしになり、まるで肖像画でもお描《か》きになるかのように、じっと私の顔をお見つめになって……[11]」とオフィーリアが語る、ハムレットの奇怪な行動として表れたのである。

対象への関係が大きく動揺しはじめるこの第一の局面に続いて、やはりラカンのことばを借りて

「対象の拒絶」と名指しうる第二の段階が来る。「尼寺の場」として名高い、第三幕第一場のハムレットとオフィーリアの長い対話だ。そこでのハムレットの科白は辛辣をきわめ、ラカン曰く、「残酷な攻撃と、手酷い嘲りからなるこのスタイルは、オフィーリアとの場面を全古典文学中とくに異様なものにしている」[12]。とはいえ、この場面でハムレットが異様なまでに酷薄であるのは、コールリッジも指摘するとおり、「洞察力に長けたハムレットが、オフィーリアの不自然な態度から、彼女は自分自身の意志で行動していないことを見抜いている」[13]から、そして「その後の彼の言葉はオフィーリアにではなく、陰で立ち聞きしている者に向けられている」からだ。しかし奇妙にも、ラカンにはそのように読む発想がどうやら抜けているらしい。その代わりに、ラカンはハムレットの科白をむしろ文字どおりに受けとり、そこに「オフィーリアがハムレットにとって、愛の対象としては完全に崩壊してしまう」[14]契機を読みとる。そこで露わになる対象への関係の変化には、ラカンによれば、二つの特徴がある。ひとつは、いま述べたハムレットの残酷さだ。そこでは、幻想的関係（幻想のなかでの「$\$$」と「a」の関係）に「均衡のズレ」が生じ、「幻想が対象のほうに流れ込む」という倒錯的な様相が全面化する。それが、目の前の想像的対象（＝オフィーリア）へのサディスティックな攻撃という形をとるのである。

　対象への関係の第二段階を特徴づけるいまひとつの特徴は、「対象がもはや以前に扱われえたように、つまりひとりの女性として、扱われなくなる」ことだ。ハムレットはオフィーリアを「罪人らの孕み手（breeder of sinners）」呼ばわりするが、それは、ラカンが指摘するとおり、「生命の担い手以外のなにものでもないもの」という女性の本質においてオフィーリアを断罪することに等しい。ハムレットが行っているのは、まさに「対象の破壊、もしくは喪失」であって、それは主体（＝ハムレット）のナルシシズムを担保する一方、対象（＝オフィーリア）を外部へと撥ねつけずにはおか

ない。だが、注目しなくてはならないのは、こうして外部へと撥ねつけられた対象に、ラカンがあの「ファルス」を重ねることだ。曰く――

主体にとって、対象は、こういってよければ、外部に現れる。この対象がその等価物であるところのもの、それがとって代わるところのもの、そして〔…〕主体がそれを自らの存在全体から拒絶するときにはじめて主体に与えられうるもの、それはただひとつ、ファルスである。まさにその意味において、オフィーリアはこのときファルスになる。そしてそれは、ここにおいて主体が、生命を指し記す象徴たるファルスを外部化し、そのようなものとしてそれを拒絶するかぎりにおいてである。[15]

一九五〇年代のラカンのファリシズムが「女＝ファルス」という定式をひとつの軸にして展開されたことは、総論第三節で確認したとおりだ。いま引用した箇所でのラカンの議論は、この定式の射程がどのようなケースにまで及ぶのかを垣間見せてくれる。ハムレットにおいて、「生命的膨満〔女性の妊娠と男性器の勃起〕は呪うべきもの、涸渇させるべきもの以外の何ものでもないが、そこでは、女性はただひたすらこの生命的膨満の担い手としてのみ思い描かれている[16]」のである。ラカンは、ハムレットのこの幻想を「(\$◇φ)」と書き改めずにはおかない。「捨てられるべきファルスとの関係」とでも要約されうるこの幻想は、まさに「女＝ファルス」の悲劇的一ヴァージョンと位置づけることができる。

ところで、オフィーリアの「ファルス化」に終わる（とラカンがみなす）この「尼寺の場」の対話（第三幕第一場）は、私がはじめに述べたハムレットの「欲望の墜落」（第三幕第四場）に先立つ。欲望の権化のような母ガートルードの「抗いがたさ」を前にして、ハムレットの欲望が一気に消沈してしまうのは、じつは、愛の対象としてのオフィーリアの崩壊によって、彼の幻想がいわば骨抜きになり、「欲望の支え」としての力を失ってしまっていたからなのだ。とすれば、「対象への関係」の残る第三段階は、ハムレットの欲望がそこから曲がりなりにも立ち直る決定的な契機とならなくてはならない。ラカンによれば、それは、発狂したオフィーリアが事故とも自殺ともつかぬ曖昧な死を遂げ、帰らぬ人となったあと、王の奸計と海賊の襲撃を逃れて帰国したばかりの、それゆえオフィーリアの死について何も知らないハムレットが、通りがかりに彼女の埋葬に居合わせる場面、すなわち第五幕第一場に見出される。ホレイショーとともに物陰に隠れて葬列の様子をうかがっていたハムレットは、オフィーリアの兄レイアーティーズの科白から、埋葬される人物がオフィーリアであることを知り、さらに、衆目も憚らず嘆きを露わにするレイアーティーズが、棺の下ろされた墓穴に飛び込むのを目の当たりにして、矢も楯もたまらず人々の前に躍り出ると、「かくも激しい嘆きの声をあげ、その哀しみのことばで、天の星々をもまるで胸を打たれたかのごとくに立ち止まらせる者は、誰なのか? それは私、デンマーク王ハムレットだ」と叫んで、自らも墓穴に飛び込む。ここでは、二つのことが同時に起きていることは明らかだ。ひとつは、ハムレットがオフィーリアへの情熱を取り戻し、彼の幻想（$\$\diamond a$）が「再建される」こと。ただし、それが対象の死を悼む「喪」の道を通って、しかも、レイアーティーズという想像的他者のイマージュを介して（レイアーティーズのあられもない嘆きがハムレットに耐えがたかったのは、「オフィーリアという対象を愛し、その死を嘆く者」という、本来は自分のものであるはずのイマージュを、レイアーティーズに奪われつつあると感じたからだ）なされるところに、ハムレットという――たんに欲望の対象に不可能性が刻まれているというだけでなく、「この不可能性との出会いを強調する」[17]という意味で、真に強迫神経症的な――主体の独特な性格が現れている。そして、この「幻想の再建」に伴って、もうひとつのできごと、すなわち、ハムレットの「アイデンティティ」の目覚めが起きる。「$\$$が小文字のaと一定の関係に措かれることで、主体は〔自らの使命への〕この突然の同一化を行い、生まれてはじめて自らの欲望を丸ごと見出す」[18]とラカンが指摘するとおり、この並行関係はきわめて厳密だ。幻想の再建こそが欲望の再発見をもたらし、同時に主体をいわゆる「アイデンティティ」に目覚めさせるのである。というのも、ある主体が誰であるか、何ものであるかは、ほかでもなく、その人が何を欲望するかによって決まるからだ。こうして、ラカン曰く、「一瞬にして立て直されたこの〔幻想の〕水準こそが、ハムレットを男にする、すなわち――おそらくは短いあいだだけ、しかし劇が幕を下ろすのに十分な時間――人と闘い、人を殺すことができる何者かにする」[19]。自らの欲望を取り戻したハムレットは、いまやそれまでの長い逡巡を忘れ、クローディアスの仕掛けた罠に自ら飛び込みつつ、終局に向けて残りのドラマを全速力で駆け抜けてゆくだろう……。

しかし、そこからあらためてオフィーリアについてのラカンの発言をふりかえると、私たちには一抹の物足りなさが残る。ラカンが私たちに教えるのは、ハムレットにとってオフィーリアがいかに位置づけられ、いかなる役割を果たすかだけであって、オフィーリアが何を思い、何を求めたのか、とりわけひとりの「女」として何を欲望したのかという問いは、ラカンのディスクールのほとんど埒外に取り残されている。いいかえれば、ラカンが論じるオフィーリアは、徹頭徹尾ハムレットの物語のなかの、いやハムレットの幻想のなかのオフィーリア、すなわち「対象」としてのオフィーリアであって、ひとりの主体としての彼女の欲望や意志はいっさい考慮に入れられていないのである。その意味では、ラカンがこの翌年のセミネール（『精神分析の倫理』）で取り上げるアンティゴネーや、さらにその翌年のセミネール（『転移』）で論じるシーニュ・ド・クーフォンテーヌが、

どちらも「悲劇のヒロイン」という点ではオフィーリアと同じ形容に与るにもかかわらず、それぞれに強烈な意志の持ち主として、したがって固有の欲望を秘めた主体として、描かれるのとは、きわめて対照的だ。実際、「女は何を求めるか」という精神分析的問いの舞台で役を演じるには、オフィーリアはそもそも二重の意味で不向きなのだろう。すなわち、一方では、おそらくはクローディアスの昏い欲望に淵源し、ハムレットが父の亡霊から真実を告げられた瞬間に動き出す、この禍々しい物語の歯車に、ただ巻き込まれ、翻弄されることしかできない無垢な少女であることが、シェイクスピアによって彼女に定められた運命であるがゆえに。他方では、ラカンが彼女を論じるのは、まさに「欲望のグラフ」の総仕上げに向けて、ハムレットという主体をパラダイムに「幻想の構造」をつき詰めてゆく途上においてであり、いかに作劇的に洗練された登場人物ではあっても、そこでの彼女はあくまでひとつの「対象」の機能を果たすにすぎない、という事情のために。

　だが、このようにいっさいの主体性を剝ぎとられたオフィーリアであるにもかかわらず、ラカンがその肖像にかくもいれこみ、まるで古典文学最高の登場人物であるかのように賞賛するのはなぜなのだろうか？　これが手がかりになるかどうかは分からない。だが、ルディネスコの『ジャック・ラカン伝』に記されたひとりの女性の証言に目を留めてみよう。イタリアの政治家、作家で、パリ在住時に出版した著書『中国について』（一九七一）がフランス知識人のあいだにセンセーションを巻き起こしたことで知られるマリア・アントニエッタ・マッチオッキは、一九七四年に出会ったラカンの第一印象をこう告げている――「彼は女嫌い《ミソジーヌ》でもフェミニストでもないが、身を犠牲にする女たちに、サルペトリエールの狂女たちに感じるのと同じくらい強い魅惑を感じている」[20]と。J・E・ミレーをはじめとするラファエル前派の画家たちが偏愛した、手折られた花々とともに川面に漂うオフィーリアのイマージュのうちに、ラカンがそのような女たちのひとりを見ていたと夢想するのは、おそらく的外れではあるまい。

1 Elisabeth Roudinesco, *Histoire de la psychanalyse en France / Jacques Lacan*, La Pochothèque, 2009, p. 1700.

2 Jacques Lacan, *Le Séminaire, Livre VI, Le désir et son interprétation* (1958-59), Seuil, 2013, pp. 291-292.

3 Sigmund Freud, *Die Traumdeutung* (1900), *Gesammelte Werke*, Bd. II/III, Imago/Fischer, 1945, S. 272.

4 シェイクスピア／福田恆存訳『ハムレット』、新潮文庫、一九六七年、一二四頁。『ハムレット』からの引用は、原則としてこの福田訳に拠るが、原文の文意に即して敢えて私自身が訳した箇所もある。

5 Jacques Lacan, *Le désir et son interprétation*, *op. cit.*, p. 334.

6 *Ibid.*, p. 292.

7 *Ibid.*, p. 361.

8 *Ibid.*, p. 368.

9 シェイクスピア『ハムレット』、上掲、五一頁。

10 Jacques Lacan, *Le désir et son interprétation*, *op. cit.*, p. 379.

11 シェイクスピア『ハムレット』、上掲、五一～五二頁。

12 Jacques Lacan, *Le désir et son interprétation*, *op. cit.*, p. 380.

13 S・T・コールリッジ／岡村由美子訳『シェイクスピア批評』、こびあん書房、一九九一年。

14 Jacques Lacan, *Le désir et son interprétation*, *op. cit.*, p. 380.

15 この引用文のみ、パトリック・ヴァラス校訂版に拠る。Jacques Lacan, *Le Séminaire 6 : Le désir et son interprétation*, texte établi par Patrick Valas, inédit, http://staferla.free.fr, p. 232.

16 Jacques Lacan, *Le désir et son interprétation*, *op. cit.*, p. 381.

17 *Ibid.*, p. 396.

18 *Ibid.*, p. 318.

19 *Ibid.*, p. 341.

20 Elisabeth Roudinesco, *Histoire de la psychanalyse en France / Jacques Lacan*, *op. cit.*, pp. 1922-1923.

2 マリー・ボナパルト——盗まれ……買い戻された手紙

精神分析家ジャック・ラカンの運命を変えた、といってよい女性がいる。

皇帝ナポレオン・ボナパルトの弟の曾孫で、ギリシャ王子の妃《プリンセス》にして精神分析家だったマリー・ボナパルト（一八八二～一九六二）である。一九二六年、フランス初の精神分析家組織「パリ精神分析協会（SPP）」の創設メンバーに名を連ねた彼女は、第二次世界大戦前のフランス精神分析界において絶大なリーダーシップを誇り、戦後も随所で存在感を発揮した。

ラカンとマリー・ボナパルトのあいだに起きた出来事は、フランス精神分析史の一幕にそのまま重なるといってよい。ナチス・ドイツ占領下での休眠状態を経て、戦後に活動を再開したSPPには、急速な世代交代の波が押し寄せる一方、不穏な権力闘争の火種が燻っていた。それに一気に火を点けたのは、一九五一年に新設されたインスティテュート（精神分析家訓練所）の主導権をめぐる軋轢だった。対立の中心にいたのは、医師を特権化するアメリカ流の分析家訓練システムの確立を目指すサッシャ・ナシュトと、心理学専攻の学生らをはじめとする医師以外の候補生にも広く門戸を開こうとするダニエル・ラガーシュであり、両者はラカンと同じ分析家ルドルフ・ルヴェンシュタインのもとで訓練分析[1]を受けたエリートだった（ちなみに、このルヴェンシュタインは、一九三〇年代、マリー・ボナパルトの息子ピエールの分析家であると同時に、マリーその人の愛人でもあった）。彼らのそれぞれに率いられた二つの陣営の勢力は拮抗しており、インスティテュートの厳格なカリキュラムや高額な登録料をめぐる「生徒」たち（訓練分析を受けている最中の候補生たち）の叛乱によって一時はラガーシュ側に流れが傾いたが、それを最後に決定的な仕方で覆したのがマリー・ボナパルトだったといわれる。医師でない彼女の立場は、本来はラガーシュらに近かったのだが、ラカンこそがＳＰＰ内の混乱の元凶であると半ば偏執的にみなしていた彼女は、実際にはむしろナシュト一派によって「人身御供」にされたラカンをラガーシュが擁護するに及んで、明確なナシュト支持に回り、形勢を逆転させた。その結果、一九五三年六月、ラガーシュ一派は新組織「フランス精神分析協会（ＳＦＰ）」の設立を宣言してＳＰＰを脱退し、ラカンもそれに同調することを余儀なくされたのだった。

マリー・ボナパルトがラカンの運命を変えたと言いうるのは、この分裂によってラカンがＳＦＰの面々と共に国際精神分析協会（ＩＰＡ）の外部に弾き出されてしまったために（ＳＰＰからの離脱に先立って、ラガーシュはどうやら、新組織のＩＰＡへの加盟を後押しするという言質をマリー・ボナパルトから取りつけていたようだが[2]、彼女はこれを反故にしたばかりか、IPA執行部とのホット・ラインを利用して、むしろSFPの加盟を阻止することに余念がなかった）、これ以後、俗に「短時間セッション」と呼ばれるラカン独自の実践（精神分析の毎回のセッションを、国際的な基準である四五分に固定せず、あるときは一五分、あるときは二〇分というように、ラカン自身に言わせれば「患者のディスクールの論理にもとづいて」切り上げる方法）が、たえずＩＰＡによる公的な調査《インスペクション》の対象になったからだ。ＳＦＰ設立直後からラガーシュらが行ったＩＰＡへの加盟申請は、まさにこれらの調査の結果、ラカンの技法が国際基準からの逸脱であると判断されたがゆえに、そのつど却下された。そして、それにもかかわらず続けられた交渉の末に、一九六三年、ＩＰＡがＳＦＰに突きつけたのが、訓練分析家としてのラカンの資格を剝奪せよという最後通告、すなわち、ラカンのいう「破門」宣告だった。ＳＦＰ

はこの要求を受け入れ、ラカンがＩＰＡに復帰する道は完全に閉ざされたのである。エリザベート・ルディネスコが示唆するとおり[3]、惜しくも前年に亡くなっていたマリー・ボナパルトがこの知らせを耳にすることができたなら、どれほど歓喜したことだろう……！

もちろん、その後のなりゆきは、マリーが思い描いていたかもしれない青写真（マリーが望んだのは、ようするに、精神分析家としてのラカンの息の根を止めることだったはずだ）といささか異なる軌跡を描いた。一九六四年、ラカンは独自の組織「パリ・フロイト学派（ＥＦＰ）」を設立し、精神分析史上に例を見ないラディカルな育成制度を導入するに至る。「訓練分析の一般化」と「訓練分析家資格の廃止」という一見矛盾する二つの改革に要約されうるこの新制度は、ごく平たくいえば、誰がいつどんな分析家と個人分析をはじめても、その結果として分析家になることができるという、旧来のＩＰＡ組織では考えられない自由をもたらした。すると、一九六八年五月の追い風にも乗り、ＥＦＰはみるみる勢力を拡大して、瞬く間にフランスを代表する精神分析家組織へと成長してしまったのである（一九八〇年にＥＦＰを解散したラカンが、その翌年に死去すると、ラカン派は「ディアスポラ」状態に陥り、諸組織が乱立する時代に突入するものの、それらをひっくるめた総体としての勢いは八〇年代も衰えなかった）。だが、これをラカンの実力（度重なる躓きをものともしなかった）と見るか、強運（災い転じて福となすことができた）と見るかはさておき、一九五三年の分裂がなかったとしたら、あるいは、この分裂劇においてＳＰＰを離脱したのがナシュト一派だったとしたら、ＩＰＡに留まり続けたはずのラカンにはまったく別の未来が待っていただろうと推測することを禁じるものは何もない。つまり、マリー・ボナパルトというひとりの女性の厭悪こそが――それがすべてではないにせよ――精神分析家ラカンのその後の運命をよくも悪くも決したのである。

だが、ラカンのいったい何が、マリーのかくも熾烈な反感を喚び覚ましたのだろうか。これは今日までフランス精神分析史上の謎のひとつであり、その答えは結局のところ当事者同士の胸の裡にしか見出されないだろう。いや、もしかすると、ラカンのほうには――自分が最高の存在であることをどんなときにも信じて疑わないある種の男性ヒステリー者の常で――これについて思い当たる節すらなかったかもしれない。自らの訓練分析家ルヴェンシュタインに宛てた手紙に（ナチスのパリ占領を待たずして米国に渡ったルヴェンシュタインは、この時期にはすでにニューヨークの精神分析シーンをリードする中心的なアクターのひとりだった）、ラカンは、一九五三年一月に彼自身が起草した新インスティテュートの規約のなかで「プリンセスの名前にも、彼女に与えるべき名誉職にも言及しなかったという一事によって、すべてが決まってしまった」[4]と、いかにも的外れな見解を記している。たしかに、政治的に抜け目のないナシュトは、新インスティテュートの「終身名誉会員」なる称号をマリー・ボナパルトに用意することを忘れなかった。だが――マリー・ボナパルトに捧げられた最も新しいモノグラフの著者レミ・アムールーが指摘するとおり――「七一歳になった彼女はもはや名誉やら表彰やらを求めるはずがないし、終身の称号がいっさいを説明するわけでもない。ラカンにたいする彼女の憎悪もまた重要な役割を演じたにちがいないのである」[5]。にもかかわらず、この「憎悪」にラカンの側から言及した資料を私は見たことがない。一方、マリー・ボナパルトのほうも、ラカンにたいする自らの抑えがたい反感が何に由来するのかを冷静に見つめていたとはやはり言いがたい。かつての愛人ルヴェンシュタインに宛てて、マリー・ボナパルトはこう書き送った――

私の感触では、〔ラガーシュ一派〕が国際〔精神分析〕協会によって承認されることは、彼らがどんな技法を用いて候補生たちを育成しているかが明るみに出るまでは、ありえないでしょう。〔…〕より少ない努力の法則というラカン主義は、広がるおそれがあります。ラガーシュがあの狂人についていったのは困ったものです。[6]

ラカンの技法を「より少ない努力」で分析家になるための道と決めつけたり、ラカンを「狂人」呼ばわりしたりするのはまだよい。だが、最後の一文は明らかな事実誤認だ。ラカンがラガーシュを巻き込んだのではなく、むしろラカンのほうがラガーシュ／ナシュトの対立に巻き込まれ（ナシュト一派が彼の「短時間セッション」を政治問題化させたためだ）、ラガーシュに「ついていく」ことを余儀なくされたのである。それだけではない。時のIPA会長ハインツ・ハルトマンにSPP分裂のいきさつを報告するにあたり、マリーはハルトマンこそが「ラカンが訓練分析家として承認された原因」であったと不満を漏らすことをためらわない。[7]ウィーン精神分析協会で頭角を現し、ナチスの手を逃れてパリに流れ着いたハルトマンは、一九三八年、SPPへの入会を求めた。折しもSPP指導部は、問題児ラカンがルヴェンシュタインのもとで受けた六年間に及ぶ訓練分析の成果を吟味し、彼を訓練分析家（＝SPP正会員）に昇格させるかどうかを決定するための協議の真最中であり、議論は紛糾していた。すると、頑迷な愛国主義で知られ、マリーやルヴェンシュタインら国際派の陣営と対立するエドゥワール・ピションが、ハルトマンを受け入れる条件としてラカンの昇格を要求し、マリーらはそれを呑まざるをえなかったのである。だが、それから一五年を経たSPP分裂に際して、マリーはなぜこの一件を蒸し返さずにいられなかったのだろうか。あたかも、彼女にとってラカンこそがSPP内のいっさいの問題の元凶である、いや、元凶でなくてはならないかのように、マリーはふるまっている。これらのあからさまな牽強付会は、むしろ彼女のほうがパラノイア的な投影に訴えていることを疑わせずにはおかない。マリーのなかで何かが認識されそこなっているのである——彼女自身によって！　それは彼女の意識を逃れ、それだけになおさら過剰に、ラカンという人物に投影され、知覚される。しかも、そうして浮かび上がるラカンの悪魔的《ディアボリック》なイマージュに、マリー自身がたえず脅かされていたのではないか。そうでなければ、ラカンのSPP脱退直後からマリーが八方に手を尽くして続けた、ラカンをIPAに復帰させないためのキャンペーンの執拗さは、私たちの理解に余るのである。逆に、おそらくそうであるからこそ、いや、少なくとも、ラカンにたいするマリーの反応にそのような面があったからこそ、ラカンにはその理由がいまひとつぴんと来なかったのだろう。いかにラカンが不遜で、マリーの目に強烈なナルシシズムと映る醜態を演じていようと、マリーの情念のなかで実際に稼働しているのはマリーに発してマリーに回帰するひとつの閉じた循環であって、ラカン本人は結局のところその埒外に立たされたままだったのかもしれない。

いずれにせよ、ラカンにたいするマリー・ボナパルトの底知れぬ厭悪の理由は、当事者たちが亡くなって久しい今となっては、私たちがどうあがいても、藪のなかに留まらざるをえない。それゆえ、私たちが関心を向けるべきは、その厭悪によって運命を決せられた（と私たちがみなす）ラカンが、それにいかに応じたのか、あるいはいかに報いたのかを、後年の具体的な出来事のうちに読みとることをおいてほかにない。だが、そこに進む前に、私たちはマリーの半生とマリーとフロイトの関係のあらましを、足早にふりかえっておかなくてはならない。マリーとラカンの葛藤を歴史的に検証し直そうとするなら、それらの内密な舞台の上で演じられたモティーフがこの葛藤の曲折にもたらす反響を聞きのがしてはならないからだ。

マリー・ボナパルトは、フランス精神分析の草創期に彼女が揮った権勢にふさわしい社会的地位と財力を、彼女の訓練分析家ジークムント・フロイトが彼女に寄せる篤い信頼という特権とともに、兼ね備えた人物だった。皇帝ナポレオン一世の弟で、革命期にジャコバン党員だった過去をもつリュシヤンの曾孫として生まれ、ボナパルト家の「プリンセス」として育ったマリーは、二五歳でギリシャ及びデンマーク王子《プリンス》ゲオルギオス（その父ゲオルギオス一世は、デンマーク王子として生まれたが、一八六三年に近代ギリシャ王国第二代国王に選出された）に嫁ぎ、ギリシャ及びデンマークの「プリンセス」となる。第一次大戦のさなか、ゲオルギオスの兄コンスタンティノス一世（第三代国王）のもとでのギリシャ内政の曲折は、同国王の退位を招くとともに、次期国王にゲオルギオスを待望する世論をも生んだだけに、ゲオルギオスがこのとき兄への忠誠を貫こうとしなかったなら（もちろん、彼には「国王」というシニフィアンを引き受けるに足る欲望がそもそも欠けていたのかもしれない）、マリーは「ギリシャ王妃」として歴史に名を残していた可能性すらある。

もっとも、彼女の財力は、ボナパルト家という家柄や、ゲオルギオスとの結婚によってもたらされたものではなかった。ナポレオン三世ことルイ・ナポレオンの従弟で、第二共和政期に憲法制定議会議員を務めたこともある祖父ピエール・ボナパルトは、第二帝政末期の一八七〇年、『ラ・マルセイエーズ』紙の若き記者ヴィクトール・ノワールを殺害したことで、共和主義者たちの過激な反ボナパルティスム感情の標的になり、普仏戦争にフランス軍が敗北するに及んで、国外逃亡を余儀なくされたあげく、パリの居所をコミューン派に放火され、破産に追い込まれていた。すると、その妻ニーナはピエールの元を離れ、経済的困窮を抱えながらも、女手ひとつで二人の子どもを育てたのだった。だが、長男ロランにとって幸運だったのは、株とカジノ経営で当時ヨーロッパ有数の資産家のひとりだったフランソワ・ブランの娘マリー＝フェリックスと結婚しただけでなく、病弱だったこの妻に遺言を書かせ、彼女が父親から受け継いだ莫大な遺産を、彼女の死後、我がものにすることができたことだ。実際、マリー＝フェリックスは、結婚二年後の一八八二年、長女マリーを生んでまもなく、塞栓症で死亡する。その知らせを受けたニーナは――ピエールの婚外子でロランの腹違いの兄であるパスカルによれば――こう叫んだと伝えられる――「まあロランは何て運がいいんだろうねぇ！　いまや財産はまるごとあの子のものってわけだ！」[8]

そうなると、口さがない世間には、ロランとニーナはブラン家の遺産を横取りするためにマリー＝フェリックスを亡き者にしたのだという噂が立たないはずがない。その噂は幼いマリーの耳にも入っていた。のみならず、マリーはおそらくそれを信じてもいただろう。いや、というより、マリーにとってそれは、ボナパルト家の宿痾がいわばぶり返した契機のひとつと感じられていたにちがいない。祖父ピエール・ボナパルトには、ヴィクトール・ノワール以前にも人を殺めた過去があり、曾祖父の兄である皇帝ナポレオンのことをマリーは「記念碑的殺人者（assassin monumental）」と形容することをためらわなかった。加えて、父ロランの書斎に置かれたシャルロット・コルデ（劇作家ピエール・コルネイユの子孫で、革命の雄マラーを殺害し、二四歳でギヨティンにかけられた）の頭蓋骨と、若死にした名もなきインド人少女（結核のため二十歳で亡くなったとされる）の骸骨とを、マリーは日常的に目にしていた。分析家ジャン＝ピエール・ブルジュロンが推測するように、[9]マリーが生涯を通じて殺人者たちに示した強い関心（ロンドンの人々を震撼させた「切り裂きジャック」、「ガンベの青髭」と綽名された連続殺人犯アンリ・デジレ・ランドリュ、さらには「デュッセルドルフの吸血鬼」ことペーター・キュルテンから、エドガー・アラン・ポーの小説をはじめとする虚構作品に登場する殺人者たちに至るまで）は、まさにこうした彼女の「家族神話」に淵源するのかもしれない。

他方で、マリーの人生には幸福で華やいだ性愛が一貫して欠落していた。マリーが「ファリック・マザー」と呼んで憚らない祖母ニーナと、その付属物であることに甘んじる父ロランの「カップル」は、マリーが生後まもなく失った母の愛情を埋め合わせるに足る代替品を持ちあわせてはいなかった。マリーの思春期に訪れた初めての恋愛は、その相手アントワーヌ・レアンドリに彼女が書き送った無数の熱烈な恋文が仇となり、たちまち悪夢に転じてしまう（これについては後述する）。社会的地位、家柄ともに申し分のない理想の結婚相手と思われた夫ゲオルギオスは、同性愛者であり、マリーとのあいだに二人の子どもをもうけたものの、彼女を性的に満足させることがそもそも不可能だった。いや、正確には、ゲオルギオスは同性愛者であるというより、一四歳のときに関係を結んだ若き叔父ヴァルデマー（ゲオルギオスとわずか一一歳違いだった）以外の対象を愛することができなかったのだ。にもかかわらず、性愛的満足を求めてやまないマリーに残された道は、もはや不倫しかなかった。第一次大戦下、マリーは時の大政治家アリスティッド・ブリヤン（同大戦期とその前後に六度にわたってフランスの首相を務め、戦後は独仏の和解に尽力して、一九二六年にノーベル平和賞を受賞する）との恋に燃え上がる情熱を注いだ（それはゲオルギオスを嫉妬させたといわれる）。だが、戦火のなかで国政の舵をとるブリヤンとの関係は、ギリシャが親ドイツ的傾斜を強めるにしたがって袋小路に陥り、やがてブリヤンに別の愛人がいることが発覚して、幕を閉じる。四年越しの恋だった。

一方、幸福な性愛を妨げる桎梏を、マリーはほかならぬ自らの身体のうちにも見出していた。ペニスの挿入による快楽の不在、すなわち膣冷感症である（ただし、マリーにはクリトリスの快楽はあった）。いくぶん先取りしていうなら、フロイトとの分析によっても解消されなかったこの訴えは、終生マリーにつきまとい（まさにその意味での「オブセッション」だった）、彼女の自己認識の中核に留まり続けるだろう。しかし、それに輪をかけて深刻にみえるのは、マリーがこの問題の解決を解剖学に、さらには外科手術に、求めるのをやめなかったことだ。当時、ウィーンには、女性の冷感症の治療と称して、クリトリスを吊り上げているリガメントにメスを入れることで、クリトリスと膣のあいだの距離を縮めるという方法を提唱する産婦人科医ヨーゼフ・フォン・ハルバンがいた。この旧ハプスブルク帝国の都で、フロイトと並んでマリーを惹きつけたのがハルバンだったという事実は、何にもまして雄弁だ。いや、マリーはただハルバンに関心を寄せただけではない。一九二四年、A・E・ナルジャニ（Narjani）という奇妙なペンネームに身を匿したマリーは、ベルギーの医学誌『ブリュッセル医療』に、ハルバンの治療法のプロパガンダともいうべき論文「女性の冷感症の解剖学的原因についての考察」を投稿する。おそらく日本ではまだ紹介されたことがないテクストだから、冒頭部分を少し長めに引用してみよう——

女性の冷感症という問題はいまだに大きな闇に包まれている。しかしながら、いつの時代にも、世界のあらゆる場所で、愛にその至高の手つきで撫でられても満たされることのない女たちは、呻き声を上げたのである。オウィディウスは『恋の技法』のなかでこれらの女たちについて語り、そういう女たちは快楽を装うのがよいと述べている。女たちはそもそも、オウィディウスの助言を俟つまでもなく、いつの世でも、彼女らを所有し、満たしてやっていると信じて疑わない殿方の前で、自分たちにはただの悩みとは思えないもの、ひとつの屈辱であり、殿方に愛されなくなる理由でもあるものを、隠そうとするものだ。

かくして、女たちの神経的不安定の、したがって不幸の、原初的条件のひとつであることがらの上に、大きなヴェールが投げかけられた。男たちはほとんどそれを気にかけてこなかった、というのも、容易に手に入る自分たちの快楽に満足し、女たちの嘘を鵜呑みにすることに甘んじてきたからだ。男たちは本来、自分が満ち足りたときにも、愛撫の上乗せを求められてしまうかるべきなのに、女たちの嘘はそうした気遣いを免除してくれるのである。女たちのほうは、二つの範疇に分けられる。男に抱きすくめられて官能を覚える女たちと、そうできない女たちとである。前者はやすやすと事を運べるので、後者を気にかけることはまずない。これにたいして、後者のほうは、自分のケースは一般的であり、ほとんどすべての女が自分と同じく通常の性行為において冷めたままであるのだと自分に言い聞かせることで、失望した自分、満たされない自分を慰めている。これらの女たちは、前者の女たちが苦労せずに満足を得ていると告げるのを耳にすると、あの女は出任せを言っているのだ、嘘をついているのだ、と心の裡で決めてかかり、同じことを口に出せば嘘になってしまう自分自身と均《ひと》し並みに相手を扱うのである。

このように、女性の冷感症という問題にたいする態度には三通りある。まず男たちは、熱い女と冷めた女の違いについて漠然と語り、前者のほうを好むものの、この問題にほんとうに関心をもっているわけではない。冷めた女たちは冷めたまま、恋愛に近寄らずにいるがよい！というわけだ。熱い女たちは冷めた女を軽蔑し、そういう女がいることを歓迎する、というのも、自分たちのほうが男に好かれることを本能的に悟るからだ。冷めた女たちはといえば、自分の瑕を女性という集合の全員に当てはめて、惨めな自分を慰めるのである。[10]

一読してそうと分かるほど、著者の実生活上の苦悩が露骨に映し出された文章であるとはいえ、語られる主題そのものの痛切さは、ほぼ一世紀の時を経た今日でもなお共感を呼ぶかもしれない。だが、私たちが驚きを禁じえないのは、これに続くマリーの論述を徹頭徹尾支配し、方向づける確信、すなわち、「冷めた女たち」の不幸の原因は当人の性器の解剖学的不具合に尽きるという、ほとんどパラノイア的といってよい確信だ。「無作為に抽出された」パリ在住の二〇〇人の女性について、「尿道の中心から陰核亀頭の後部下辺までの距離をコンパスと物差しで」測った結果、マリーは「尿道・クリトリス間距離と正常な性交での女性の反応のあいだに一定の関係が存在する」ことを突き止めたという（ただし、いったいどのようにしてそれだけの数の女性性器を測定できたのか、文中にはいかなる示唆もない）[11]。すなわち、「尿道・クリトリス間距離が最も平均的な長さ（およそ二センチ前後）の女性たちは、正常な性行為で正常に反応すると告白した。〔…〕この長さが二センチを下回る場合には、やはりポジティヴな回答のみが得られた。ところが、距離が二・五センチより長くなると、女性は正常な性行為においていかなる官能的な反応も得られなくなる」、というのも、それらのケースでは性交中に「クリトリスと男性の性器の接触」が生じなくなるからだ。こうして、「女性器の解剖学的構造により、クリトリスと尿道を隔てる距離にしたがって、女性を近《パラ》クリトリス的、中《メソ》クリトリス的、遠《テレ》クリトリス的という三つのグループに分けることができる。遠クリトリス的女性というのは、隔たりが二・五センチ以上ある女性のことだが、これらの女性の場合は、正常な官能的反応が解剖学的に不可能である。〔…〕このように解剖学的病因が突き止められたことで、冷感症は手術によって治療できると想像しうるのである」。とくれば、冷感症の合理的な手術がいかなるものであるのかを導き出すことはたやすい――「クリトリスを吊り上げているリガメントにメスを入れるだけで、すぐにもクリトリス頭部を解放し、その位置をある程度下げることができる。こうして作られたクリトリス上部の窪みに脂肪を移植してやれば、その勃起力を損なうことなく、クリトリスを新たな位置に固定できるかもしれないではないか！」このように、マリーにおける解剖学主義（冷感症の原因を性器の解剖学的構造に還元すること）は、ハルバン的外科手術の必然性に文字どおり直結する。いや、マリーにとっておそらく、両者ははじめからセットなのだ。

マリーがどのような闇を抱えて、翌年の秋、フロイトのオフィスに上陸することになるのか、もはや説明を重ねるまでもあるまい。この論文を世に問うた時期に前後してフロイトの著作に出会ったマリーは、当時まだごく僅かだったフランス製精神分析家のひとり、ルネ・ラフォルグを介してフロイトにアプローチし、はじめは気の進まなかったフロイトからとうとう面会の約束を取りつけるに至る。おもしろいのは、ひとつの奇遇な前ぶれがこの邂逅をあたかも予言していたかのように見えることだ。マリーがフロイトを本格的に読みはじめたちょうどそのころ、フロイトは、男女のエディプスコンプレクスの非対称に最初に言及した論文のひとつ「エディプスコンプレクスの凋落」(一九二四)を発表していた。そこにはこんな一節がある――「〔男女の〕形態学的差異は、心的発達の相違のうちに表現されずにはおかない。ナポレオンの言葉をもじっていえば、解剖学とは運命なのである」[12]。このように書いたとき、フロイトは微かにでも予感していただろうか?――そのナポレオンの血筋を引くプリンセスがやがて自分に精神分析を申し込んでくることを。そしてそのプリンセスが、はからずも、皇帝の名高いセリフ「政治とは運命である」にちなんで彼が記した「解剖学とは運命である」をあたかも地でゆくような幻想に囚われた女性であることを……。

一九二五年九月三〇日にはじめてフロイトに面会し、「彼はまるで全人類と「共感」しあっている」ようだと記したマリーの精神分析(これはひとつの「訓練分析」としてなされた)は、毎年数か月間マリーがウィーンに滞在してフロイトのもとに通うというやりかたで、迫りくるナチスの脅威を逃れてフロイトが当地を脱出する一九三八年まで続いた。マリーはだから、フロイトが訓練した最後の分析家のひとりだということになる。

この分析の内容は、これまで一般には公開されていなかったマリーの私文書[13]を丹念に精査して書かれたセリア・ベルタンによる伝記『マリー・ボナパルト』(一九八二)をとおして、今日ある程度知られている。だが、それをいかに位置づけるか、いかに受け取るかについては、様々な見解がある。分析家のキャビネで起きることは、その外部に立つ人の視線に厳密に閉ざされているがゆえに、けっして目撃されることのないある種の「原光景」として人々のイマジネーションを刺激し続け、それを捉えようとする記述の座標軸を抑えがたく増殖させるのである。

マリーがフロイトと行った分析についても、近年、そのような記述の試みがにわかに目立つようになってきた。そうした試みのいわば最もロマンティックなヴァージョンは、精神分析家の母をもつ若き作家エリエット・アベカシスによって実際に「小説」の一場面として書かれた（『ドクター・フロイトの秘密』）――

マリーは〔寝椅子から〕頭を後ろに向けて、フロイトに微笑み、手を差し出すが、フロイトはその手をとらない。自らに課した厳格な職業倫理を踏み外すことを、フロイトはむかしも今も一度として自らに許そうとしない。自分の女性患者たちがありとあらゆる種類の感情――愛を含む――を自分に投影することを理解して以来、フロイトは好意的な中立性という規則を採用し、そのような転移が生じたときにも患者たちとのあいだにほどよい距離を保つ道を確保してきた。〔…〕

その刺し貫くような、しかし優しい目で、フロイトはまるで検分するかのように患者を見守っている。彼の脳裏に一〇年前のある光景が浮かんだ。その日、マリーはブラウスの前をはだけ、ブラジャーを外して、裸の上半身を分析家の目に晒したのだった。そしてその恰好で、ひとしきり、まるで挑発するように身動きしなかった。その姿を前に、フロイトはあたかも座ったまま取り押さえられた人のように、ただ呆然と、彼女を見つめていた。キャビネで彼を誘惑しようと試みる女性を相手にしたのは、それが初めてではなかったが、プリンセスの生まれもった気高さ、その身のこなし、いま、これほど無防備な姿で彼に身を任せている瞬間にも感じられる彼女の気品に、フロイトは動転せずにいられなかった。彼女が求めているのは、フロイトからの賛辞である以上に、彼の欲望だった。そしてフロイトは、かの神聖不可侵なる中立性を守り抜こうと、心の奥底からこれに抵抗していた。だがマリーには、フロイトが自分をひとりの女としても見てくれているのかどうか知る必要があったし、中立性という立場には我慢がならなかった——なにしろマリーには、他人を誘惑し、自分が求められていると感じられることがどうしても必要だったのだから。[14]

分析中にマリーが胸をはだけて見せたという逸話はほんとうだ。だが、このアクティング・アウトを、彼女のどちらかといえば不幸な男性遍歴のなかでは叶えられなかった、〈男なるもの〉を求める欲望へと還元してしまうアベカシスの読みは、どこか凡庸な少女趣味の域を越えてはいない。それにたいして、マリーがフロイトのもとで行った分析を、いかなるロマンティスムとも無縁の、まさに丁々発止の「対決」とみなすことをためらわないのは、その初の著書『マリー・ボナパルトの二〇〇のクリトリス』（二〇一〇）が話題を呼んだ謎の新星アリックス・ルメルだ。これまで折に触れて言及してきたように、フロイトのうちにはクリトリスをいわば「出来損ないのペニス」とみなす一貫した視点があり、しかもそのクリトリスの興奮性がゆくゆくは——つまり思春期以降、成人のセクシュアリティが確立される時期に——多かれ少なかれ膣のそれへ移動され、膣こそが成人のセクシュアリティを主導する性器となることが、女性の幸福な性生活に欠かせないとする、『性理論三篇』（一九〇五）以来やはり一貫した指摘が見出される。ルメルによれば、フロイトの著作のそのような一節に出会うことは、マリーのどこまでも苛烈な闘争心に火をつけるのに十分だった。怒濤のようなルメルの文章を、たっぷりと引用してみよう——

> 一九二五年九月三〇日、『性理論三篇』以来二〇年にわたってこの不吉なコメディーが演じられてきた舞台に、マリー・ボナパルトが入場してくる。——頭がくらくらするようなジャスミン系の香水に身を包み、瞳は黒く、自信に満ちた足どりで、居丈高に、堂々たる遠《テレ》クリトリスぶりをみせながら、ブラウンの髪をシニョンにまとめ、外科用メスにけっして尻込みしなかった女戦士だけがもつ栄光の手術跡〔フロイトのもとを訪れる以前に、マリーは胸の整形手術を行っていた〕が刻まれた身体で。〔…〕
>
> 分析のこの第一段階では、マリー・ボナパルトは悲劇のヒロインの姿でフロイトの人生に現れた。アトレウスの子孫たちと同じく、マリーは家系にかけられた呪いを背負い〔…〕また女という性にも呪われていた。「私の名の、私の地位の、私の財産の呪い！　とりわけ私の性の呪い！」とマリーは記している。フロイトのキャビネは、マリー以前にその場所で寝椅子に横たわったすべての女たちの衣擦れの残響が漂う悲劇の舞台だった。それは新たな秩序をまさに記念する場所であり、精神分析が作り上げられた実験室だった。そしてその精神分析を発明した当の人物に、マリーは、いまに犠牲が出るという脅しをかけに来たのだった。エウリピデスのイピゲネイアは、ギリシャ軍が再び海原に出陣できるようになるために、生贄にされなくてはならない。だが、「山羊のように」暴れたとされるアイスキュロスのイピゲネイアのように、マリーの場合も髪をつかんで引き摺らねばならぬのかと思いきや、彼女はこう言ってみなを驚かせたのである——「誰も私に手を触れてはならぬ！　私はすすんで祭壇にのぼりましょう。

父上、私はここに。私を生贄になさいませ、それが神託の求めなのですから。私は黙って、臆することなく私の喉元を差し出しましょう……」。観念した犠牲者のように寝椅子にへたり込むのではなく、マリーは自らに短刀を突きつけ、すべての女たちになり代わって、フロイトが何ものであるのかを彼自身に悟らせようとする――あなたは大いなる女性割礼者なのだ、と。まさに頂上対決である、症状対メスの。大文字の〈クリトリス〉が断罪されたその場所で、マリーは自らの小文字のクリトリスを犠牲にすることを厭わない。ただし、それは大文字の〈クリトリス〉を守るためなのだ。

フロイトの目には、そうしたことは何も映らない。緊張で顔を紅潮させてキャビネのドアを開けるとき、フロイトは、自分が迎え入れるのは彼の偶像ナポレオン・ボナパルトの子孫だと思い込んでいた。自分がこれから相手にするのはきわめて開明的なひとりのプリンセスであり、そのプリンセスを自らの土俵に、すなわち完全に-膣的な-享楽を-与える-理論の土俵に、引き入れることができるだろう、と。ところが、実際にやってきたのは、彼の襟首をつかまえ〔…〕、彼女自身の土俵へ彼を引きずりこむ蛮族《バルバール》の女だった。その土俵とは、もっとうまく弓が引けるように、もっと正確かつ遠くに狙いを定められるようにと乳房を手術することを恐れないアマゾネスたちの戦場にほかならない――しかもマリーはそれを、つまり彼女の乳房を、あるハレンチなセッションの折に、フロイトに露わにして見せるだろう。[15]

ドクター・フロイトに挑みかかるようなルメルのマリー・ボナパルト像は、マリーの膣冷感症がフロイトとの分析を通じても何ら変化しなかったという事実を重く受け止めるとき、けっして根も葉もないフィクションとはいえないばかりか、少なからぬ必然性をもちさえする。フロイトのもとに通いはじめてまだ日の浅い一九二七年四月に一度、加えて、そのときフロイトに諌められたにもかかわらず、三〇年五月と三一年二月にさらに二度、マリーは、クリトリスの位置をずらすヨーゼフ・フォン・ハルバンの外科手術を受けた。この一連の「外科的行為化《パサージュ・ア・ラクト》」のうちに読みとらねばならないのは、フロイトにたいするマリーの――裏切りとまでは言わないにせよ――反抗ないし抵抗のメッセージでなくてなんだろうか。マリーはあたかもこう告げているかのようだ。すなわち、彼女の膣冷感症の解消には、結局のところ精神分析の出る幕はなく、頼りにすべきはやはりメスを用いた外科的手術である、と。そしてまた、膣冷感症の解消の鍵を握るのは、フロイトのいう「クリトリスから膣への興奮性の移動」などではなく、クリトリスの位置の空間的移動（クリトリスを尿道に近づけること）にほかならない、と。これら二重のアンチテーゼによって、マリーは精神分析治療とフロイト理論の双方に容赦なく烙印を押したのではなかったか。その点で、一九五〇年代初頭に彼女が手帳に書きつけた一節は雄弁だ――「フロイトは思い違いをした。彼は自分の能力を、セラピーの威力を過大評価した。幼児期の出来事の力を。〔…〕まさに母の肉体の奥深くで、自然は私を、性器の点では女の出来損ないに――だが反対に、頭脳の点ではほとんど男に、仕立てたのだ[16]」。

しかし実際には、この対抗心、この攻撃性を、マリーが寝椅子の上でじかに顕わにすることはなかっただろう。マリーの分析はこれを度外視したまま、基本的にはいわゆる「正の転移」（治療者へのプラスの感情が前景を占める転移）を支えに進められたと見ておそらくまちがいはない。そしてそのかぎりにおいて、分析の効果は覿面だった。といっても、マリーの人生の秘められた部分にそれが透視されるわけではない。マリーの分析の帰結は、むしろその公的（社会的）な部分にいわば劇的に現れた。「ドクター・フロイト」のもとに通いはじめるやいなや、マリーは瞬く間にフランスにおけるフロイトの代弁者となり、わずか一年後の一九二六年一一月には、フランス初の精神分析家組織「パリ精神分析協会（SPP）」の創設メンバーに名を連ねる。マリーの解剖学主義とクリトリス主義がそのものとしては――ルメルが強調するように――いかに反フロイト的に映ろうと、これ以後、少なくとも、フランス精神分析にナチズムの影響が及ぶことを懸念した彼女自身のイニシアティヴによりSPPが活動を停止する一九四〇年まで、まさにマリーこそがフランスにおけるフロイト理論のオルトドクシーであり（フロイトの性理論を切り離し、精神分析の「ラテン化」を図る国粋主義者エドゥワール・ピションら一部のSPPメンバーたちは、このようなマリーを煙たがり、彼女に「フロイトは私に言いました《フルード・マ・ディ》」という綽名をつけていたという）、マリーはその任務をどこまでも忠実に、それどころか戦闘的に、担うことに余念がなかった。そして、それはそのままフロイトが切望したことでもあった。フロイトにとってマリーは、ヨーロッパ主要国のうちでそれまで精神分析に最も縁遠かったフランスに、自分の声を望むままに届けることを可能にしてくれる貴重にして強力なチャンネルにほかならなかったのだ。

　それだけではない。マリーを分析に受け容れたことでフロイトが手にした最大の成功は、ナチスの収容所に送られることなく、かねてからの念願だった「自由の身で死ぬ」幸運に恵まれたことだった。一九三三年、自らの著作がベルリンで焚書の憂き目に遭ったという報せに臨んで、「たいした進歩だ！　これが中世なら私自身が焼かれたところだった」と余裕を見せていたフロイトは、三八年のアンシュルスを経て、ハーケンクロイツがいよいよウィーンの街頭を埋め尽くすに及んでもなお、自らウィーンを離れようとはしなかった。フロイトにはおそらく、自分がウィーンを去ってしまえば精神分析の母語が失われるという思いがあっただろう（事実、四〇年代以降、精神分析の世界にも英語のヘゲモニーが訪れる）。娘アンナがゲシュタポに丸一日拘束されるという事件が起きてようやく、フロイトが重い腰を上げる気になったときには、状況はすでにそうとう緊迫していた。そのなかで、ロンドンのジョーンズ（フロイト一家の英国入国ヴィザの取得に奔走した）、パリのウィリアム・ブリット（フロイトの身に危険が迫らぬよう、パリの米国大使館からナチスの動向を監視していた）と連携しつつ、フロイトとその家族を救ったのは、いうまでもなくマリーだった。アンシュルスの報を受けてただちにウィーンに向かったマリーは、フロイト一家に寄り添いつつ、ギリシャ公妃としての自らのあらゆる政治的特権を駆使し、ナチスが要求する「教授」の身代金まで支払って、一家をウィーンから脱出させたのだった。けっしてたやすくはない、いやかぎりなく奇蹟に近い、脱出劇だった。

今日、精神分析家たちがマリー・ボナパルトの名を思い出すのは、何よりもこの「フロイトの救済者」としての歴史的功績によってだ。だが、マリーが救ったものはもうひとつある。いまでは『フリースへの手紙』として知られるフロイトの書簡群、すなわち、一八八七年から一九〇四年にかけてフロイトがベルリンの友人ヴィルヘルム・フリースに送った二八四通に及ぶ書簡の束だ。

一九二八年一〇月、フリースの訃報に接したフロイトはにわかに浮き足立った。一時の熱烈な友情が、猜疑と失望の渦巻く最悪の敵意に変貌して終わりを告げたフリースとの濃密な——フロイト自身も認めるとおり同性愛的な——関係。その一部始終が綴られた手紙の束は、もともと神経生理学者だったフロイトが催眠療法の研究を経て精神分析の発明に辿り着く歴史的曲折の痕跡を留めているにもかかわらず、いや、それだけになおさら（そこで素描された仮説のいくつかは後に捨てられていた）、フロイトにとって、けっして他人の目に触れさせてはならない、だから何としても回収し消滅させなければならない、究極の取扱危険物だった。それがなぜマリーの手に渡ったのだろうか。

伝えられている事実はこうだ。フリースの妻イーダは、フロイトの危惧や焦燥をよそに、夫の死後もフロイトの手紙を手放そうとしなかった。だが、一九三六年、ナチス政権下のドイツを脱出するに際し（フロイト同様、フリース夫妻もユダヤ人だった）、イーダはこれらの手紙を一括してベルリンの書店主ラインホルト・シュタールに――それを「けっしてフロイトの手に渡さないこと」という条件で――売り払った。ところが、そのシュタールもまたフランスへの亡命を余儀なくされ、三七年、手紙の売却をマリーに持ちかけると、マリーは一〇〇ポンドでそれを買い取ったのだった。

そのことをマリー本人から告げられたフロイトは、買い取った額の半分を出すから手紙をぜひ自分に返してくれとマリーに懇願した。しかしマリーには、そんなことをすれば手紙はただ灰燼に帰すだけであることが分かっていた。それゆえ、マリーは手紙の束をウィーンのロートシルト銀行に預けてしまい、アンシュルス後にこの銀行がナチス監視下に置かれたためにその回収が困難になった事情も相俟って（フロイト一家を脱出させたときと同様、マリーはそこでも自らの政治的特権に訴えねばならなかった）、フロイトは結局それを再び目にすることなく、一九三九年に息を引き取る。その後、マリーがアンナ及びエルンスト・クリス（ニューヨーク学派の中心人物となったウィーン出身の分析家）とともに、いわばフロイトの遺志を無視する形で、ただしそのぶん内容の、よくいえば厳選、悪くいえば検閲を行いつつ、『精神分析の揺籃期から』なるタイトルでこの書簡群の一部を出版したのは、一九五〇年のことだった（その後、ジェフリー・マッソンによる完全版が一九八五年に出版された）。フロイト本人はあの世で憤慨したにちがいない。だが、その学術的価値に鑑みて、そしてそれだけにアンナたちの行った「検閲」が憾《うら》まれるにせよ、精神分析という新たな実践の誕生がフロイトという卓越した主体のいかなる内的ドラマによって生み出されたのかを克明に辿ることを可能にしたこの出版は、やはり正解だったと言わねばならない。もちろん、マリーなくしては果たしえなかった歴史的事業である。
しかし、セリア・ベルタンによる伝記は、このマリーの功績に別の角度から光を当てることを促さずにはおかない。というのも、「手紙の回収」というテーマはマリーの実人生のうちにきわめて重大な反響を見出すからだ。一六歳のとき、マリーは父の秘書を務めるコルシカ人アントワーヌ・レアンドリに誘惑され、恋に落ちる。三八歳のレアンドリには妻がいた。専制的な祖母と惰弱な父のもとで育ち、肉親の情愛らしい情愛に恵まれぬまま思春期を迎えたマリーには、自分を魅力的だと言ってくれる年上の男性に過剰に胸をときめかせてしまう痛切な理由があった。だが、恋の熱に浮かされてマリーがレアンドリに書き送った無数の手紙が、彼女自身に思わぬ災禍をもたらすことを、彼女は予想だにしなかった。それらの手紙をすべて保存していたレアンドリは、マリーへの彼の悪影響に気づいた父ロランが彼を解雇するや、手紙をちらつかせてマリーを強請りはじめたのである。それは四年間続いた。二一歳になり、母の遺した財産を正式に相続したマリーが、この秘密をまず母方の伯父エドモン・ブランに、次いで父ロランに相談すると、ロランは問題の解決を弁護士の手に委ねる。しかし得られたのは、マリーにとって悪夢のような結果だった。レアンドリの雇った辣腕弁護士に示談にもちこまれた揚げ句、マリーは法外な金額で手紙を買い取ることを余儀なくされたのである。支払われた金額は一〇万フラン、現在の日本円に換算しておよそ三三〇〇万円だった。にもかかわらず——支払われる紙幣の束が思いのほか薄かったのを見て——マリーは日記にこう書きつけた。「自由の身になれた！　私の心の自由は一〇万フランに値するわ！　お金がこんなに私の役に立ったことはなかった。お金の価値は自由を買うためにこそあるのだわ！」[17]
このマリーの感慨は奇妙な既視感を引き起こさないだろうか——とりわけマリーの一九三三年の著書『エドガー・ポー』を繙いたことのある人には。そしてもちろん、ジャック・ラカンがその主著『エクリ』（一九六六）の巻頭に置いた五七年の論文『「盗まれた手紙」についてのセミネール」に目を通したことのある人にも。そうなのだ。マリーが日記に吐露したこの心情は、ポーの小説「盗まれた手紙」の王妃が物語の最後に抱いたかもしれない、いや抱いたにちがいない安堵を想起させずにはおかないのである。「卓越した個人を手がかりに人間の心的生の諸法則を研究することには独特の魅力がある」とするフロイトの前書きが付されたマリーの『エドガー・ポー』は、いわゆる「五大症例」をはじめとするフロイトのテクストの仏語訳と並んで、彼女の全業績のうちおそらく今日最も高く評価しうる一書だ。ポーの著作から「母親サイクル」と「父親サイクル」を取り出し、フロイトの古典的なエディプス理論および幼児期性理論を縦横無尽に当てはめながら、作家の個人史と作品とを照らし合わせる微に入り細をうがつような分析もさることながら、子供が「母の胎内」に抱く幻想へのほとんどメラニー・クラインを彷彿させる関心や、「著者の人格は物語に最初に登場する二人の人物、すなわち分析家デュパンと語り手である友人とにすでに分割されている」[18]、「母親的存在がすべての対象〔＝登場人物〕に分散される例は、「ピム」のストーリーにおいて頂点に達する」[19]といったやはりクライン（派）的視点の展開に、マリー以後のフランス精神分析が英国発の分析理論にたいしてとってきた（そしていまもとり続けている）距離を知る私などは、驚きを禁じえない（いや、それどころか、マリーの分析のこのような方向性は、対象関係論に繋がる思考の水脈がたしかにフロイトその人のうちにも広がっていたことを伝える傍証のようにすら思えなくもない）。

この著書において、マリーはもちろん――いま私が引用した文の一方にも見られるとおり――「盗まれた手紙」にもたっぷりと紙幅を割いている。ストーリーは、かいつまんでいえばこうだ。思いがけなく居室を訪れた夫の目をごまかそうと、王妃があえて机上に置いたままにした秘密の手紙を、その場に来合わせたD大臣が抜け目なく盗みとる。不倫か謀略か、いずれにせよ王妃にとって疚しい内容が記されたその手紙を手中に収めたことで、D大臣はいまや王妃を思うがままに動かす政治的パワーを握ったことになる。王妃は自らに忠実な警視総監に莫大な金額の報酬を約束し、手紙をD大臣から奪還する隠密任務に当たらせるものの、警察はいっこうに成果を挙げることができない。そこに登場するのが、パリの暗がりに棲息する奇妙な知恵者デュパンである。総監に泣きつかれたデュパンは、サングラスをかけて大臣邸を訪れると、捜査員の目を欺くためにあえて堂々と――ただし裏返されて――人目につくところ（マントルピースの脚のあいだにぶら下がった名刺差のなか）に置かれていた手紙に素早く目を留める。翌日、再び大臣邸を訪れたデュパンは、あらかじめ仕掛けておいた戸外の騒ぎに乗じて、手紙をまんまと掠めとる（より正確には、それを自作の贋の手紙にすり替える）。こうしてデュパンに奪還された手紙は、報酬の小切手と引き替えに総監の手に渡り、さらに王妃のもとに戻されるだろう……。手紙の置かれたD大臣の部屋を、ポーがまるで女性の身体を解剖するように描写していることを際立たせながら、マリーがこの物語に読みとるのは、「母の盗まれたファルスを奪還する息子の物語」にほかならない。王妃はエドガーを生んだ母エリザベスの、大臣はエドガーの実人生に現れた二人の父親的人物の（ただし詩的才能をもつ点ではエドガー自身の）、王はエリザベスが欺いたかつての夫の、そしてデュパンはいうまでもなくエドガー自身の、象徴かつ分身であり、かくして「母は息子に、彼が彼女に返してやるファルスと引き替えに、金《きん》を与える」[20]というエドガーの幻想があぶり出されるのである（そしてこの幻想は、マリーが本書で徹底的に検証するフロイト的肛門性愛の等式「（糞便＝胎児＝）金＝ペニス」に収斂してゆく）。

さて、私たちの前にはいまや「取り戻された手紙」の、いや、より正確には「金によって買い戻された手紙」の、三つのヴァージョンがある。マリーによるフロイトの手紙の買い取り、マリーによるマリー自身の手紙の（レアンドリからの）買い取り、そして王妃による自身宛の手紙の（総監をとおしてデュパンからの）買い取り、である。それぞれまったく異なる位相に置かれたこれら三つのヴァージョンは、しかし、じつは緊密に絡まり合っている。マリーが本格的にポーを読みはじめたのは、フロイトのもとに通いはじめた直後であり、マリーはまさにフロイトとの分析から得られた洞察をポーの読解に注ぎ込んだ。そうして書かれたマリーの『エドガー・ポー』にフロイトによる前書きが付されたのは、当然といえば当然のなりゆきだっただろう。

だが、それに輪をかけて重要なのは、レアンドリとの一件をマリーが最初の分析セッションで早くもフロイトに告白していたことだ。もちろん、マリーがこの主題を持ち出したのはそのときだけではなかった（おまけに、マリーはアリスティッド・ブリヤンや他の愛人からも手紙を回収し、あるいは回収しようとして果たせず、その強迫的な拘りを折にふれてフロイトに語っていた）。それゆえ、フロイトの手紙をマリーが買いとったとき、そのことがお互いのあいだでいかなる意味をもちうるのかを、マリーは――そしてフロイトもまた――よく承知していたはずだ。にもかかわらず、マリー自身が二一歳のときに経験し、さらには「盗まれた手紙」の王妃が物語の結末で抱いたにちがいない（とマリーにはやすやすと推し量ることができたはずの）あの感慨、金銭と引き替えに得られたあの自由の歓び、解放の歓びを、マリーはフロイトに味わわせることを拒んだのである。このことの――ほとんどサディスティックな――残酷さは、それとして認識しておく必要がある。実際、アリックス・ルメルは、これら一連の「手紙」のモティーフを、先に見たマリー対フロイトの闘争のコンテクストに丸ごと書き込んでいる。

だが同時に、フロイトの手紙がマリーによって取り戻されたこととの、こういってよければ象徴的な意味を押さえておくことも忘れてはならない。というのも、マリーがフロイトの手紙《レットル》を買いとり、その所持者となったことほど、フランス精神分析における彼女の地位を決定的に表しえた事実はほかにないからだ。すなわち——ここで私たちはlettre（手紙／文字）というフランス語の多義性にやはり踏み込まなくてはならない——、フロイトのアナリザント＝翻訳者＝代弁者であったマリーは、さらにこれらの手紙を管理する立場に身を置くことで（しかも彼女は、いうまでもなく、他のいかなる分析家にも先駆けて、これらの手紙に目をとおし、ノートまでとっている）、まさに名実ともにフランスにおけるフロイトの文字《レットル》＝「著作及びそこに含まれる知の総体」の所持者となったのである——ジャック・ラカンがまさにその地位を掠めとるまでは！

ラカンの『『盗まれた手紙』についてのセミネール』は、読者泣かせの晦渋さで知られる彼の著作のうち、おそらく最も広く読まれている論文であり、本邦でもあちこちで紹介され、論じられてきたから、ここではその内容に詳しく立ち入ろうとは思わない。だが、マリーの精神伝記的《プシコビオグラフィック》分析とはうって変わって、象徴的秩序を構成する「シニフィアン」の自律性と、その「シニフィアン」による主体の構造的決定という哲学的テーゼを前面に押し出し、ポーのテクストをこれらのテーゼの文学的範例としてぐいぐい読み込んでゆくラカンのアプローチは、一九六六年、『エクリ』の巻頭論文として一般の読者に届けられたことで、マリーの著作を一撃で過去に葬り去るようなインパクトをもった。六八年五月を頂点とする一時代の沸き立つような知的雰囲気のなかで、ラカンによってはじめて精神分析に目覚めた若者たちは、もはやマリーの『エドガー・ポー』を顧みることがなかった。もちろんラカンは、この論文を最初に発表したとき、いや、そもそもその土台となる五五年四月のセミネールを行ったときから、マリーの著書を追い落とすことをはっきりと狙っていたにちがいない。五五年といえば、マリーの政治的判断にふり回され、ラカンがラガーシュらとともにSPPを去らねばならなくなった、あのフランス精神分析第一の分裂（一九五三）の傷が、まだ生々しく疼いていた時代だ。マリーの読解に自分のそれをぶつけることで、ラカンが目論んだのは、まさにフロイトの「レットル」を、それゆえフランスにおける精神分析の正統性を、プリンセス・マリーから奪いとることにほかならなかった。そしてその後、IPAからの「破門」を経て、「『盗まれた手紙』についてのセミネール」が冒頭を飾る主著『エクリ』を、自らの学説のいわば「マニフェスト」として世に送り出すに及んで、ラカンはこの長年のミッションをついに完成させたのである。それは、マリーがこの世を去って四年後のことだった。

フロイトの「レットル」をマリー・ボナパルトから奪取するというラカンの意図は、少なくともジャック・デリダの目にはしかと留まっていた。「手紙を所持する主体は女性化する（その主体が催す憤りはそれゆえ女性的本性をもつ）」というラカン独自のテーゼを引き合いに出しながら、デリダはこう記している――

最も注目すべき攻撃、いってみれば最も陰湿な「見えぬところでの一撃」、「明白に女性的な本性の憤り」が、〔ラカンにおいて〕彼の同業者のひとり、ボナパルトにたいして暴発する。ボナパルトはフランスにおいて、長きにわたり、フロイトの権威の最も正統な受託者、受遺者をもって任じ、実際にフロイトと手紙をやりとりし、個人的に打ち明け話をする絆を維持し、ある種の大臣のようにこの国におけるフロイトの代理を務めてきた。ただし「〔『盗まれた手紙』についての〕セミネール」の著者には、この大臣の背信も盲目もお見通しというわけだ。この大臣はさらに、その著作において、「盗まれた手紙」に手をつけることすら望んだ。まず、〔本来の宛先から〕逸らされた、フロイトの文字＝手紙《レットル》。しかも彼女は、ポーについてのその著作の巻頭に、フロイトの署名の入ったひとつの証明書を、協定と同時に背信を〔どの場所に立つかによってそれは変わってくる）印づけるある種の手紙を、我が物顔に付して憚らなかったのである〔…〕[21]。

ここでデリダが語っている「逸らされた手紙」は、マリーの手でフロイトから遠ざけられたフリース宛の手紙をいささかも意味しない。デリダがこの一文を記したときには、これらの手紙が出版されるまでの経緯の詳細は明かされていなかったからだ。にもかかわらず、今日その詳細を知る私たちの目に、これがフリース宛の手紙を意味していてもおかしくないと映ってしまうところに、マリーとフロイトのあいだで幾重にも反復された「手紙＝文字《レットル》」の移動のおもしろさと不気味さがある。

ラカンもまたこの経緯の詳細を知らなかった。もちろん、若き日のマリーがレアンドリから手紙を買い戻した一件も、ラカンの生前にはまったく世に知られていなかった。これらのエピソードはいずれもセリア・ベルタンの手で一九八二年に明らかにされたのであり、それ以前には、マリーの名に結びついた「手紙」といえばポーの「盗まれた手紙」のみだったのである。だが、いや、だからこそ、マリーが取り上げたポーの数ある作品のなかで、とりわけ「盗まれた手紙」に的を絞ったラカンの慧眼には、いまさらながら驚かされる。もちろん、文字《レットル》＝手紙をシニフィアンの物質性の支えとみなすラカンにとって、自らの理論をパラフレーズしてくれるある種の「症例」として参照されるべき作品は「盗まれた手紙」でなければならなかった。だが、マリーにおいてこの小説が一方ではレアンドリ事件に、他方ではフリース宛書簡の買いとりに、明らかな反響をもつことを知る私たちには、マリーが行った（とラカンには見えた）フロイト的レットルの奪取を、物語中に反復される手紙の「掠めとり」に重ねた上で、そのレットルを鮮やかにマリーの手から抜き取ってみせたラカンは、まさにマリーの急所を狙い撃ちしたように見える。あたかもマリーにたいして——まさに「セミネール」で中心的に取り上げられる「間主観的メッセージ」の理論に引きつけるなら——次のような「裏返されたメッセージ」を、だから「解釈」を、つきつけるかのように。マダム、手紙について書いたポーを、フロイトのレットルを全面的に用いて読むことで、フランスにおけるこのレットルの所持者としてふるまうのは、手紙を買い取る以外のソリューションを知らなかった貴女にはいささか出過ぎた企みだった。フロイト的レットルの宛先は、貴女ではなかったのだ、と。

ラカンの「セミネール」は、デュパンが大臣邸に置き去る贋の手紙にも似て、この酷薄なメッセージをマリーに突きつけるために送られた新たな——つまり、その少女時代からマリーの人生を行き来してきた無数の手紙の群れに加わったもう一通べつの——手紙だったのではないか。そしてその手紙がマリーのもとに舞い込んだとき、フロイトのレットルのほうは紛れもなく「宛先」に届いたのである。いうまでもなく、ラカンその人の手に。少なくともラカンにはそのような思いがよぎったにちがいない、「セミネール」の本文の末尾にあの名高いテーゼを刻みつけた刹那に——「手紙《レットル》はつねに宛先に届く」[22]と。

1　精神分析家になるためにはいかなる個人も自ら精神分析を受けなくてはならない。この「分析家になるための分析」を英語圏では一般に「訓練分析（training analysis）」と呼ぶのにたいして、フランスでは「教育分析（analyse didactique）」と名指す。しかし本書では、このフランス語表現にとくにこだわらず、日本でも一般的である「訓練分析」を統一的に用いることにする。ちなみに、フランスでは今日、実際に分析をはじめる前から「分析家になるための分析」とそうでない分析を区別することはできない（逆にいえば、無意識との最初の出会いがいかなるものであろうと、誰でも最終的に精神分析家になることができる）という——まさにラカン的といってよい――考えが主流になり、「教育分析」という術語がそもそも用いられなくなりつつある。代わって好まれるのは「個人分析（analyse personnelle）」という表現である。

2 Annick Ohayon, *L'impossible rencontre, psychologie et psychanalyse en France 1919-1969*, La Découverte, 2006, p. 89.

3 Elisabeth Roudinesco & Michel Plon, *Dictionnaire de la psychanalyse*, Fayard, 1997, p. 138.

4 Jacques Lacan, Lettre à Rudolph Lœwenstein, 14 juillet 1953, in : *La scission de 1953* (supplément à *Ornicar ?*, numéro 7), Navarin éditeur, 1976, p. 127.

5 Rémy Amouroux, *Marie Bonaparte*, Presses Universitaires de Rennes, 2012, p. 90.

6 Marie Bonaparte, Lettre à R. Lœwenstein, 5 février 1953, cité in : Célia Bertin, *Marie Bonaparte*, Perrin, 1982/2010, p. 385.

7 *Ibid.*

8 *Ibid.*, p. 50. 以下、マリー・ボナパルトにかかわる伝記的記述は、とくに断らないかぎり、本書に拠る。

9 Jean-Pierre Bourgeron, *Marie Bonaparte*, PUF (Coll. Psychanalystes d'aujourd'hui), 1997, p. 10.

10 A. E. Narjani, Considérations sur les Causes anatomiques de la frigidité chez la femme, *Bruxelles-Médical*, 42, 1924, p. 768.

11 この点について、アリックス・ルメルは「この二〇〇人の女は実在しなかった。この論文はマリーが放った挑発以外の何ものでもないのだ」と断定している（Alix Lemel, *Les 200 clitoris de Marie Bonaparte*, Mille et une nuits, 2010, p. 20）。これにたいし、アムールーは、一九二〇年代初頭からマリーと親交があった女医マルト・フランション＝ローブル（パリの病院に勤務した最初の女医のひとり）が何らかの形で協力した可能性があると推測している（Rémy Amouroux, *op. cit.*, pp. 193-194）。

12 Sigmund Freud, Der Untergang des Ödipuskomplexes (1924), *Gesammelte Werke*, Bd. XIII, Imago/Fischer, 1940, S. 400.

13 これらの文書は、米国議会図書館において、二〇二〇年一月に初めて一般に閲覧可能になった。

14 Éliette Abécassis, *Un secret du docteur Freud*, Flammarion, 2014, pp. 49-50.

15 Alix Lemel, *Les 200 clitoris de Marie Bonaparte*, Mille et une nuits, 2010, pp. 49-52.

16 Cité in : Jean-Pierre Bourgeron, *Marie Bonaparte*, *op. cit.*, p. 32. この一節は、奇しくも、もうひとつ別の問いを示唆し

ているようにも見える。フロイトにたいするマリーの対決姿勢を、ルメルがそうするようにひたすら「父親転移」（分析家に父親的なものを投影すること）の文脈だけで捉えようとすると、その本質を見過ごしてしまうおそれがある。どうやら激しい愛情と分かちがたく結びついたマリーの攻撃性は、父親的なものよりもむしろ母親的なものに向けられていた、いや、向けられるべきだったかもしれないからだ。実母の早すぎる死は、実人生において母とのアンビヴァレントな関係を生き、それを克服するという経験を、マリーから奪った。一方、フロイトは日頃から、転移のなかで母親役を引き受けるのは苦手だと公言してはばからなかった。それゆえ、ブルジュロンの指摘するとおり、「マリーはフロイトのうちにひとりの父親しか見ることができず、その父親にたいして攻撃性や感情の不可避の両価性《アンビヴァレンツ》を露わにすることは難しかったのである」(p. 42)。マリーが「女の出来損ない」をもって自認するとすれば、フロイトはマリー——のみならず彼の多くのアナリザンたち——にとって何よりも「母親の出来損ない」だったというべきなのかもしれない。

17 Cité in : Célia Bertin, *Marie Bonaparte, op. cit.*, p. 134.

18 Marie Bonaparte, *Edgar Poe*, Denoël et Steele, 2 vols, 1933, p. 537.

19 *Ibid.*, p. 805.

20 *Ibid.*, p. 602.

21 Jacques Derrida, Le facteur de la vérité (1975), in : *La carte postale*, Flammarion, 1980, p. 484.

22 Jacques Lacan, Le Séminaire sur « La lettre volée » (1957), in : *Écrits*, Seuil, 1966, p. 41. ——ラカンがフランス精神分析の顔として君臨するようになる一方で、マリー・ボナパルトの存在は没後長らく忘れられていた。かつてのレジスタンスの闘士で作家として知られるセリア・ベルタンによる、いまや古典の名に値する伝記『マリー・ボナパルト』（一九八二）と、マリーとルネ・ラフォルグ（戦前のフランス精神分析のリーダーのひとり）の往復書簡を繙いて書かれたジャン＝ピエール・ブルジュロンの『マリー・ボナパルトと精神分析』（一九九七）の二冊以外に、マリーを主題にした出版物は——学術誌に掲載される論文を除けば——母国フランスでも皆無だった。かたやフロイトやラカンについての書籍が出版されない月がないといってもよいフランス精神分析の一般的な活況に照らすまでもなく、マリーの記憶が人々から遠ざかるスピードは速かったのだ。それが俄に変化したのは、おそらく、カトリーヌ・ドヌーヴがマリーを演じた二〇〇四年のテレビ映画『プリンセス・マリー』

が放送されてからだ。監督のブノワ・ジャコは、ラカンの娘婿ジャック＝アラン・ミレールと親しく、ラカンがお茶の間のテレビに登場した一九七三年の放送、すなわち今日「テレヴィジョン」の名で知られるテクストをラカンがカメラの前で読んだ番組を制作した人物としても知られる。折しもフランスでは、前年秋の国会で電撃的に可決された、「精神療法家」（そこに精神分析家も含まれる）の選別と評価を国（厚生省）が一元的に行うことを定める法案をめぐって、伝統的に独自の枠組みで育成されてきた精神分析家たちが激しい抵抗運動を繰りひろげ、それが連日のようにメディアを賑わわせていた時期だ。実際にはドイツ語と英語で分析がなされたという史実に反して、トリュフォーの『終電車』でもドヌーヴと共演した名優ハインツ・ベンネント扮する「ドクター・フロイト」にいくぶんたどたどしくも愛らしいフランス語を話させ、寝椅子に横たわるマリーとフロイトの親密なやりとりを絶妙に生々しく再現したジャコの演出は、フロイトのアナリザントであり親友でもあったマリーという人物へのフレッシュな関心を国民のあいだに喚び覚ますのに十分だったのだろう。その後、散発的にではあるものの、マリーについてのモノグラフやマリーを主要人物に仕立てた小説の出版が現在まで続いている。ルメルやアベカシスの著作は、こうした流れのなかで生まれたのである。

3　肉屋の美人細君——ヒステリーの「満たされぬ欲望をもつ欲望」

フロイトの絶対的な主著といってよい『夢判断』(初版一九〇〇／第八版一九三〇)には、フロイト自身の五〇の夢を含む、ほぼ一六〇の夢が収録されている。

それらのうち、ラカンによって一躍有名になったといってよい夢がある。とりわけ名高いのは、いわゆる「肉屋の美人細君《ラ・ベル・ブシエール》(la belle bouchère)」の夢、すなわち、「夢はひとつの願望充足である」というフロイトのテーゼが気に食わないひとりのうら若きヒステリー患者が、それを反証する気満々でフロイトに語り聴かせた夢だ。

じつは、フロイトは彼女を「才気ある(*witzige*)」患者と形容しているだけで、彼女が「美人」であるかどうかには一言も触れていない。にもかかわらず、一九五八年四月三〇日のセミネールでラカンが「私はこの人を肉屋の美人細君《ラ・ベル・ブシエール》と呼ぶ」と告げ、この夢の読解を試みて以来、その読解の成果が同年七月の学会報告「治療の方向づけとその力の諸原理」に結晶化し(六一年に論文として発表される)、さらにそれが六六年の論集『エクリ』に収録され大衆の目に届けられたのを経て、今日、「ラ・ベル・ブシェール」はフランスにおいて、この世紀末ウィーンの一主婦にしてフロイトのヒステリー患者だった女性の「名前」として、つまりほとんど固有名として、すっかり定着した観がある。

なぜか。Bの音が反復されるこの呼び名の抜群の語呂のよさを度外視するなら、それはひとえに、ラカンがこの夢の読解をとおして「ヒステリー」を再発見したからだ。私たちはこれまで、あの長々しい総論においてすら、ヒステリーという主題をしかるべく扱う余裕がなかった。だがラカンにおいて、ヒステリー論は女性論からけっして切り離すことができない。「ヒステリー者が必ずしも女性である必要はないし、強迫神経症者が男性である必要もない」[1]という言わずもがなの道理を敢えて口に出した折にすら、ラカンは「ヒステリー者は女性を参考にする」という特徴を際立たせることを忘れなかった。[2]一九五八年（セミネールV）という、ラカンの教えの比較的早い時期にあって、この「肉屋の美人細君」の夢が「満たされぬ欲望をもつ欲望」という本質的な定式を導くことで、彼のヒステリー論に決定的なアップデートをもたらした事実は、もっと注目されてよい。いや、それどころか、ラカンのヒステリー論はここでいったん完成すると言うことすらできるかもしれない。そこに新たな一歩が刻まれるのは、私の見るところ、一九六〇年代の末においてだからだ。

はじめに、フロイトのテクストに目を通しておこう。『夢判断』において、この夢は患者自身のことばで（あるいはそれを再現して）次のように語られる――

> 私は晩餐《ズペー》を催したいのですが、少々のスモーク・サーモン以外に何の蓄えもありません。そこで買い物に出かけようと考えますが、そういえばいまは日曜日の午後だから、お店はどこも閉まっているのだということに思い至ります。しかたがないので、出前してくれるお店を二、三軒電話で当たってみようと思うのですが、今度は電話が故障しています。だから、晩餐を催したいという望みは諦めるよりほかありません。[3]

いま「望み」と訳したドイツ語は *Wunsch*——すなわち「夢は願望充足である」というときの「願望」である。ようするに彼女は、自分の望むことが果たせずに終わるこの夢は、願望の充足ではなく、むしろ不充足を表しているではないか、と言いたいのである。

実際、フロイトがこの夢を取り上げるのは、それがまさに彼女の言い分どおり彼の「願望充足」テーゼに反するようにみえるからだ。この夢が提示されるのは、『夢判断』第四章「夢の歪曲」においてである。第一章で古代以来の夢研究の広範なサーヴェイを行ったフロイトは、続く第二章において、精神分析にとってまさに「記念碑的」というべき「イルマの注射の夢」(一八九七年七月二三日から二四日にかけてフロイト自身が見た夢であり、フロイトはこれを自らが初めて「詳細に」分析した夢と位置づけている)の分析をつうじて、夢を「願望充足(願望を充足するもの)」とみなすテーゼを確立し、さらに第三章において、他の夢の実例を検討しながらこのテーゼを補強してゆく。しかし実際には、夢の願望充足はたいていの場合、無意識の諸プロセスによって偽装を施されているから、一見しただけではそうみえないばかりか、その逆に受けとられることも多い。そこでフロイトは、夢の顕在内容と潜在思考を区別しつつ、願望充足は潜在思考のほうで生ずる一方、顕在内容がいかに——まるで文書の検閲のように——歪曲を被るかを説明するとともに、彼のテーゼの反証に挑む人々への再反証を試みる。そのさい真っ先に引き合いに出されるのが、ほかならぬ「肉屋の美人細君」の夢なのである。

では、フロイトはこの夢をどう料理するのだろうか。夢の顕在内容はつねに「日中残滓」、すなわち夢を見る前日ないし近い過去の出来事に由来する素材を含むから、夢を分析する際にもそうした素材から取りかかるのが定石である。患者がまずフロイトに語ったのは、前の日に夫が口にした言葉だった。「実直で有能な」この肉屋店主は、最近太ってきたことを気にしていて、「脱脂療法」

をやってみようと言い出した。早起きし、運動し、厳しいダイエットを行い、とりわけ、今後は晩餐に招待されてもいっさい応じないことにしよう、と。次いで、彼女は夫の性的有能さを暗に示すようなエピソード（行きつけの飲み屋でひとりの画家から、「こんなに表情豊かな頭部はいままで見たことがないから、ぜひとも写生させてもらえないか」と声をかけられたが、夫は「美人の若い娘のお尻のほうが、私の顔なんかよりよっぽどあなたにお似合いでしょう」と言って断ったという）を紹介したのち、こう続ける——私は夫にぞっこんなんです、だから四六時中からかってしまうんです、このあいだも「あたしにいっさいキャヴィアをくださらないでね」なんて頼んでみたりしたんです、と。この最後の台詞、「あたしにいっさいキャヴィアをくださらないでね」とはどういう意味なのだろうか。本人によれば、彼女は以前から毎朝キャヴィアを塗ったパンを食べたいと望んでいたが、贅沢だからと控えていた。彼女がそう言えば、夫はすぐにそれを叶えてくれるにちがいない。だが、「そのことでもっと長いあいだ夫をからかえるように」、彼女は反対に「キャヴィアをくださらないでね」と頼んだというのである。

フロイトはここに、括弧入りのコメントを差し挟まずにはいられない。「この理由づけは見え透いている」、まるで催眠暗示をかけられた患者が、覚醒後に自分のとった行動について、暗示を受けたことは忘れて、もっともらしい理由をつけるのと同じだ、と。ようするに、フロイトは彼女の説明に納得していないのである。続く一節はきわめて雄弁だ。曰く、「見たところ、彼女は生活のなかにひとつの充足されぬ願望を作り出すことを余儀なくされている。彼女の夢もまた、願望の拒絶をすでに実現されたことがらとして彼女に示している。だがいったい何のために、彼女は充足されぬ願望を必要としているのだろうか？」[4]

すでにここに、半世紀後にラカンを瞠目させるフロイトの慧眼がきらめいている。「あたしにいっさいキャヴィアをくださらないでね」というどこか呪文めいたからかいのことば、それについて患者が行う説明のちぐはぐさ――そうした語らいの亀裂に目をつけ、物事の本質を剔《えぐ》るような問いをさらりと立ててしまうのが、フロイトの分析の真骨頂なのだ。だが、フロイトはこの問いをここでいったん閉じ、これまで提示された素材は夢分析の役に立たないと述べて、さらに多くのことを患者に語らせる。すると、「まさしく抵抗の克服を試みるように、しばらく沈黙したあと」、彼女は前日にひとりの女友だちを訪問したことを告げる。夫がいつも褒めそやすので、彼女がほんとうは嫉妬を感じている女性だ。幸いなことに、この婦人はガリガリに痩せていて、豊満な女性を好む夫の嗜好には合わないはずだった。しかし彼女は肥りたいと言い、患者にこうねだったという――「いつまた私たちをお招きくださるの？　お宅のお食事はいつでもとてもおいしいわ」。

フロイトにとって、夢を解く鍵はこれで十分だった。夢のなかで患者が晩餐を催せないのは、みすみすこの女友だちを肥らせ、夫の気に入る体型にさせるような真似はしたくない、という願望の充足だったのだ。ダイエットを気にかける夫が、これからは食事に招待されてもいっさい応じないと話したのを聞いて、客をもてなす料理は客を肥らせるという考えが、彼女のうちに芽生えていたのだった。ひとつ謎が残るとすれば、「スモーク・サーモン」というアイデアがどこから来たのかという点だが、彼女には考えてみるまでもない問いだった。スモーク・サーモンはこの女友だちの好物なのである。フロイト自身がこの女友だちを個人的に知っていたこともあり、スモーク・サーモンにたいする彼女の態度が、キャヴィアにたいする患者の態度とそっくりであること、つまりどちらも節約の対象になっていることが、フロイトにはすぐに合点がいった。

こうして、夢の解釈がひととおり終わり、フロイトはこの夢もやはりひとつの願望充足であることを証明することができた。だが、これで終わらないのがフロイトである。この夢の本質はむしろここまでの分析以外のところにあるといわんばかりに、フロイトはいわば二周目の、彼自身が「いちだんと細やか(*feinere*)」と評する解釈に乗り出してゆく。そこで論じられるのは、先ほど括弧のなかで一瞬開かれてはすぐに閉じられた問い、すなわち、この患者が願望拒絶を内容とする夢を見ると同時に、現実生活でも充足されぬ願望を抱くことを余儀なくされているのはなぜか、という問いだ。おいしいご馳走を食べてもっと肥りたいと願う女友だちの願望を拒絶しようとする患者が、実際には自分の願望(晩餐を催したい)が充足されずに終わる夢を見たのはどうしてなのだろうか。

フロイトによれば、それは患者がこの女友だちに「同一化」しているからだった。だが肝腎なのは、そのような同一化がなぜ起きるのか、それにいかなる意味があるのか、ということだ。そこでフロイトは、ヒステリー患者同士の「心理的伝染」を「模倣」によって説明しようとする人々(ガブリエル・タルドとその追従者)を果敢に論破しつつ、ヒステリー症状の根底にあるのは「模倣」ではなく「同一化」である、という立場を鮮明に打ち出す。独特な痙攣発作を起こすヒステリー患者を他の患者と同一の病室に入れておくと、他の患者も同じタイプの発作に襲われるようになる。だが、それを「模倣によって生じた伝染」とみなすだけでは、心理学的に何も説明したことにならない。患者たちはたいていお互いをよく観察しており、ある患者にかくかくの理由でしかじかの反応が起きたのだとすると、自分にも同じ反応が起きてもおかしくはない、なぜなら、自分も同じような理由に苦しんでいるのだから、と推論しあうだろう。まさにこの推論、他人とのあいだに共通性(とりわけ性的共通性)を見出そうとするこの推論こそが、同一化(自分と他者を同じとみなすこと)を引き起こすのであり、模倣と見える現象の本質にはつねにこうした同一化が見出されるのである。

このような同一化のひとつの表現を、フロイトが肉屋の美人細君の夢に見ていることはいうまでもない。フロイトの結論はこうだ——「彼女が夢のなかで女友だちの立場に身を置くのは、この女友だちが夫の心のなかで彼女の立場に身を置いているからであり、彼女は夫の価値評価のうちでこの女友だちの座を占領したくてしかたがないからである」。[5] そしてこの同一化を媒介するものこそ、フロイトの関心を捉えて放さないかの「充足されぬ願望」にほかならない。二段階に分けて展開されてきたフロイトの解釈のロジックを、ここで再構成してみよう。夫の褒めそやす女友だちを肥らせたくない、という自らの願望を充足することで、患者は女友だちのうちに「充足されぬ願望」（おいしい料理を食べて肥りたい）を生じさせる。しかし同時に、「夫に評価される女」としての女友だちの座を同一化によって奪おうとするなら、彼女はその同一化をほかならぬ「充足されぬ願望」によって果たさざるをえない。これら二重の解釈が、「充足されぬ願望」というキーによって結ばれていることは明らかだ。とすれば、私たちは次のように問わずにはいられない。フロイトによる夢の解釈がこのキーを軸に展開されたのは、はたして偶然なのだろうか。いいかえれば、「充足されぬ願望」が決定的な役割を果たすのは、ひとりこの女性患者の場合のみなのだろうか、と。ここに、フロイトからラカンに向けて国境を抜ける際に、私たちが通過しなくてはならないチェック・ポイントのひとつがある。

では、ラカンはこの夢をいかに読んだのだろうか。

それを具体的に見てゆく前に、あらかじめ断っておかねばならないことがある。フロイトは、夢において充足（*erfüllen*）される無意識の「願望（*Wunsch*）」について語った。これにたいして、ラカンは一貫して「欲望（désir）」というタームを用いる。ラカンにおいてこの語は、フロイトとは別に、ヘーゲルの *Begierde*、及び、おそらくはスピノザの *cupiditas* に起源をもち、それをフロイトの *Wunsch* に当てはめることはラカン自身にとってもけっして自明のことではなかった。実際、ラカンが次のように発言していることを忘れてはならない――

Wunsch とはそれだけでは欲望ではない。それは申し述べられた欲望、明確に言い表された欲望である〔…〕。みなさんにここで注目してもらいたいのは、この *Wunsch* と、欲望の名に値するものとの区別である。[6]

この意味では、フロイトの *Wunsch* は、このあと私たちが見てゆくことになる「要求（demande）」に近く、実際にラカンが *Wunsch* をそのように扱っている箇所も散見する。にもかかわらず、*Wunsch* のある種の「超訳」として désir を用い続けることをラカンが自らに禁じないのは、「欲望がその座に見出されるのは夢においてであることをフロイトが発見した」[7] から、いいかえれば、ラカンのいう欲望に私たちが最も近づくことができるのは夢においてであることをフロイトが教えてくれたからだ。この認識はラカンにとって、本来「要求」と呼んでしかるべきものが混じっている *Wunsch* を「欲望」と訳すことで、当の「欲望」の水準を事実上二つに区切る（意識的な欲望／無意識の欲望）ことを余儀なくされるという不便を被ってもなお、恕《ゆるが》せにできないものだった。それゆえ、ここからは私たちもラカンに倣い、「願望」ではなく「欲望」を、「充足されぬ願望」ではなく「満たされぬ欲望」を、語らなくてはならない。

さて、「肉屋の美人細君」の夢をラカンが取り上げるのは、セミネール『無意識の形成物』の一九五八年四月三〇日の授業、及び同年七月のフランス精神分析協会（SFP）大会での報告「治療の方向づけとその力の諸原理」においてである。双方で同じ議論が繰りかえされるわけではないとはいえ、日付の近さが物語るように、ラカンの理論的装備と読解の方向性は概ね一致している。実際、この時期のラカンは、一九五三年に本格的に導入された「象徴界」の理論を、「シニフィアン」と「〈他者〉」という二つの基本概念を軸に研ぎ澄ませ、さらにローマン・ヤコブソンの構造言語学から借りうけた「メタファー」「メトニミー」の理論によって、シニフィアン連鎖の生起を支配する法則とその諸効果を描き出したのち、それらに依拠する「欲望」の弁証法を、この弁証法の産物である「無意識の形成物」(機知、夢、症状)から出発して、臨床的かつダイナミックに捉える作業にいよいよ乗り出そうとしていた。その作業を支える道具が、各論第一章(オフィーリア)でも言及した「欲望のグラフ」であり、「肉屋の美人細君」の夢をラカンが扱う上記二つのテクストのいずれにおいても、この「欲望のグラフ」が陰に陽にたえず参照されていることは疑いを容れない。それゆえ、ここでは、テクストとしての精度が高い「治療の方向づけ……」のほうに主に依拠しながら、必要に応じてセミネールVの対応箇所に随時焦点を合わせることにしよう。

ところで、「治療の方向づけ……」でラカンがこの夢にアプローチする第五節は、いささか挑発的に「欲望を文字どおり受け取る読みの実践にふさわしいマテリアルは、夢をおいてほかになく(「欲望がその座に見出されるのは夢においてであることをフロイトは発見した」)、そのような夢のパラダイムとしてラカンが真っ先に引き合いに出すのが「肉屋の美人細君」の夢であることは、いくら強調してもしすぎることはない。その際、ラカンはまず次のように述べて、夢の核心にいわば単刀直入に斬り込んでゆく——

この夢では、日中の欲望が移動によって、ここではとりわけもうひとり別の女性の欲望への示唆によって、満足されており、しかもこの日中の欲望は、それとは次元を異にするひとつの欲望によってその際だつ位置に確保されている。この次元の違いは、フロイトが後者を「満たされぬ欲望をもつ欲望」と格付けしていることからも明らかだ。[8]

先に示唆したように、ラカンはここで二種類の欲望を区別することを余儀なくされている。日中の欲望、女友だちの欲望への繋がりによって満足されるというそれが、この女友だちを「肥らせたくない」という欲望を指すことは言を俟たない。これにたいして、それとは「次元を異にする」もうひとつの欲望、「キャヴィア」というシニフィアンによって指し示される欲望を、ラカンが「満たされぬ欲望をもつ欲望」と名指していることは注意を惹く。フロイトは、この患者が「充足されぬ願望を必要としている」と述べたにすぎない。そこに「そのような願望をもつ欲望」を見出すのは、すでに一歩踏み込んだ解釈だと言わねばならない。だが、まさにそこが重要なのだ。フロイトにとって、「充足されぬ願望」は「女友だちを肥らせたくない」という願望のいわば副産物であり、それがこの願望ともうひとつの願望、すなわち女友だちへの同一化の願望を繋ぐ働きをしていた。しかし、「充足されぬ願望をもつ必要」の位置づけは、そこでは曖昧なままであり、それが他の願望と同じ位相に立つのかどうかはなおさら不明だった（ただし、フロイトは「女友だちを肥らせたくない」という願望を意識的なもの、「女友だちとの同一化の願望」を無意識的なものとする区別は行っている）。ところがラカンは、大胆にも、フロイトのいう「充足されぬ願望をもつ必要」をひとつの「欲望」と――事実上、何の断りもなく――捉え直した上で、それが（日中の欲望とは）次元を異にする欲望であること、いいかえれば一段深い欲望であること、いやそれどころか、無意識の欲望の名に真の意味で値する欲望であることを強調するのである。これはすなわち、ラカンにとって徹頭徹尾、この欲望こそが追跡すべきメイン・ターゲットであると宣言するに等しい。

ここからのラカンの歩みは、互いに絡み合う三つの理論的軸に沿って進む。第一の軸は、「治療の方向づけ……」に先立つ時期の主要な成果である「メタファー」「メトニミー」の理論である。じつは、この報告における「肉屋の美人細君」の夢の解読は、ラカンが具体的な夢を例にメタファー／メトニミーの弁別的読みとりを実演してみせた稀な機会のひとつだ。「ひとつの項を別の項の代わりに置く取り替え〔substitution〕がメタファーの効果を生む」一方、「ひとつの項を別の項に繋げる連結〔combinaison〕がメトニミーの効果を生む」というシンプルな二つの定義を示したのち、ラカンはまず、女友だちの欲望の対象である「スモーク・サーモン」が、患者の欲望のシニフィアンである「キャヴィア」の代わりに夢に現れたという事実のうちに、「欲望のメタファー」としての夢の機能を見てとる。これにたいし、メトニミーについての説明はやや込み入っている。「キャヴィア」が欲望を「満たされぬもの」として指し示す（signifier）というシニフィアン／シニフィエ関係を想定した上で、ラカンは、この欲望が「キャヴィアのうちに潜り込む」ことで、「満たされぬ欲望」と「キャヴィアへの欲望」（キャヴィアを食べたいという欲望）とが互いにメトニミーの関係に置かれる、と述べる。奇妙といえば奇妙な表現だが、ラカンが言いたいのはようするに、患者の心のなかで「キャヴィア」→「キャヴィアへの欲望」→「満たされぬ欲望」というシニフィアン上の連結が形づくられ、その連結によってこれらの項が一繫がりに「スモーク・サーモン」という夢の表象（メタファー）の「意味」の位置を占める、ということだ。

ただし、ラカンはここでもっぱら「満たされぬ欲望」と言い、「満たされぬ欲望をもつ欲望」とは述べていない。「キャヴィア」と「スモーク・サーモン」の取り替えという夢形成のプロセスにかかわったのは、厳密に、患者の「意識的なディスクール」が伴意したことがらのみである。これにたいして、患者が自分でも気づかぬ理由で、夫が自分にキャヴィアをご馳走するのを拒むとき、そこにはこの「意識的なディスクール」を逃れる――だから無意識的といってよい――モティーフが働いているとみなさねばならない。とすれば、ラカンが「メタファー」「メトニミー」の概念を当てはめて図解する領域（この「意識的ディスクール」によって到達可能な領域）にはまだ先がある、あるいは彼岸がある、と認めないわけにはいかない。「フロイトをもってしてはじめて「満たされぬ欲望をもつ欲望」と定式化することができた」ものを見出す余地は、まさにそこに横たわっている。

その地点へと真にラカンを導くのは、夢の読解の第二の軸、すなわち「欲望と要求の分裂」という視点だ。この視点は、セミネールV及びVIのほぼ丸二年をかけて構築される「欲望のグラフ」の起点をなし、当時のラカンは「象徴界」理論の新機軸としてそれに磨きをかけることに余念がなかった。その根底にあるのは、人間が「話す」とはどういうことであるのかという素朴な、しかし一筋縄ではいかない問いである。乳児が泣いている場面を思い浮かべてみよう。その体内にどのような「欲求（besoin）」が切迫していようと、それは〈他者〉（たとえば母親）によって捉えられてはじめてメッセージとしての価値をもつ。このとき乳児は、望むと望まざるとにかかわらず、〈他者〉の言語を押しつけられ、それによって「要求（demande）」を発したものとみなされる。その結果、〈他者〉から与えられる答えは、当然のことながら正解であるとはかぎらない（眠りたいのにミルクを与えられるかもしれないし、その反対であるかもしれない）。むしろ、そこにはおうおうにして過不足が、あるいはギャップが、刻まれざるをえない。こうして、要求と欲求の必然的な隔たりに生まれるのが「欲望（désir）」である。ラカンには、これを端的に「要求－欲求＝欲望」と記している箇所もある。だが、ここまでは問題の片面にすぎない。「要求」の次元（〈他者〉が受けとってくれる発話の次元）がいったん確立されると、それは言ってみればもっとへヴィーな使われ方をする。すなわち、愛の「無条件的な要求」として、つまり「いつでもそばにいて求めに応じてほしい」という際限なき呼びかけとして、〈他者〉に向けて発せられるようになる。いうまでもなく、そのような要求に応じられる〈他者〉など存在するはずがない（それどころか、〈他者〉もまたこちらに「要求」を向けるという現実に晒されざるをえない）。すると、挫折を運命づけられたこの無闇な要求は、ここでもまた欲望を生じさせずにはおかない。「無条件的な要求」という不可能に必然的に伴う「絶対的条件」としての欲望[9]。ラカンが好んで用いたイマージュを思い出すなら、欲望はこうして、要求の彼岸と此岸のいずれにも芽生える余地をもつ。すなわち、「欲求を剪定する」要求の彼岸に。そして、〈他者〉の現前を求める無条件的要求の此岸に[10]。

これらの前提がラカンにとって重要なのは、いうまでもなく、精神分析の最も基本的な臨床的原則がそこからダイレクトに取り出されるからだ。精神分析家のもとを訪れる患者は、各々、「これこれの症状から自由になりたい」という訴えをはじめ、さまざまな要求を携えてくる。分析家は、それらの要求をいったん括弧に入れた上で、その背後にいかなる欲望が隠れているのかを見きわめなくてはならない。だが、これは必ずしも簡単な作業ではない。とりわけ、要求や欲望が夢をとおして語られるときはなおさらだ。にもかかわらず、何が患者の要求であり、何が彼（または彼女）の欲望であるのかを捉えることが、分析においてなされるべき初歩的作業のひとつであることに変わりはない。ラカンによれば、肉屋の美人細君の夢はまさにこの点において範例的な価値をもつ。というのも、「ヒステリー者は、それが必然的であることを私が示したあの分裂、すなわち、要求と欲望のあいだの分裂に、ぶら下がって」おり、「この夢ではそれがこの上なく明らか[11]」だからだ。実際、ラカンはこの夢において、主体の要求、欲望、および「欲すること」（vouloir ――ここでは、欲望と要求のあいだを繋ぐ多少なりとも症状的な「意欲」を指す）の三つを、いきなり名指すことをためらわない。曰く、患者が要求するのは愛であり、欲望するのはキャヴィアであり、欲するのは夫がキャヴィアをくれないことである、と。だが、思い出さなくてはならないのは、この「キャヴィア」（欲望の対象）が夢のなかで「スモーク・サーモン」に取り替えられていることだ。一方で、自分が惚れ込んでいる夫への愛の要求から引き裂かれ、他方で、女友だちの好物によって表されることで、女友だちへの同一化を暗示してもいるこの「欲望」は、結局のところいかなる意味をもつのだろうか。レストランでサーヴされるような大きな切り身（薄くスライスされる以前の、魚としての形を残す切り身）が、さらに繊細なヴェールに包まれた姿でテーブルに置かれた様子を念頭に、ラカンが差し出す答えはこうだ――

> ファルスであること、たとえややほっそりしたファルスであろうと。これぞまさに、欲望のシニフィアンへの最終的な同一化ではないだろうか？[12]

ガリガリに痩せているという女友だちが、それにもかかわらず夫の気を惹くことができるのは、彼女が夫の求める（〈他者〉としての夫のなかの欠如が夫に求めさせるはずの）ファルスであるからだ、と患者は――無意識に――考えている。とすれば、フロイトのいう「女友だちへの同一化」は、じつはこのファルスへの同一化でもあるにちがいない。いや、そもそもファルスへの同一化こそが本来の目標であって、女友だちへの同一化はむしろその手段にすぎないのだろう。ここに見出されるのは、私たちが総論で再構成した一九五〇年代後半のラカンのファルス理論そのものだ。といっても、思い出さねばならないのは、「去勢」（母におけるペニスの不在）の発見以後の欲望の発展経路、すなわち、愛（＝要求）との弁証法的絡み合いを通じて男女どちらの場合も「ファルスである」から「ファルスをもつ」へとシフトしていくという筋書き（女性の場合は、愛の水準では主体としても対象としても「ファルスである」のポジションに留まる一方、その欲望は男性の身体においてファルスを象徴する器官を、次いでその代理を、「もつ」ほうに向かう）にかかわる議論ではない。そうではなく、幼年期の抑圧された性的ポジション、すなわち「去勢」に先立つ「ファルス」への同一化を強調する議論のほうである。なぜなら、この「美人細君」はヒステリー、つまり「神経症者」だからだ。ラカンによれば、神経症者の欲望はファルスへの同一化に、すなわち〈他者〉としての母の欲望のシニフィアンであり続けることに、固執する。この女性において、夫はそれゆえ母なる〈他者〉の代理にほかならない。いや、神経症者であるかぎりにおいて、つまり母なる〈他者〉のファルスでありたいという欲望を手放せぬかぎりにおいて、彼女は夫を母の代理の座に置かずにはいられないのである——この夫には欠如らしい欠如が見当たらないにもかかわらず！

　そこに、この症例をもう一段込みいったものにする綾が生まれる。同時に、たんなる神経症者一般の欲望を超えて、ヒステリー者に固有の欲望モード、いや欲望の「戦略」が書き込まれるのもそこである。いま一度、ラカンの分析に戻ろう。夢のなかで「スモーク・サーモン」に取り替えられた「キャヴィア」は、意識のレベルでも把握しうる「満たされぬ欲望」のシニフィアンだった。この欲望はいまや、「（夫への）愛の要求」と「キャヴィアへの欲望」に挟まれて、夫がキャヴィアをくれないことを「欲する」という形で維持されなくてはならない。なぜなら、自分がこの〈他者〉のファルスであり続けるためには、自分というファルスにのみ埋め合わせることのできる「欠如」がこの〈他者〉に見出されなければならないからだ。彼女の好物であるキャヴィアを彼女に与えないことが、辛うじてその欠如を夫にもたらすだろう。こうして「キャヴィア」に象徴される意識的な「満たされぬ欲望」そのものを欲するもうひとつ別の、次元を異にする欲望、すなわち、「満たされぬ欲望をもつ欲望」という無意識的欲望が存在すること、存在しなくてはならないことが明らかになる。この欲望こそがいまや、彼女における欲望中の欲望として、彼女の神経症的欲望「〈他者〉のファルスでありたい」(これじたいも無意識的欲望だが、こちらは幼児期に由来する)を支えるのである。とすれば、この「満たされぬ欲望をもつ欲望」に対応するシニフィアンが、またしても「ファルス」であることに、驚く必要はない。主体がそれに同一化するところの、〈他者〉の「欲望のシニフィアン」である「ファルス」は、同時に、その同一化への神経症的欲望を主体において支えるヒステリー的欲望、つまり「満たされぬ欲望をもつ欲望」を印づけるのである。

こうして、私たちはラカンの読解の第三の軸に到達する。その軸とは「ヒステリー」の理論である。だが、これについて語るべきことは、もはやそれほど多く残されていない。というのも、それはこれまでの議論でほぼ汲み尽くされているからだ。「治療の方向づけ……」やセミネールVから遡ってみると、ラカンがこれらのテクスト以前に「ヒステリー」について掲げていた定式は意外に少ない。よく知られている命題としては、ヒステリー者は「自分は男なのか女なのか」という問いを抱えていること、ヒステリー者の同一化(ここでは鏡像的な、つまり身体イマージュへの同一化)の対象は異性であること、ヒステリー者は「代理人を立てて愛する」こと、くらいだ。ところが、私たちが参照しているセミネールVには、ヒステリーの構造論といってよいものに踏み込む定式が、まるで堰を切ったように、溢れ出している。なぜか。それは、先の引用にもあったとおり、「ヒステリー者は要求と欲望のあいだの分裂にぶら下がっている」からだ。ここで「ぶら下がっている」と訳したsuspendue(ラカンはここでも「ヒステリー者」を女性と想定している)は、あるものに引っかかって、それから身をもぎ離すことができない状態を指す。「要求と欲望の分裂」という問いから身をもぎ離すことのできない主体、それがヒステリー者なのだ。とすれば、この問いへのアプローチをラカンがまさに開始したセミネールVにおいて、ヒステリーについての定式が噴出してくることには何の不思議もない。ヒステリーを論じる恰好の座標軸が、このセミネールにおいて設定されたのである。では、こうして端緒を開かれたラカンのヒステリー論は、何をもたらしたのだろうか。その答えを私たちはすでに手にしている。肉屋の美人細君の夢を「要求と欲望の分裂」の座標軸上で読み解くことで得られた結論、すなわち、「ヒステリー者の欲望は、満たされぬ欲望をもつ欲望である」、さらに「ヒステリー者はこの欲望によって「〈他者〉のファルスである」という神経症的ポジション（幼児期の性的ポジション）を維持する」という二つの命題である。

これはラカンにおける「ヒステリー」の再発見だった。[13]

1 Jacques Lacan, *Le Séminaire, Livre XVI, D'un Autre à l'autre* (1968-69), Seuil, 2006, p. 386.

2 そもそも、「ヒステリー者」を表すフランス語 l'hystérique は、ラカンにおいて、三人称代名詞の女性単数形 elle で受けられることが圧倒的に多い。

3 Sigmund Freud, *Die Traumdeutung*, in : *Gesammelte Werke*, Bd. II/III, Imago/Fischer, 1942, S. 152.

4 *Ibid.*, S. 153.

5 *Ibid.*, S. 156.

6 Jacques Lacan, *Le Séminaire, Livre VI, Le désir et son interprétation* (1958-59), La Martinière, 2013, p. 51.

7 Jacques Lacan, La direction de la cure et les principes de son pouvoir (1958), in : *Écrits*, Seuil, 1966, p. 627.

8 *Ibid.*, pp. 620-621.

9 こう言い換えてもよい――欲望とは〈他者〉に愛の無条件的な要求を送り続けるための絶対的条件である、と。これを逆手にとれば、欲望が持続するかぎり愛を要求し続けてよい、ということになる。このロジックを最大限に利用するのは、ほかならぬヒステリー者である。ただし、これから述べるとおり、このロジックはヒステリー者において重層的に構造化される。

10 驚くべきことに、要求と欲望のこの「分裂」を、ラカンがあえて *Spaltung* とドイツ語で表記している箇所がある。フロイトのいう「自我分裂（*Ichspaltung*）」をこれに重ねてみようという含みなのだろう。

11 Jacques Lacan, *Le Séminaire, Livre V, Les formations de l'inconscient* (1957-58), Seuil, 1998, p. 365.

12 Jacques Lacan, La direction de la cure..., *art. cit.*, p. 627.

13 本章のはじめに述べたとおり、この「再発見」の時点で、ラカンのヒステリー理論はいったん完成したと見てよい。それに新たな地平が加えられるのは、一九六九年、「ヒステリー者のディスクール」が——他の三つのディスクール（「主《あるじ》（師、maître）」「大学人」「分析家」のディスクール）とともに——定式化されるときだ（これらの「ディスクール」はラカンによって「社会的紐帯」と定義される）。そこでは、フロイトの症例ドーラ（本名イーダ・バウアー）を軸に、主に次の二点が強調される。（一）このディスクールは「性関係とはいかなるものか（いかにして性関係をもちうる、あるいはもちえないか）」という問いをもたらすが、ヒステリー者がこの問いに差し出す答えは、「〈他者〉に語らせることによって（性関係をもちそこなう）」というものであり、また、この〈他者〉がヒステリー者においては「抑圧された知の場」を代表する以上（ヒステリー者にとっての精神分析家はまさにそれである）、「性関係」についてそこから得られる知は「主体に馴染みのないもの（étranger）」とならざるをえない（Jacques Lacan, *Le Séminaire, Livre XVII, L'envers de la psychanalyse* (1969-70), Seuil, 1991, p. 106）。（二）ヒステリー者は、彼女（または彼）にたいして「主」として現れ、通常「理想化された父」の価値をもつこの〈他者〉の「真理」を「体現」しており、その真理に奉仕しうる知（この知は享楽の手段でもある）を求めるが、その真理とは「主は去勢されている」（実際、ドーラの父がインポテンツだったように）というものにほかならない（*ibid.*, p. 110）。性関係の不在をめぐる男と女の非対称を、「主」と「ヒステリー者」のあいだのそれとして捉えようとする萌芽的な試みが、ここには見られる。とはいえ、ヒステリー者において「享楽」は「知」にたえずすり替えられ、そのかぎりにおいて「知」と交換可能であるとみなされうる以上、女性たちが「まざまざと感じているものの、それが何であるかは知らない」とされる「女の享楽」（＝「上乗せ享楽」）の概念には、この試みとはまた別のルートから接近しなくてはならないだろう。

4 マルグリット・デュラス——ラカンの教えを、ラカン抜きに……

一九六五年一二月、パリの一劇団の機関誌という枠を超え、戦後フランス演劇の精華を映し出す万華鏡として機能した雑誌『ルノー＝バロー手帖』の第五二号に、ラカンが寄せた一文は、批評というより、まるでファン・レターさながらだった。

今日『他のエクリ（*Autres écrits*）』（二〇〇一）に再録され、精神分析家のみならず、文学研究者のあいだでも広く親しまれている論考「マルグリット・デュラスへのオマージュ——ロル・V・シュタインの愉悦について」（以下、「オマージュ」と略記）のことだ。[1] みるからに軽躁状態で書かれた冒頭のノン・ストップの言葉遊びと、途中からとはいえまずヒロインに、次いで作家本人に、二人称で熱烈に——いや、熱に浮かされたように——語りかけるスタイルをみれば、これはもう公開ファン・レターであるというほかない。いや、それどころか、この文章はラカンからデュラスへのラヴ・レターだったのだろう。

もちろん、ラカンには珍しいことだ。といっても、他人、とりわけ同時代の作家をここまで褒めそやすことが、ではない。そもそも女性の作家をとりあげることが、ラカンにはきわめて稀だった。女性の症例や精神分析家は言うに及ばず（フロイトを除いて、ラカンがポジティヴに論及した分析家の数は、ひょっとすると女性のほうが多いかもしれない）、キリスト教の女性神秘体験者（アビラのテレサ、アントウェルペンのハデウェイヒ、カトリーヌ・テオら）や、神話や文学作品に登場する女性の人物（オフィーリアはほんの一例にすぎない）には、活き活きとした関心を寄せつづけたラカンだが、こと女性の「作家」となると急に参照が減り、こういってよければ寡黙になる。同時代の作家でラカンの話頭に上るのは、ボーヴォワール、ヴェイユ、サガン、そして『O嬢の物語』のポーリーヌ・レアージュくらい、しかもそれぞれ挿話的に引き合いに出されるのみで、コレットやユルスナールといった大作家でさえ言及された形跡がない。おそらくラカンは、少なくとも現代女性作家の小説を好んで読むタイプではなかったのだ。

だが、いや、だからこそ、デュラスへの、このどこか芝居がかった熱の入れようは、いっそう際立って見える。一九六四年三月にガリマール社から出版された『ロル・V・シュタインの愉悦』の存在をラカンに気づかせたのは、ラカンの腹心の部下セルジュ・ルクレールに分析を受け、のちにパリ・フロイト学派（EFP）の「学派分析家」（学派に教える分析家）となるミシェル・モントルレだった。それが正確にいつのことだったのかは、定かではない。だが、ラカンはこの本に飛びつき、文字どおり貪るように読んだにちがいない。その結果は、後年デュラス本人が証したところに詳しい。曰く――

ラカンから電話がかかってきて、ベルナール・パリシー通りにあるカフェの、地下のフロアで、夜中の零時に会いたいと言われたの。私が行くと、彼はこの本について二時間も話しつづけたのよ、その話しぶりが忘れられないわ。[2]

そしてこの「話しぶり」そのままに、ラカンが「オマージュ」のテクストを書いたことは想像に難くない。

この熱狂には、もちろん理由がある。「オマージュ」の最も有名な一節を、まず思い出しておこう――

芸術にかんして、芸術家はつねに精神分析家の先を行くのであり、精神分析家はそれゆえ、芸術家が彼に道を拓いてくれるところで心理学者ぶる必要はない。

それこそがまさに、私がロル・V・シュタインの愉悦のうちに認めることがらである。この作品において、マルグリット・デュラスは、私が教えていることを私抜きに知っていることをありありと示している。

〔…〕

文字の実践は、無意識の使用と同じ場所に行き着く。デュラスにオマージュを捧げつつ、私が証言することは、それに尽きるのである。[3]

ようするにラカンは、『ロル・V・シュタインの愉悦』を読んで、そこに書かれていることがらが、精神分析家たる自分が弟子たちに教えていることがらと同じだ、と確信したのである。私が精神分析から汲みとった知を、デュラスは作品において見事に先取りしていた、と。しかもその確信は、「ロルがどこから出てきたのか分からない」という、ラカンがデュラス本人から――おそらく件の夜の面会の際に――じかに聴いた証言によっても、[4]強められこそすれ、いささかも揺らぐことがなかった。

とすれば、ラカンはいったい自らの教えのどの部分をデュラスの作品に見出したのだろうか。そしてそれは、デュラスにおいてどのように描かれているのだろうか。

『ロル・V・シュタインの愉悦』は、『愛人』（一九八四）以前のデュラスのベストセラーであり、デュラス生涯の「最高傑作」の呼び声も高い。

物語の舞台は、一九六〇年にこの作品が戯曲として構想された際の素案によれば、イングランドの小都市。しかし、本作が小説の形をとる直前の草稿が、ビヴァリー・ヒルズに本拠を置く米国のテレビ局に依頼されたシナリオだったことを考えると、カリフォルニアの都市なのかもしれない。[5]いずれにせよ、作中では、その都市はS・ターラと呼ばれる。

そこに生まれ育ったロラ・ヴァレリー・シュタインは、鮮やかな金髪に、繊細な陶器のような肌をした少女だ。一九歳のとき、ロラは同じ都市に住む二五歳の青年マイケル・リチャードソンを熱愛し、彼と婚約する。ところがその直後の夏、S・ターラに近いT海岸の公営カジノの舞踏会にマイケルと出かけたロラは、そこに忽然と現れた優雅な痩身の中年女性アンヌ＝マリー・ストレッテール（当地にヴァカンスで滞在していた在コルカタ・フランス総領事の妻であることが、のちに判明する）にマイケルを奪われてしまう。「小説全篇がその回想にすぎないところの場面」とラカンが的確に形容するこのシーンは、ドラマティックであると同時に、言いようのない不全感を宿している。マイケルは吸い寄せられるように女に近づいていき、女は当初ぎこちなくそれに応じる。しかしすぐに息が合うようになった二人は、やがて時間も、周囲のいっさいも（それゆえマイケルはロラのことも）忘れて、あたかも永遠に二人だけの時間が持続するかのように、ひたすら組んで踊りつづける。その一方で――

夜が更けてゆき、ロルが苦しみを得るチャンスはいっそう希薄化し、苦しみはロルのうちに滑り込める場所を見出せぬようにみえた。彼女は恋の痛みの古くからの代数学を忘れてしまったようだった。[6]

同級生で親友のタティアナ・カールだけが、ロラに寄り添い、その手を握っていた。そして夜が明け、いよいよ演奏者たちが家路につく段になってはじめて、マイケルと女は我に返る。そこへロラの母親がやってきて、マイケルと女を罵り出すが、ロラはその制止をふり払い、ダンスホールの出口を探すマイケルと女を引き留めようとする――「まだ遅くない、夏の時間は思い違いをさせるものだわ」と叫びながら。しかし二人は出てゆき、ロラは気を失って倒れる。

S・ターラに連れ戻されたロラは、ある種の虚脱状態で自室に引きこもり、自らの名を、怒りをこめて「ロル・V・シュタイン」と呼んだり、何かをひたすら待望しつづける困難を――「我慢のできぬ子どものように」――訴えたりする日々を送る。だが、やがてその時期も去り、回復したロラ、いやロルは、飛行機工場に勤務しつつ演奏会もこなすヴァイオリニスト、ジョン・ベッドフォードと結婚する。ジョンは、ロルのように不安定さや脆さを秘めた女を偏愛する男だった。S・ターラと同じ地方にあるU・ブリッジという都市で、ロルはジョンとのあいだに三人の子をもうけ、何ごともなく一〇年の時を過ごす。

物語が再び動き出すのは、ジョンの昇進に伴ってベッドフォード一家がS・ターラに引っ越し、ロルの両親の遺した家で生活をはじめるときだ。ある日、家の前を通りかかった一組の男女のカップルを、ロルは見逃さなかった。それ以来、毎日長い散歩に出かけるようになったロルは、ほどなくカップルの男のほうを街頭で見かけると、そのあとをつけ、彼が女と落ち合う瞬間を目撃する。はたして、女はかつての親友タティアナだった。そして男は、タティアナの夫である医師ピーター・ビュグナーの部下、ジャック・ホールドであることが明らかになる。だが、読者を驚かせずにおかないのは、このジャックの素性が明かされるまさにそのとき、ほかならぬ彼こそが本作の「語り手」であることが唐突に――しかし物語のほぼ三分の一が過ぎた時点で、その意味では遅ればせに――告げられることだ。ロルの物語は、彼がタティアナから聴いたり吹き込まれたりしたこと、それをもとに彼自身が頭のなかで「捻り出す（inventer）」ことも含めて、はじめからジャックの視点で私たちに届けられていたのである（ただし、デュラスはこの小説をもともと三人称で書き進めており、ジャックが一人称で語るスタイルへとそれを大胆に変更するのは、手稿の最終ヴァージョンにおいてだった。この独特な来歴に由来することを疑わせるナラトロジックなひずみも、本作には少なからず散見する）。

だが、デュラスが仕掛けたこのナラトロジー的罠（あるいはサプライズ）にもまして重要なのは、タティアナとジャックにたいして、あるいは彼らを前にして、ロルがとる奇怪な行動である。ロルは、二人が密会する街外れのホテル（「森のホテル」）の部屋の窓を、その下に広がるライ麦畑の一角に腰を下ろして、眺める。その窓には、ジャックとタティアナの姿が入れかわり立ちかわり現れ、とりわけ「黒髪の下で、裸で」佇むタティアナの白い肉体が、夕闇を貫くように浮かび上がるだろう。他方で、ロルはビュグナー宅を出し抜けに訪問し、タティアナとの親交を復活させると、タティアナを介してジャックに近づき、ジャックは次第に烈しくロルに惹かれていく。といっても、ロルの狙いはジャックをタティアナから奪うことではなかった。反対に、ジャックがタティアナとの関係を絶たぬよう、ロルは繰りかえしジャックに懇願する。にもかかわらず、T海岸のカジノを再び訪れる危険な旅の道連れに、ロルがジャックを誘うと、ジャックにはもはやそれを拒む理由がなかった。その結果は、当地で夜を明かさねばならなくなった二人が泊まるホテルでの、ロルの一時的な錯乱である。ジャックがロルの着衣を脱がしはじめると、ロルは譫妄状態に陥り、ジャックと結ばれたのちには、完全に取り乱すにいたる。それが落ち着くと、「ロルとタティアナ・カールの違いがなくなる。ただし、ロルの瞳には〔タティアナに認められる〕疚しさの影がなく、ロルは自分で自分の名を呼ぶ――タティアナのほうは自らを名指したりしない――という点を除いて。もうひとつ異なるのは、ロルが自らに二つの名を与えることだ――タティアナ・カール、ロル・V・シュタイン、と」[7]。どうやら、錯乱したロルは自らをタティアナと呼んだり、ロルと名指したりした、いいかえれば、タティアナになったり、ロルに戻ったりしたらしい。しかし翌日、何ごともなかったかのように目を覚ましたロルは、森のホテルでタティアナと密会する予定になっているジャックを促し、揃ってS・ターラに帰還する。そして夜になり、ジャックが森のホテルに到着すると、ライ麦畑には、まどろむロルの姿があった……。

こうしてプロットを取りだしてみただけでも、じつに優美で、しかしとことんイカれた小説である『ロル・V・シュタインの愉悦』には、どこか痛切に、絶望的に、読者を惹き込む魅力がある。ラカンがまず注目するのは、「自分が苦しんでいることを口に出すことができない」ロルが反復する出来事である。いや、繰りかえされるのは出来事ではなく、ひとつの「結び目」である、とラカンは注意する。ロルがフィアンセを奪われる現場にいたタティアナと、その愛人で、小説の語り手でもあるジャック。このカップルを「第三者」の位置から見張りつづけるロルは、たしかに、「出来事」そのものを反復するわけではない。

では、ラカンのいう「結び目」とは何なのか。「この結び目の引き締めるものこそが、まさしく奪う／悦ばせる《ラヴィ》〔ravit〕のだが、しかしここでもまた、誰をそうするのだろうか」とラカンは付け加えることを忘れない。いうまでもなく、ここには *Le ravissement de Lol V. Stein* という題名が惹起する絶妙な「意味の揺れ」の問題がある。私がさしあたって「愉悦」と訳すフランス語名詞 ravissement は動詞 ravir に由来するが、この動詞は、もともと「(何かを力ずくで、あるいは知恵を働かせて) 奪う」こと、そこから派生して「(誰かの) 心を奪う、(誰かを) 悦ばせる」ことを意味する。そのため、ravissement には「奪うこと (略奪、強奪)」と同時に、「うっとりすること」「魅惑されること」、さらには、宗教的神秘体験にまで通じる「法悦」「忘我」といった意味が聴きとられることになるが、ここに「ロル・V・シュタインの (de Lol V. Stein)」という限定がかかると、それは誰かもしくは何かをロル「が」奪うことを指すのか、あるいは、誰かもしくは何かがロル「を」奪う、もしくはうっとりさせることを表すのかが判然としなくなる。デュラスはまさに、こうした「意味の揺れ」が一挙に生じることを承知のうえで、この秀逸な、しかしどこまでも翻訳家泣かせの、タイトルを本作につけたのである――しかも本文中では一度もこれらの語 (ravissement, ravir) を用いることなく！

いずれにせよ、ラカンのいう「奪う《ラ》／悦ばせる《ヴィ》結び目」の謎、ひいては小説のタイトルの謎を解く鍵は、精神分析的な意味での「現場面 (原光景、*Urszene*)」といってよい「第一の場面」、すなわち、ラカン曰く「ロルが恋人を剝ぎとられる〔dérobée〕」場面にある。ラカンは、動詞 ravir を、それに近しい意味をもつ動詞 dérober (通常は「掠めとる」「目を盗んで奪う」、しかしここでは、構文上おそらく動詞 dépouiller に重ねられ、「(衣服を) 剝ぎとる」の意) に置き換えた上で、この動詞の語源を構成する名詞 robe (ドレス) が潜在的に紡ぎうる意味の連関を辿ってゆく。そこに浮かび上がるのは、一見きわめて独創的だが、デュラスが記述するいくつかの細部、とりわけロルという人物の特徴にかかわるそれに照らし合わせると、すぐれて説得的であるというほかない読みだ。ラカンによれば、「ドレス」のテーマは、この第一の場面を境にロルが執着するようになる幻想、すなわち、あの夜明けにマイケルと女のそばに居つづけることができたとしたら、ロルが目撃することができたかもしれないが、しかしそれを語ることばがロルには決定的に欠如しているひとつの「彼岸」にかかわる幻想を、支えている。その幻想とは、「マイケルが女の黒いドレスを脱がせてゆき、その裸身を露わにする」というものだ。いや、これにはまだ続きがある。「この裸身はロル自身の身体にとって代わる」のである。実際、ジャック・ホールドはこう語っている――

もうひとりの女〔＝アンヌ＝マリー・ストレッテール〕の細長く、痩せた躰が、徐々にかたちを現しただろう。そして、それと厳密に並行しつつ、厳密に逆をいくひとつの前進によって、ロルはT海岸の男〔＝マイケル・リチャードソン〕のもとで、この女にとって代わられたのだろう。この女にとって代わられた――あと吐息ひとつのところまで。ロルはこの吐息をこらえる。女の躰がこの男に現れてくるにつれて、ロルの躰は消える、世界から、これが感応か、消えるのである。

「きみ。きみだけ。」

アンヌ＝マリー・ストレッテールのドレスの、このひどく緩慢な引き剝がし、ロルという人物自身のこの手触りもなめらかな無化を、ロルはけっして最後まで遂げることができなかった。[8]

なぜか。それは、二人が立ち去ってしまったからだ――ロルの躰が女の躰にとって代わられることで、そこに生まれ直すチャンスを得る微かな可能性とともに！　タティアナが――そう感じていたのは自分だけではない、とことわりつつ――語るように、コレージュの生徒だったころから、ロルには「そこにいるためには何かが欠けていた」。タティアナによれば、その「何か」とは「心」

であり、「それはおそらく到来しつつあったのだが、しかしロルはまだそれを知ってはいなかった」[9]という。だが、ラカンにとって、ロルに欠けているのはむしろ身体のイマージュ、より正確には、身体イマージュとしての自己イマージュ、「他者があなたの身にまとわせ、あなたを衣服のようにつつみ、あなたがそれを剝ぎとられるときには、あなたを置き去りにする自己イマージュ」にほかならない。これは、ロルが自らの身体を視覚的に捉えることができなかったという意味ではないし、いわんや、ロルに身体そのものが欠けていたという意味でもない。そうではなく、ロルには、たとえ自分の身体を鏡に認めたとしても、「これが私だ」という意識がもてない、あるいはそうした意識が希薄である、ということだ。いいかえれば、自らの身体イマージュを、ロルは「自己意識」に繫げることができない。「鏡像段階」をしかるべく（つまり、のちに心的トラブルの種にならぬようなしかたで）クリアするには、たんに鏡像を自己とみなすことができるだけでは十分でなく、そのイマージュが「私」であることを請け合ってくれる他者のパロールが欠かせない。幼いロルにはそのようなパロールが届かなかった、少なくとも、届くべきときに届かなかったのだろう。その点について、小説は残念ながら何も伝えてはくれない。だが、重要なのはそこではない。ロルに決定的に欠けていたこの自己イマージュを、舞踏会の夜、ロルは空想のなかで見出しつつあった。アンヌ＝マリー・ストレッテールの黒いドレスをマイケルがするすると脱がせてゆくとき、そこに露わになる裸身として、それは到来するはずだった。「ロルはこの女にとって代わられた」というジャックのことばが表そうとするのも、まさにそれなのだ。だが実際には、そのイマージュはロルに届かなかった。夜明けの黎明のなかを二人は立ち去り、ロルは彼らから永遠に隔てられてしまったから。そのあとには何が残っただろう――件のイマージュがその覆いとなるはずだった、ロルの身体の「空虚（vacuité）」のほかに？

とすれば、何がロルから「奪われ」たのかは明らかだ。婚約者マイケルではない。そうではなく、ロルに到来するはずだった自己イマージュ、そして、それによってロルが「ここにいる（être là）」ことができるようになる、その可能性が奪われたのである。お好みなら、彼女が「現存在（être-là）」としてある可能性、と言い換えてもよい。いずれにせよ、女がロルからマイケルを奪うという見かけ上のravissementとは異なり、マイケルと女がロルからその身体イマージュを奪うこと――それが第一の結び目のラカン的解なのである。そこから、第二の結び目の本性を捉えることはたやすい。ここでも、ロルがタティアナからジャック（の心）を奪ったように見えるのは、上辺だけのことにすぎない。実際、「森のホテル」の窓の向こうにロルが見つめていたのは、ジャックによって露わにされるタティアナの裸身だった。その裸身はいまや、第一の場面で奪われたロルの自己イマージュを代理しつつあり、その意味においてこのイマージュをロルに返還してくれるのである。とすれば、そこではravissementの方向のみならず意味までもが反転せずにおかない。ロルがジャックをタティアナから奪うのではなく、ジャックが露わにするタティアナの裸身がロルの心を奪う、つまりロルを魅惑するのである。陽が落ちたライ麦畑に佇むロルは、鏡像のうちにはじめて自己像を見出した乳児のごとく、窓の奥の光景に「愉悦」を覚えているにちがいない――まどろみのなかでのように、密やかに。だが、このことには、もちろん代償が伴う。それは、ロルの「自己意識」は彼女の外部で、すなわちタティアナにおいて、支えられるということだ。

だからこそ、ロルとジャックのT海岸への道行きは、不可避的に、ロルの急変にしか繋がらなかった。そもそも、自己意識を他者に預けているロルのような主体にとって、「理解されることは適切でない」とラカンは言う。「自らが孕む空虚に悪夢の「我思う」を被せていた」ロルに、「ジャック・ホールドの「我思う」があまりに近い気遣い《スワン》＝ケア〔soin〕でまとわりつく」ことは、だからすでに十分リスクを孕んだ選択だったはずだ。いわんや、その晩に二人がもつ身体的コンタクトがどのような意味で越えてはならぬ一線であったのかは、ロルの幻想の構造を思い出すなら、長々しく説明するまでもない。なぜなら、ジャックによって着衣を剝がされ、露わになる裸身は、本来ロルとは「別の女」のそれでなくてはならなかったからだ。ロルの衣服の下にある身体、「かくも遠くにあり、しかしそれ自身と解消できぬ夫婦のように結ばれて、孤独である」[10]とジャックが記述する身体は、そのじつ、イマージュを介してそれと結ばれていないロル本人にとっては、ひとつの「空虚」にすぎなかった。それをジャックがじかに露わにするとき、そこに生じるのはもはや、タティアナの裸身をロルがまなざすことを通じて、そのイマージュがロルの空虚に被せられるという、まだしも穏当なイマージュの移動などではなく、タティアナの身体が文字どおり無媒介的にロルのそれに乗り移る、いやそれを乗っとるという危機的事態だ。まなざす行為に支えられてきたロルの幻想は、ここに至って、一撃で崩壊する。そのあとに姿を現すのは、身体イマージュの混同により、もはや自分がタティアナなのかロルなのかも分からなくなったひとりの狂女にほかならない。ロルは発症したのである。

ロルの「病気」をいかに捉えるかについては、諸説がある。だが、ロルは紛れもない精神病である、というのがラカンの見立てだ。自らの鏡像段階理論に見事なまでに調和する論理で、精神病発症のひとつの想像的経路を再構成してみせた「臨床的に完璧な症例」[11]——ラカンの目にはデュラスの小説がそう映っていたはずだ。もっとも、まさにその観点から、T海岸のホテルでの発症の翌日、まるで何ごともなかったかのように「森のホテル」裏のライ麦畑でまどろむロルの姿を描いて終わる小説のラスト・シーンに、ラカンは率直な不満を隠さない。ジャックと過ごした一夜が引き金になったロルの発症は、ラカンにとって、もっと重篤なものでなくてはならなかった。しかし、デュラス自身がロルを狂女とみなしていることを、どうやら本人の口から——やはり真夜中のカフェで——聞いたらしいラカンには、このディテールは作品の価値や魅力をいささかも減じるものではなかった。だからこそラカンは、以上の二つに加えて、さらに第三の「結び目」に言及することをためらわない。それを構成する三項は、作家マルグリット・デュラスと小説『ロル・V・シュタインの愉悦』、そしてラカン自身であるという。それはどういう意味だろうか。この小説を通じてラカンがデュラスに心奪われる、ということだろうか。そうではない。より単純に、しかしいかにも彼らしく大胆不敵に、ラカンはこう言いたいのである——私がここで披瀝する読解によって、私はこの小説を、いや、それが携えている真実を、デュラスから奪うだろう、と。デュラスが「私抜きに知っている」ことを、ラカンはこうして精神分析のほうにインターセプトしようというわけだ。

だが、じつは、「デュラスは私が教えていることを私抜きに知っている」とラカンに言わしめた要素は、『ロル・V・シュタインの愉悦』に少なくとももうひとつある。それは、一九六二年からラカンが構築しはじめた「まなざし」理論（より正確には、まなざしとしての対象 a の理論）に——まるでそれをデュラスが知っていたかのように——ピタリと重なる一連の記述だ。

対象 a は本来、無意識の幻想に座をもち、そこにおいて「欲望の原因」（必ずしもそれ自体が欲望されるのではないが、しかし欲望を根拠づけ、方向づける対象）として機能する。ラカンが挙げるその四つの基本パラダイムは、乳房・糞便・まなざし・声であり、いずれも身体の孔において現前と不在を繰りかえし、そこから切り離されるときには主体が自分自身の一部を失ったように感じる、もしくは論理的にそう定義できる対象である。対象 a としての「まなざし」のモデルは、おそらく注察妄想（誰かに見られている、観察されているという内容をもつ妄想）において精神病患者を悩ませる他者のまなざしだろう。しかし、ラカンがとくに関心を向けるのは、それが現実の視覚体験のなかで「染み」として出会われる場合だ。それに不意打ちされるとき（たとえば、見慣れた窓外の風景に、ふだん見かけたことのない異物が紛れ込んでいるのに気づいたとき）、主体は不安を覚えずにいられない。『ロル・V・シュタインの愉悦』には、このまなざしの機能と、それを前にした主体の不安の起伏とが、まるでひとつのシナリオをなぞるかのように、濃やかに描かれている。

そうした関心から本作を読むとき、ラカンが――それゆえ、ラカンとともに私たちが――自らの視点を重ねるのは、ロルにではなく、ジャック・ホールドにである。ジャックとは何者だろうか。いうまでもなく、物語の語り手、物語の声だ。だが、ラカンはすぐに言い添える――「むしろ、彼は物語の不安である」と。そしてそのかぎりにおいて、ジャックは物語の「主体」なのである。「主体」を何よりも「不安」から定義するかのようなラカンのこの読みは、それ自体ひとつのラディカルな戦略であって、けっして自明ではない。だが、『ロル・V・シュタインの愉悦』にかんするかぎり、語り手であるジャックという人物の主体性がくっきりと際立つのが、彼が猛烈な不安に襲われ、パニックを起こす瞬間であることは明らかだ。そのシーンは小説のクライマックスとすらいえるかもしれない。タティアナとその夫ピーターとともにロル宅を訪れ、ロルが何らかの意図をもってジャックに接近したことをロル自身の口から知らされた翌日、あるいは数日後の出来事として、そのシーンは描かれる――

火曜日の、告げられた時刻に――それは日暮れ時だった――、私は「森のホテル」の部屋でタティアナ・カールを待っていた。部屋の窓辺に立ったとき、丘陵のふもととホテルの中間ほどの距離のところに、ひとつのねずみ色の形、ひとりの女が見えたような気がした。ライ麦の茎越しに浮かぶ、女の灰色がかったブロンドの髪は見紛う余地がない。どんなことがあっても驚かぬつもりでいたにもかかわらず、そのとき私は、とても激しい感情に襲われ、それがほんとうはどういう性質の感情であるのかすぐには分からなかった。疑いのようでもあり、おぞましさのようでもあり、恐怖のようでもあり、歓びのようでもあって、「危ない」と叫びたいような、救助に走りたいような、永久に拒絶したいような気持ちにさせられた。いや、永久に、ロル・V・シュタインのすみずみにまで、愛を抱きたいような気持ちに。私は悲鳴を押し殺し、神の加護を願い、走って部屋を出ては、すぐに引き返して、部屋のなかをぐるぐる歩き回った。愛するにも愛さないにもあまりに孤独で、身をもってこの出来事を知るには自分の存在が情けないほど不十分であることが苦しくて、苦痛で。

次いで、この激情はいくぶんやわらぎ、収まってきて、私はそれを抱えることができるようになった。この変化が生じた瞬間は、彼女のほうにもまた私が見えているはずだと、私が思い至った瞬間と一致した。

嘘だ。私は窓辺から動かなかった——涙が出るほどに、固く覚悟を決めて。[12]

ここにはすでに、不安の起伏の二つの局面が描かれている。すなわち、ジャックが突発的な不安発作に襲われ、矢も盾もたまらなくなる状態。続いて、それが「いくぶんやわら」いだ状態。だが、ラカンがそこに読みとろうとするロジックを辿っていくためには、このパニックを引き起こす原因、すなわち「対象」としてのロルの機能を押さえておかねばならない。その起点になるのは、先にみたロルの身体の「空虚」にほかならない。ラカンは、T海岸での舞踏会の夜、この空虚が「まなざしたちの中心（centre des regards）」であったことを強調する。事実、親と子ほどにも歳の離れた外国人の女にフィアンセを奪われ（つつあっ）たロルを、舞踏会の客たちは数奇の目で見つめていたはずだ。ただし、ここでいう「中心」を、ラカンは円形や球体のそれのようには捉えない。ラカンにとってそれは、「クロスキャップ」と通称されるトポロジー的平面（メビウスの帯の縁に沿って一枚の円盤を縫いつけることで生まれる平面で、メビウスの帯同様、裏表をもたない）の中心、すなわち、この平面の自己交差が形づくる直線の端点である。[13] このことは何を意味するだろうか。しいて三次元的に表示すればある種の「包み」をなすように見えるこのトポロジー体には、しかし「内」も「外」もない。それゆえ、あたかも外部から内部に向かうかのようにこの中心に集まってくる線は、いずれもこの中心をとおって内部から外部に自由に出てゆく。すなわち、他者がロルに注ぐ視線は、すべてロルから他者に向けて発する視線に反転する、ということだ。あなたがロルをまなざすとき、ロルもまたあなたをまなざす。それどころか、あなたがロルを見ていないときでも、ロルはあなたをまなざすだろう。それこそがまさに、「森のホテル」の部屋でジャック・ホールドの身に起きたことだ。

まず、ジャックが目の端に捉えたのは「ひとつのねずみ色をした形」だった。まさにラカンのいう「染み」だ——「視野はイマージュとまなざしに分割される。まなざしの第一のモデルは染みであり、眼の切れ目が〔空間的〕延長に差し出すレーダーはそこから発せられる」[14]。もちろん、それが地面にうずくまるロルの姿であるとジャックが気づくまでに、時間はかからない。だが、尋常ならざる不安をジャックに催させるのは、ロルの姿がそこにあるのは偶然ではない（つまりジャックに関係があるにちがいない）が、しかしロルがなぜそこにいるのか、いやそこで何をしているのかが分からない、という状況だ。ラカンは、「まなざす（見つめる）」の謂である動詞 regarder が「〜にかかわる、関係がある」という意味でも用いられることを指摘しつつ、こう述べる——「あなたの注意を求めるものごとについて、それはあなたをまなざす／あなたにかかわる《サ・ヴ・ルギャルド》、という言い方をする。だが、手に入れなくてはならないのは、むしろあなたにかかわる《ルギャルド》ものごとの注意である。というのも、あなたをまなざす《ルギャルド》ことなくしてあなたにかかわる《ルギャルド》ものが、どんな不安を引き起こすか、知れたものではないのだから」。ジャックが身をもって知ることになるのは、まさにこの不安、すなわち、「あなたをまなざす《ルギャルド》ことなくしてあなたにかかわる《ルギャルド》もの」を前にした不安にほかならない。それがジャックのうちに、いまにも悲鳴を上げ、部屋中を駆け回りたい衝動を喚び起こしたのである。

とすれば、この耐えがたい不安が、「ロルもこちらを見ている」とジャックが気づいたときに、僅かばかりとはいえ緩和されたことに不思議はない。この「いくぶん」かの安堵は、ほとんど間をおかずに、さらに三つめの局面をもたらすだろう——

　不意に、ブロンドの影はもはやそれまでと同じものではなくなった。彼女は体を動かし、次いでピタリと動きを止めた。彼女がそこにいるのを私が見出したことに、彼女のほうでも気づいたにちがいないと、私は思った。
　私たちは、それゆえ互いに見つめ合った——私はそう思った。だが、どれだけのあいだそうしていたのだろう[15]。

　こうして、ジャックは、ふだんどおりタティアナを部屋に迎え入れられる程度には、落ち着きを取り戻すのである。だが、まなざしとの関係からみたこの起伏（ジャックの不安の起伏）は、結局のところ何に由来するのだろうか。この起伏をもたらすもの、それは〈他者〉の欲望の謎にほかならない。話す主体の生を根本から規定するがゆえに、主体がその愛を無条件的に求めることを余儀なくされる〈他者〉。ジャックにとって、ロルは「まなざし＝対象」であると同時に、この〈他者〉でもある。〈他者〉を前にした主体が最も怖れるのは何だろうか。それは、〈他者〉の欲望が完全に謎に包まれてあること、いいかえれば、〈他者〉が何を望んでいるのか分からないこと、それを（自分だけが）知らされていないことだ。いや、より根源的に、〈他者〉が自らの欲望を明かさぬまま、ほかならぬこの私を歯牙にかけ、踏みにじることであると言わねばならない。そこから、ラカンがホロコーストを念頭に置きつつ、「昏い神の欲望の現前の証をわれわれがそこに見出そうと努める」がゆえに、「誰もそれに抵抗することができない」と一九六四年に語った「供犠の永遠の意味」[16]が生まれる。犠牲に供される対象に〈他者〉の破壊的な欲望がたしかに向けられており、これらの対象がその役を担いつづけてくれるかぎり、私たちは災いを免れることができるかもしれない、というわけだ。

ジャックの置かれた状況は、もちろん、これとはいささか異なる。だが、彼の不安の起伏を、〈他者〉（ロルは「昏い神」ではなく、いわば「昏い愛を秘めた女」だ）の欲望の関数としてトレースすることが可能であることにかわりはない。まず、眼下のライ麦畑に灰色の染みを見出したジャックの戦慄は、その染みが何を意味するのか、ロルという〈他者〉のもたらしうるいかなる破局の前兆であるのかが、まったく謎に包まれているがゆえの反応である。次いで、ロルにもこちらが見えているはずだとジャックが考えるのと同時に、不安の最初の緩和が生じるのは、ロルの欲望の内容はやはり不明であるとはいえ、それが自分に向けられていることだけはたしかだとジャックが悟ったから、いや、悟った上で、それを受け入れたからだ。まさしく、彼はここで、ラカンが述べるように「ロルへの供物（offrande à Lol）」として我が身を差し出す覚悟を決めるのである。とすれば、それに続く不安のいっそうの緩和は、そのジャックの覚悟をロルが承認したことに対応するとみて差し支えない。これは、ラカンの名高いテーゼ「人の欲望は〈他者〉の欲望である」の意味する関係が、ロルとジャックのあいだで実現した瞬間でもあるにちがいない。

だが、じつは、問題はここからだ。ある具体的な人物（あるいは集団）が――ジャックにたいするロルのように――〈他者〉の座を占めるとき、まなざしとしての対象aの機能は、この人物（もしくは集団）とは別の人やモノのうちに見出されなくてはならない。あるいは、そうされるのがふつうだ。それゆえラカンは、ジャックをはじめに戦慄させた染み（＝まなざし）の機能をロルからいったん切り離し、「まなざすのはロルではない」と注意するのを忘れない。ラカンによれば、まなざしの「純粋対象状態」はタティアナの身体、それも、「黒髪の下で、裸だった」とロルが語る身体に現れる。このとき、タティアナの美しさはたちまち「染みという堪えがたい機能」に移行し、恋愛の惚れ込み状態（の維持に不可欠なナルシシックなイマージュ）にはそぐわないこの機能に還元されたタティアナの肉体は、もはや以前と同じようにジャックの欲情を掻き立てなくなるだろう。だが、このことは必ずしも、染み＝まなざしの機能がロルから完全に奪われることを意味するわけではない。実際、物語の終盤、ロルにたいするジャックの愛が加速し、ラカンが「宮廷愛（騎士道愛、amour courtois）」にもなぞらえる「不可能な愛」にどんどん近づいてゆくにつれて、ロルはまなざしの機能を取り戻すようにみえる。いや、ただ取り戻すのではない。ラカンが別の場所で「二つの死のあいだ」と呼んだ地平の閾にまで進むことで、そうするのである。

一九五九〜六〇年のセミネール『精神分析の倫理』において、ラカンは、話す主体が言語（シニフィアンの領野）に住まうがゆえに、この主体にとって必然的に接近不能になる原初的「享楽」の領域（ハイデガーとフロイトに触発されて、ラカンはそれを〈物〉の領域と呼んだ）に注目した。そもそも構造的に不可能であるがゆえに、禁止を被る（禁止されることで、それを犯せば到達できるものと錯覚させる）この享楽は、シニフィアンの領域の中心部に空を穿つかたちでそこに留まり、逆説的にもその「彼岸」を構成している。話す主体には、もちろんその境界を踏み越えることはできない。それを踏み越えようとするいかなる試みも、快ではなく不快を、したがって苦痛を、増進せずにおかないだろう。にもかかわらず、この失われた享楽は私たちの欲望の根底をなす以上、私たちのあいだにはつねに、いっさいの快や安逸に逆らってでもこの不可能の領域をめざそうとする主体の生まれる余地がある。そうした主体のひとつのモデルを、ラカンはソポクレースのヒロイン、アンティゴネーに認めた。逆賊として斃れた兄を弔う意志を、叔父クレオンの禁止に逆らって貫いたアンティゴネーは、法に背いた罪を着せられ、地の果ての岩屋に生きながら閉じ込められる。この非人間的な場所、アンティゴネーが事実上の「生き埋め」に処される場所を、ラカンは、「先取りされたかたちで生きられる死、生の領域を浸食する死」と、いずれ訪れる肉体の死（実際にはアンティゴネーは自殺するのだが）とのあいだに存する時空間という意味で、「二つの死のあいだ」と呼んだ。ラカンにとって、それが「不可能な享楽の領域」のパラダイムの価値をもつことはいうまでもない。

しかし重要なのは、そこに足を踏み入れる対象が、私たちが見つめることのできるものの限界を画する、ということだ。蕭々と哀歌を唱えつつ、岩屋に引き立てられてゆくアンティゴネーの姿は、まさに「二つの死のあいだ」の地平、それゆえ不可能な享楽の地平の、閾に立つがゆえに、怖ろしい輝きを放ち、私たちの眼を眩ませると同時に、私たちに後退を強いずにはおかない。この輝きを、ラカンは「美」と呼ぶのをためらわなかった。享楽の地平への「バリア」としての「美」の機能――それが戯曲『アンティゴネー』に、ひいては古典悲劇に、かつて求められ、今日も認められる、最もラディカルな効果なのである。転じて、一九六五年の「オマージュ」において、いささか驚かされるのは、この「二つの死のあいだ」の地平の閾に、ラカンが「まなざし」としてのロルを位置づけることだ。どうやらここでは、ラカンは『アンティゴネー』の場合より一段複雑な構造のなかで、対象の座を考えているらしい。というのも、デュラスの小説では、この「閾」にロルを立たせるのは、アンティゴネーが挙行したような英雄的行為ではなく、ジャック・ホールドが彼女に抱く愛の不可能性だからだ。物語が示すように、ジャックはけっして対象ロルに到達することができない。ロルの存在に刻まれた瑕を前に、ジャックは絶望的なまでに無力であるだけでなく、成り行き任せとはいえ、多少なりとも強引に彼女と結んだ性的関係も、ロルともタティアナともつかない誰か、すなわちロルでもありタティアナでもある不気味な混合体を、出来させることにしか通じなかった。にもかかわらず、ジャックはロルを追い求めるのをやめない。自らの愛の不可能性を折々に痛感し、それに苛まれつつも、いや、おそらくはそれに苛まれつづけるからこそ、ジャックがますますのめり込んでゆくこの「不可能な愛」ほど、ロルという対象を「二つの死のあいだ」のほうへ、したがって「まなざしが美に反転する境界」へと、押しやるものがほかにあるだろうか。

実際、それこそが、ジャックの愛をラカンが「宮廷愛」になぞらえる理由であるにちがいない。『倫理』のセミネールにおいて、ラカンは、フロイト理論において整備されないまま放置された（そしてフロイトに続く分析家たちが、とりわけ芸術作品に向き合う際に、思いのままに利用してきた）「昇華(sublimation)」の概念を、「ひとつの対象を〈物〉の尊厳にまで高める」[17]ことと定義し直した上で、「宮廷愛」をその特権的なパラダイムに位置づけた。〈物〉(la Chose) とは、先に示唆したように、「話す主体が言語に住まうがゆえに、この主体にとって必然的に接近不能になる原初的享楽」の対象（この享楽とともに言語の外に消え去り、もはや経験の埒外に置かれるがゆえに、神話的と呼ぶほかない対象）であり、それに近づこうとすれば、述べたとおり、アンティゴネーのごとく「二つの死のあいだ」の地平にさまよい出ることになる。『倫理』のセミネールにおいてラカンが語る「宮廷愛」は、トルバドゥールやミンネゼンガーらによる中世ヨーロッパの詩的実践だった。そこでは、愛の対象である実在の女性を、しかしその固有の実在性を捨象して純粋なシニフィアンへと鋳直しつつ、さまざまな障碍（それは物語に登場する悪辣な人物の形を取ることもあれば、謎めいた記号で対象を仄めかすにとどめる独特の技巧に存することもある）を導入し、その対象にたいして永遠に距離をとり続ける（いいかえれば、対象を果てしなく迂回し続ける）という二重の手続きによって、当のシニフィアン的対象を「〈物〉の尊厳」にまで高める技法が花開いた。だが、ジャック・ホールドの場合は、明らかに事情が異なる。ロルという対象とのあいだに、宮廷愛のような文学的スクリーンを張りわたすことができないジャックにとって、[18]対象を「〈物〉の尊厳」に高めることは、ロルをひたすら「二つの死のあいだ」の地平に追いやることにしかならなかったのである。もちろん、それは必然的にひとつの悲劇にしか行き着かない。だが、その悲劇が何らかの美の効果を伴うとすれば、その美は、アンティゴネーのうちにラカンが見出すそれと同じく、私たちの眼をそこから背けさせるためにこそ光を放つだろう。

　加えて、ラカンがもうひとつ強調するのは、このジャックが「われら凡人たち（notre commun）」を代表していることだ。曰く——

　まさにこの〔「二つの死のあいだ」の〕場の周りを、マルグリット・デュラスよ、あなたの著作のうち私の知るかぎりのものについて、私にはそう思われたのだが、あなたがわれら凡人たちのひとりに位置づける登場人物たちは廻り、それによってわれわれに示してくれるのである、いにしえの晴れの舞台で紳士淑女がそうであったのと同じほどに高貴で、手懐けることの不可能な愛の茨に手足をとられながらも、あの染みのほうへ突撃してゆく点で同じほどに勇敢な人々はどこにでもいる、と。夜の空にしか見えぬその染みを形づくる存在は、すべての人の意のままになるよう差し出されるのである……夏の夜の十時半に。[19]

じつにラカンらしい、凝縮し（すぎ）た一文だ。一九六〇年に上梓されたデュラスの小説『夏の夜の十時半』が参照されているが、ここでは、同作中その時刻が印づける出来事（濡れそぼつ殺人者の影と、夫と愛人の抱擁とを、ヒロインがほぼ同時に目撃する）ではなく、むしろ、T海岸の舞踏会の夜、おそらく時計がこの時刻を告げるころには、すでにダンスホール中の好奇のまなざしの餌食になっていたであろうロルの姿を示唆しているようにみえる。しかしこの「まなざしたちの中心」は、先に述べたとおり、たちまち「まなざし」そのものに、だから「染み」の機能に、反転するのだった。その対象に向かって、ブレーキの利かない愛にはつきものの障碍に手足をとられながらも、ジャックはひるむことなく突進してゆく。その振る舞いはすばらしく高貴で勇敢であると、ラカンの目には映った。といっても、ジャックが特別なのではない。そのように主体を突き動かす熱情は、「われら凡人たち」の誰の心にも湧きたちうるし、誰もがそれを抗いがたく経験しうる。だからこそ、ラカンによれば、「二つの死のあいだ」の閾に立つロルの美の効果は、私たち読者に及びうる。つまり、ロルとの愛の現場に、私たちと同じ凡人であるジャックがおり、私たちをロルの物語に繋いでくれるからこそ、私たちはロルを美しいと思い（ただし、そこから目を逸らすために）、『ロル・V・シュタインの愉悦』という小説は一篇の悲劇になるのである。

とすれば、この熱情、ロルの物語のなかではジャック（のみ）を捉えるこの熱情を、私たちは何と呼べばよいだろうか。驚くなかれ、ラカンがそれに与える名は、「慈愛（charité）」である。これは、セミネール『精神分析の論理』において、ラカンがためらいがちに、つまり、その場合にはこの語に「野性味ある次元」を付け足すことになると留保をつけながら、ほかならぬアンティゴネーが表象するものを名指すために用いた語だ。しかしここでは、「けっして前途の明るくない慈愛」とことばを足しつつも——ひたすら絶望的にジャックがのめり込んでゆく不可能な愛には、もちろん「明日」は見えない——、それを語るラカンにいささかも迷いはない。そしてこの慈愛は、ラカンによれば、デュラスという作家の内に豊かに埋蔵されている「信（信念、信仰、foi）」に由来するという——

あなたが作中人物たちに吹き込む、けっして前途の明るくない慈愛は、あなたがありあまるほど手にしている信が生む事実ではないだろうか。あなたは、空虚な生と記述不能な対象の声なき婚礼を言祝ぐことができる人なのだから。[20]

この一節が「マルグリット・デュラスへのオマージュ」の結語である。「空虚な生」は、もちろん、身体イマージュ（に根差した自己意識）をもてぬ主体としてのロルを指し、「記述不能な対象」は「まなざし」としてのロル、「染み」の機能に還元された対象aとしてのロルを意味する。両者の「声なき婚礼」は、それゆえ、「かくも遠くにあり」、しかしそれ自身と解消できぬ夫婦のように結ばれて、孤独であるロル・V・シュタインの身体」というジャックのことばを想起させずにはおかない。それを「言祝ぐ」ことのできるデュラスは、いかなる「信（信念、信仰）」を「ありあまるほど」もつというのだろうか。どこかキリスト教神秘思想にも通ずるようにみえるこの「慈愛」、この「信」は、はたして愛の福音なのだろうか。あるいは、精神分析の希望の光なのだろうか。この問いは、ここでは、開いたままにしておかざるをえない。

さて、反復する二つ（のみならず三つ）の「結び目」の分析にはじまり、身体イマージュの欠如を軸にロルの発症のロジックを浮き彫りにする一方、「まなざし」＝対象aとしてのロルの機能をジャックとの関係において辿りつつ、作家デュラスの秘められた「信」へと到達するこのラカンのテクストには、私たちのテーマである「女の欲望」や「女の享楽」にじかにかかわる教えや考察がどれほど含まれているだろうか。

残念ながら、そのような箇所を見出すことは必ずしも容易ではない。ロルとアンヌ＝マリー・ストレッテール、ロルとタティアナのあいだでのその「代理」（とって代わられること）や「混同」が、デュラスによってこれほど濃やかに描かれ、ラカンによってこれほど正確に辿られる「身体」が、いずれも女性の身体であることは、どうみても偶然とは思えない。にもかかわらず、この点に確固たる理論的必然性を与えるような議論には、少なくとも「オマージュ」のテクストの内部では、一度も行き当たらない。女性の身体どうしのこうした近しさは、総論の終節で私が「母と娘という血を分け肉を分けた女同士の前エディプス的インティマシー」と呼んだものを下敷きにしなければ考えにくいだけに、ラカンがこうした問いに踏み込まないことには、いささか物足りなさを覚えずにはいられない（ただし、女の享楽にかかわる母娘の前エディプス的関係の重要性にラカンが言及するのは、一九七二年であり、六五年の「オマージュ」をそれと同じ理論的アーキテクチャのなかに単純に措くことはできない）。

実際、ラカンはむしろこれらの問いにあえて口を噤んだのかもしれない。『ロル・V・シュタインの愉悦』をラカンに紹介したとされるミシェル・モントルレが、一九六六年一月のラカンのセミネールでこの小説について口頭発表を行い、ロルの「女性性」に一瞥を投げたことからも明らかなように、モントルレが「女性性」の観点からロルの物語の読解を試みていることを、ラカンはまちがいなく知っていたはずだ。とすれば、自らが一目置いているこの女性分析家と同じ鉱脈を、ラカンがしいて掘り進めようとしなかったとしても、驚くにはあたらない。ロルの物語についてその後も弛みなく考察を進めたモントルレは、七七年、『陰翳と名——女性性について』と題される著作の第一章をこの小説に捧げ、ロルの身体の絶対的な「貧しさ」が、「誰かを愛する」のではなく、自らが「愛そのものになる」という形で実現される独特な——すなわちロルという主体の固有性とどこまでも切り離せない——女性的享楽のバネになることを鋭く指摘した。[21]この著作に目を通したにちがいないラカンが、いかなる反応をモントルレに示したのか知りたいところだが、いまのところそれを追究する手がかりは何ひとつない。いずれにせよ、「オマージュ」におけるラカンの沈黙は、モントルレの——それが結晶化するまでにかかった時間を考えれば、けっして饒舌とはいえないものの——まばゆい成果とじつに対照的だ。

だが、他方で、そのことのカウンターパートと捉えることもできるような、見逃せない事実もある。ラカンの「オマージュ」のテクストには、いささかも「ファルス」の影がないことだ。じつは、先に述べた一九六六年一月の口頭発表において、モントルレがすでに、デュラスの小説における「ファルス的シニフィアンの希薄さ」[22]（モントルレにとって、このことは、ロルのセクシュアリティがエディプス的構造化の手前に留まっていることを意味する）を指摘しているとおり、この「ファルス」の不在は、ラカンのデュラス評にではなく、そもそもロルの物語にこそふさわしいと言うべきなのかもしれない。とはいえ、ここでは残念ながら触れられないが、「オマージュ」においてラカンが「まなざし（としてのロル＝対象a）」を位置づける幾何学的トポスには、わずか四年前のセミネール『同一化』では「ファルス」が措かれていたことを思い出すまでもなく、対象aとファルスの機能的あるいはトポロジー的差異は、とりわけ六〇年代前半のラカン理論において、必ずしも自明ではなかった。そもそも、一九六二〜六三年のセミネール『不安』において、乳房・糞便・まなざし・声の四パラダイムを本格的に導入するときですら、そこにもうひとつ「ファルス」を加えて憚らなかったラカンだ。七〇年代のはじめに「享楽するファルス」を語ることもあった彼には、「オマージュ」においても、たとえば、固有のイマージュから切り離されて空虚として横たわるロルの身体を「生気なきファルス」、あるいは「享楽の可能性を根こそぎにされたファルス」のように捉える発想があったとしてもおかしくはない。私としては、いっそこう考えたいくらいだ——性的で、女性的である享楽を、ファルス抜きに考える可能性を、ラカンはまさにデュラスに教えられたのではないか、と。いや、いささか議論が飛躍したかもしれない。私が言いたいのは、「女性に固有の享楽」という、ラカンが七〇年代に開いてゆく新たな問いにチャレンジするには、ファルスについて語らないデュラスに倣って、ラカン自身もファルスについて語るのをいったん完全にやめる契機が必要だったのではないか、ということだ。これはまだひとつの仮説にすぎない。だが、「欲望」の構造を語ることを可能にする、ファルスとは別の経路（「欲望の原因」としての対象a）をラカンが発見するのが六二〜六三年。その後、それまでもっぱら「享楽」を法の侵犯に関係づけ、根源的に禁じられたものとして論じてきたラカンが、男女それぞれの性的享楽を語りはじめるのが六七年前半だ。そのちょうど中間地点ほどの時期に書かれ、ファルスがその不在によって際立つ「オマージュ」のテクストが、ラカンの「享楽」理論にある種の地殻変動が生じつつある時点を印づけていると考えるのは、けっして穿った見方とはいえない。

ラカンがデュラスに贈った賛辞を、デュラスのほうはまるで爆音で耳をやられた人のように呆然と（abasourdie）聞いていたという。しかしこれらの賛辞は、『ロル・V・シュタインの愉悦』に自らの教えと同じ内容を見出し、それを精神分析の地平に奪い取ろうとさえ目論むラカンからすれば、まだしも安すぎる返礼だったにちがいない。それどころか、もし私がいま述べた仮説に多少なりとも理があるとすれば、「デュラスは私が教えていることを私抜きに知っている」というラカン最上級の褒め言葉すら、じつは舌足らずだったということになりかねない。ラカンはまさにこう記すべきだったかもしれないのだ(おそらく、この一〇年後にジェイムズ・ジョイスについてそう考えたであろうように)――「マルグリット・デュラスは、私がまだ教えていないことまで知っている」と。

1　『他のエクリ』に収録される以前にも、このテクストは二度の再録を経ていた。まず、一九七五年にモーリス・ブランショやディオニス・マスコロらも参加して編まれた論集『マルグリット・デュラス』に。次いで、八五年に『オルニカール?(*Ornicar?*)』誌(ラカンが設立した精神分析組織「パリ・フロイト学派(EFP)」の機関誌で、EFP解散後には新組織「フロイトの大義/原因学派(ECF)」に引き継がれた)第三四号に。

2　Marguerite Duras, Entretien avec Catherine Francblin (1979), in : *Œuvres complètes II*, Bibliothèque de la Pléiade, Gallimard, 2011, p. 396.

3　Jacques Lacan, Hommage fait à Marguerite Duras, du ravissement de Lol V. Stein (1965), in : *Autres écrits*, Seuil, 2001, pp. 192-193.

4　公刊されたインタヴューなどでも、デュラスは同じ証言を繰りかえした――「私にはロル・V・シュタインが見えたことがない……ほんとうよ。どこか水に溺れ、水面のそこかしこに浮かんではまた沈んでいく人々のようだわ。〔…〕私はおそらく、ロルが誰であるか正確に分からないまま死ぬでしょう。ふつうは、本を書くとき、私には自分が何をしたか分かるし、私自身が多少なりともその本の読者にもなるものだけれど……。あの本ではそうならなかった。ロル・V・シュタインを書いたときには、何がなんだか分からなかったわ」。Marguerite Duras, Michelle Porte, *Les lieux de Marguerite Duras*, Minuits, 1977, p. 99.

5 この舞台設定のゆえに、ここでは物語の登場人物たちの名前を、フランス人であることが明示されているアンヌ＝マリー・ストレッテールの場合を除いて、思い切ってすべて英語風に表記してみる（その場合、ロルの苗字は「スタイン」とすべきだが、すでにフランスで「スタン」と「シュタイン」という二種類の発音が混在している事情に鑑みて、さらなる混乱を避けるという口実で「シュタイン」としておく）。

6 Marguerite Duras, *Le ravissement de Lol V. Stein* (1964), in *Œuvres complètes*, II, Bibliothèque de la Pléiade, Gallimard, 2011, p. 292.

7 *Ibid.*, p. 387.

8 *Ibid.*, p. 309.

9 *Ibid.*, p. 288.

10 *Ibid.*, p. 377.

11 Cité par Duras, in : « Marguerite Duras du mot à l'image », *Chambre noire*, émission télévisée de Michel Tournier et Albert Plécy, 2 mars, 1968.

12 Marguerite Duras, *Le ravissement…*, *op. cit.*, pp. 348-349.

13 一九六一〜六二年のセミネール『同一化』において、ラカンがこの「中心」（クロスキャップの交差線の端点）に位置づけるのは、対象*a*ではなく、ファルス、しかも要求と欲望の「媒介」をなすものとしてのファルスである。この点は、六〇年代前半のラカン理論の変動を跡づけるキーのひとつといってよいが、ここでは脇に置いておかざるをえない。

14 Jacques Lacan, Hommage fait à Marguerite Duras…, *art. cit.*, p. 194.

15 Marguerite Duras, *Le ravissement…*, *op. cit.*, p. 349.

16 Jacques Lacan, *Le Séminaire, Livre XI, Les quatre concepts fondamentaux de la psychanalyse* (1964), Seuil, 1973, p. 247.

17 Jacques Lacan, *Le Séminaire, Livre VII, L'éthique de la psychanalyse* (1959-60), Seuil, 1985, p. 133.

18 ジャック自身にとっては、ロルを「理解する」ことがこのスクリーンの代わりであったのかもしれない。だが、ラカンが指摘するとおり、おそらく精神病の構造をもつ主体であるロルにとって、「理解されることは適切でない」のである。

19 Jacques Lacan, Hommage fait à Marguerite Duras..., *art. cit.*, p. 197.

20 *Ibid.*

21 Michèle Montrelay, Sur « Le ravissement de Lol V. Stein », in : *L'ombre et le nom. Sur la féminité*, Les éditions de Minuit, 1977.

22 Intervention de Michèle Montrelay dans le *Séminaire* de Jacques Lacan, *L'objet de la psychanalyse* (1965-66), texte établi par Patrick Valas, http://staferla.free. fr, p. 276.

5 アビラのテレサ——女の享楽とはなにか？

「この薔薇色の光のなかで息のできる者は、悦ぶがいい。」

愛好するシラー（『潜水夫』、一七九七）の詩句を皮肉たっぷりに引用し、フロイトは宗教的神秘体験への関心を精神分析の地平から一掃することをためらわなかった。

それにたいして、ラカンは折に触れてキリスト教神秘主義の伝統を想起し、精神分析家が真面目に受けとるべき「経験」としてそれにアプローチする試みを続けた。それがたしかな実を結ぶのは、一九七二年から七三年にかけてのセミネール『アンコール』においてだ。そこでは、性関係の不在（「性関係はない」）を補塡する享楽という観点から、神秘体験が捉え直される。

ラカンによれば、性関係の不在を補塡する享楽は二つある。ひとつは、補塡であると同時に、そもそも性関係（他者の身体、より正確には〈他なる〉性の身体で享楽すること）の障壁になるという点で、性関係（の不在）とのあいだにいわば循環的な関係をもち、性的享楽の世界の覇権を握る享楽、すなわち「ファルス享楽」。もうひとつは、ファルス享楽の根拠を否定し、ファルス的なものが享楽の「すべて」となることを阻むことで、ファルス享楽の「彼岸」と性格づけられる享楽、すなわち「女の享楽」としての「上乗せ享楽」。キリスト教神秘体験は、この後者の特権的なパラダイムとして位置づけられる。いや、それどころか、そのようなパラダイムとして『アンコール』中にラカンが名指すほとんど唯一の「経験」となる。

享楽における「女」としての神秘論者たち。その代表格として、ラカンがアビラのテレサの名を——十字架の聖フアン、アントウェルペンのハデウェイヒのそれと並べて——挙げるのは、カトリック神秘主義の伝統のなかでこの聖女が占める際立った地位に鑑みれば、いわば自然な成り行きだ。しかも、若き日から度々ローマを訪れているラカンの脳裏には、ジャン・ロレンツォ・ベルニーニの手で不滅化《インモータライズ》されたテレサ像、すなわち勝利の聖マリア教会の「聖テレサのエクスタシ」の記憶が刻み込まれていた。それゆえ、まるで周知のことがらを引き合いに出すかのように、ラカンはこう口走ったのだった——

ローマの某教会に、ベルニーニによる彫像を見に行きさえすれば、諸君は聖テレサが享楽しているることをたちまち理解するだろう。疑う余地はない！　だが、彼女は何で享楽しているのだろうか。神秘論の証言の本質が、まさに、彼らはそれをまざまざと感じているが、それについて何も知らない、と告げることにあるのは明らかだ。[1]

バロック彫刻の傑作のひとつである聖女テレサのなまめかしい姿態。そこに浮かび上がる享楽は、しかし、いかなる意味において「女」に固有のそれであると言えるのだろうか。テレサの証言には、ほんとうに「それをまざまざと感じているが、それについて何も知らない」という告白以上の内容を認めることはできないのだろうか。

カトリック神秘主義の頂点のひとつをなすと同時に、カルメル修道会の過激な改革者としても知られる聖テレサの生涯は、まさに波瀾万丈であり、とりわけ晩年には壮絶の凄みがある。[2]

テレサ・サンチェス・デ・セペダ・ダビラ・イ・アウマダは、一五一五年、マドリードにほど近いカスティーリャの小都アビラの富家に生まれた(生地はアビラ近郊のゴタレンドゥラだった)。父方祖父ファン・サンチェス・デ・トレドは、レコンキスタ時代にキリスト教に改宗したセファルディムだった。父アロンソ・サンチェスは、初婚の妻を早くに亡くしたのち、二九歳のとき、一五歳の少女ベアトリス・デ・アウマダと再婚し、このベアトリスとのあいだに一〇人(八男二女)の子をもうける。テレサは第三子で長女だった。

聖女テレサの生地として、今日「聖者の都」の誉れ高いアビラは、テレサが誕生した当時すでにスペイン有数の敬虔な都市として知られ、「諸王の地にして聖者の地、騎士たちのアビラ」と呼ばれていた。新大陸から流れ込む金で帝国が潤い、好景気の浮かれた雰囲気が各地に漂いはじめた折にも、アビラの風紀はかえって峻厳さを強めたといわれるほどだ。そうした重々しい空気を生まれながらに呼吸し、とりわけそのなかで紡がれる宗教的言説に物心ついたときから身を浸してきたテレサは、七歳のある日、聖書が教える天上の「大いなる悦び」を味わうにはどうするのが手っ取り早いかと考え、すぐ上の兄ロドリーゴと連れだって殉教の旅に出ることを思いつく。道々施しを求めながら、ムーア人たちの国にまで行けば、「私たちの首を切り落としてもらえるだろう」と考えたのだ。テレサの両親がそれに待ったをかけたことはいうまでもない。しかしテレサは、「手段さえ見つかれば、自分の計画をやり遂げるだけの勇気を、主はどんな幼子にも与えて下さる」[3]ことを、おぼろげながらも悟ったのだった。

とはいえ、七歳の少女がそのまますんなりと大人になるわけではない。思春期のテレサをいくつかの波が襲った。まず、テレサ一二歳のとき、母ベアトリスが三三歳の若さで亡くなった。篤実な信仰(とりわけ聖母マリアへの帰依)とともに、騎士道物の小説の愉しみもテレサに吹き込んだ母だった。キリスト教的「アガペー」によって放逐された「エロース」を希求する闇の情熱が、一方では、来世での神との合一をめざすカタリスム（キリスト教の異端「カタリ派」）を媒介に、「宮廷愛（騎士道愛）」と名指される詩的伝統を生み、他方では、北方ケルトの伝承と結びついてトリスタン神話に結晶化したのち、これらの詩的・文学的系譜がさらにペトラルカ、セルバンテス、シェイクスピアらを通してロマン主義（その絶頂はワーグナーである）へ受け継がれてゆく途上で、同じ系譜がキリスト教神秘主義にも流れ込み、その経験の叙述に用いられた……とするドニ・ド・ルージュモン（『恋愛と西洋』）の壮大な見取り図を真に受けるなら、ベアトリスの書棚からテレサが貪り読んだ騎士道小説は、ひょっとするとテレサの偉大な著作群のマトリクスになったといえるかもしれない。少なくとも、自分でも『アビラの騎士』なる小説を書いてみようと試みたテレサに、文章の書き方を教えたのは、おそらくこれらの騎士道小説だっただろう。

ベアトリスからテレサに伝わったものは他にもある。病弱な体質と、結婚への、あるいは母になることへの怖れだ。一五歳で見知らぬ男に嫁ぎ、ほとんど休みなく一〇人もの子供を産んで、三三歳で天に召されねばならなかった母の記憶が、「妻」と「母」という二つの社会的機能のみに還元された女の生の憐れをテレサの胸に刻みつけたことは想像に難くない。その意味でも、かろうじて母の読書の趣味を共有できたことは、テレサにとって幸運だった。妻であることと母であることの余白に、テレサはベアトリスの女としての憧れや熱情を垣間見ることができたはずだ。

実際、母が嫁いだ年頃のテレサの身に起きたのはひとつのロマンスだった。セペダ家に出入りするある親戚の女性にかねてから感化されていたテレサは、次第に世間的な誘惑に身を委ねるようになり、やがて同年代のひとりの少年と忍び会う仲になった。清らかな、しかし父ドン・アロンソの目を盗んでの交際だった。もちろん、秘密は長く続かない。数か月後、后妃イサベル来訪の余韻残るアビラで、それは発覚し、ドン・アロンソは最愛の娘にけじめをつけさせる決心をする。一五三一年、テレサは寄宿生としてアビラのアウグスティノ会恵みの聖母修道院に送られたのだった。

といっても、それはまだ出家ではなかった。それからなお四年のあいだ、テレサは、まだ味わい尽くしていない現世の愉しみと、神に仕え真理に近づく道のあいだで揺れ動く日々を送る。その迷いを振り切るかのように、城外に立つカルメル会托身修道院にテレサが身を落ち着けるのは、ようやく一五三五年秋のことだった。父の反対を押し切っての、テレサ二十歳の決断だった。

だが、修道女テレサの門出は順風満帆とはいかなかった。生活のリズムと食べ物の変化で健康を害したうえ、さらに改悛の業の行き過ぎがたたったのか、激しい不調に襲われ（心臓の耐えがたい痛み、他の様々な痛み）、早くも一年後、治療のため修道院を離れることを余儀なくされる。だが、それがテレサに決定的な出会いをもたらした。叔父ペドロが一冊の本を彼女に贈ったのである。一五二七年にトレドで出版され、定評のあった、フランシスコ会修道士オスナの祈禱書『スペイン語アルファベット』（祈りのキーワードがアルファベット順に並べられている）の第三部だった。それまでの修道生活で「いかに祈禱を行ったらよいか、いかに気持ちを集中したらよいかをまだ知らなかった」[4]テレサにとって、諸感覚を遮断して自分自身のうちに引きこもり、心の目で神を凝視することを教えるこの一書は、自らの宗教的実践に確実な基盤を与えてくれるひとつの救いだった。そしてこの祈禱書に導かれて祈りを行うさなかに、テレサは初めての神秘体験を味わうことになる。「主はこの道にある私をたいへん気にかけて下さるようになり、ありがたいことに、平安の祈りを許して下さるほどでした。それどころか、ときには、私は合一の祈りにすら辿り着くことがありましたが、そのときにはまだそれらが何であるのかを理解することはできなかったし、その値打ちを推し測ることもできませんでした」[5]と、テレサは記している。ここで「平安の祈り」や「合一の祈り」

と呼ばれているのは、ようするに、祈りをつうじて「(心の)平安」や「(神との)合一」を経験したということだ――それが何であるかを知ることなしに！

しかし、父の意向によりベセダスで受けた不適切な治療の結果、テレサの心臓の痛みはかえって悪化し、一五三九年八月、テレサは四日間、昏睡状態に陥る。テレサが死んだと誰もが思い、その目蓋に蠟が塗られたほどだった。そこから、何とか日常生活が送れるほどにまでテレサが回復するのは三年後。回復とはいっても、快癒からはほど遠い状態で、その後も終生、心臓の痛みのために、日に一、二度吐き気を催したほか、左腕の痛みや頭痛、腹痛、喉の痛みに悩まされ続けた。さらに、四二年に修道院に戻ると、翌年には父ドン・アロンソが永眠し、テレサは哀しみに沈んだ。これらの苦難に加えて、テレサのなかには、いまだにかつての心の揺れ、修道生活と俗世間のあわいで煮えきらぬ思いが潜んでいた。来客が引きも切らず、談話室が地元名士との社交の場と化して、どこか緊張感を欠いたこの修道院独特の雰囲気も、その迷いを長引かせていた。ひとことでいえば、テレサがすべてを擲ってでも手に入れたいと願うような完全な信仰生活となるには、何かが欠けていたのである。

その何かが訪れたのは、いつとは正確に分からぬ――しかし一五五四年の年末から翌年初めにかけての時期と推測される――「ある日」、祈禱室に入ろうとしたテレサが、祭事用に修道院に持ち込まれた一体の彫像に目を留めたときだ。「体中を傷で覆われたキリスト」をかたどった像だった。テレサ曰く、「その傷の数々を見て、私はキリストへの感謝をこれほど欠いていたことをひどく後悔し、心が砕けるかと思うほどでした。堰を切ったような涙を流しながら、私はキリストに駆け寄り、もはや二度とあなた様に背かなくなる力をいまこそお与え下さいと懇願したのでした」[6]。このとき、テレサの回心――完全な霊的変容としての回心――が遂げられた。いいかえれば、テレサはテレサになった。そしてここから、神秘論者としてのテレサの怒濤の後半生がはじまる。神の意志に自らの意志を寄り添わせることを唯一絶対の目標に置くようになったテレサの身に、これ以後、次々に神秘体験が起き、その強度が増してゆく。当初の経験はこうだ。祈り、とりわけ、ゲッセマネの園でひとり苦しみのうちにあるキリストを心に思い描きながらの祈りの最中や、ときには読書の最中にすら——

神がそこにおられるという感じにいきなり捕らわれることがありました。そういうときには、神が私のうちにおられること、あるいは、私が神のふところ奥深くに沈んでしまったことをいささかも疑うことができませんでした。[7]

これはテレサのいう「合一」のひとつの顕れだ。テレサがキリスト像に願い求めた「力」が、こうして与えられたことはいうまでもない。だが、テレサには気懸かりもあった。いや、テレサだけではなく、この時代にテレサと似た経験をしたすべての信仰者の胸に、同じ気懸かりが過ぎったはずだ。一六世紀のヨーロッパは、宗教改革と魔女狩りの時代だった。いいかえれば、異端審問の時代だ。カトリック教会の権威が国家の威信に直結したハプスブルク時代のスペインでは、異端審問が猛威を振るった。近代的なピラミッド型組織を自在に機能させ、中央の強大な権力をイベリア半島のみならず植民地の隅々にまで行きわたらせることに貢献する異端審問は、まさに国家の統治機構の中軸として最大限に利用され活用されたからだ（隣国フランスがユグノー戦争で荒廃するのと対照的に、スペインが宗教的内戦を免れたのは、ひとえにこの異端審問のおかげだとする根強い擁護説もある）。そうした状況のもとで、生々しい神秘体験を告白すること——告解がいっさいの信仰者の務めである以上、いかなる神秘論者もそうせざるをえなかった――にどのような危険が伴ったかは想像してみるまでもない。告白を聴いた司祭によって、その体験が教義からの逸脱、あるいは悪魔の仕掛けた幻惑とみなされてしまえば、たちまち異端もしくは魔女の烙印を押され、追放や火あぶりに処されるリアルなおそれがあったのだ。実際、悪魔の誘惑に乗ってしまった女たちの噂は、テレサの耳にも届いていた。そしてテレサ自身も、彼女の体験の真正さに疑いをもつ司祭たちによって、幾度か同様の嫌疑をかけられることになる。しかしそのつど、テレサを強力に支持する指導者が現れて、彼女の信仰と名誉が損なわれることはなかった。

だが、私たちにとって重要なのは、テレサの神秘体験の発展をさらに辿ることだ。一五五六年のペンテコステ（五旬節）のころ、彼女の経験に最初に理解を示した司祭のひとりファン・デ・プラダノスの勧めで、「来たり給え創造主よ」の祈りを唱えているとき、テレサに初めての法悦（*arrobamiento*）[8]が訪れる――

ある日、長い時間祈禱を続け、万事につけて主の望みに適うよう私を助けて下さいと主に願いながら、私は〔「来たり給え創造主よ」の〕祈りをはじめました。そしてそれを唱えている最中に、私は法悦に捕らわれ、それがあまりに唐突だったため、ほとんど自分自身の外に引っ張り出され、疑いをさしはさむ間もありませんでした。というのも、そのことは明白だったからです。主が私に法悦のお恵みを与えて下さるのは、初めてのことでした。「そなたにはもう人とではなく、天使と語らってほしいものだ」とおっしゃるのが聞こえました。私は恐れおののかずにいられませんでした。というのも、私の魂は大きな飛翔にさらわれ、これらの御ことばは精神の最も内なる部分に響いたのですから。そのせいで私は虞《おそれ》を抱くとともに、大きく励まされたように感じ、その感覚は、この未曾有のお恵みによって引き起こされた恐怖が晴れるや、私のうちに留まりました。

〔…〕

この日から、私は神のためにいっさいを捨てる勇気を手に入れました。神はこの一瞬――私にはそれ以上の長さだったとは思えません――のうちに、ご自分の婢女《はしため》〔である私〕を変容させて下さったのです。また、神はそうすることをそれ以上私にお命じになる必要もありませんでした。[9]

その前後で自分が別人になったかのように感じられる、一瞬の脱自《エクスタシ》(テレサにとって、法悦は最高度の脱自である)。これについては、テレサ自身の言葉をもう少し補っておいたほうがよいかもしれない。まず、法悦は合一と異なる。曰く、「合一は法悦に大いに勝ります。合一はより大きな効果や多くの他の働きを生むのです。というのも、合一は端緒であり、半ばであり、終端でもあり、内部においてそうだからです。しかし、これら他の終端〔=法悦や、その他の名で呼ばれる脱自〕はより高度で、内面と外面にわたるその諸効果もやはり高度なのです」[10]。ここでは、テレサの文章に通常の明晰さがやや欠けていて、結局のところ合一と法悦のどちらがより「ありがたい」現象であるのかが判然としない。だが、魂を七つの居室から成る城になぞらえた晩年の著作『内なる城』(一五七七)では、「完徳の高み」をめざして魂が辿ってゆく第一の居室(魂が自らの穢れを認識する段階)から第七の居室(魂が神との霊的結婚を生きる段階)への道のりのうち、「合一」と「法悦」の経験はそれぞれ第五、第六の居室に位置づけられるから、格上なのは法悦のほうだと考えてよい。ただし、法悦は合一を排除するのではなく、合一を内に含む、いや、こういってよければ、合一のいっそう過激な形態として現れる。曰く、法悦においては、「神は魂全体を我がものになさり、また、神ご自身に属するものであると同時に、これからは神の妻であるものとして、魂に、まさに魂が神の妻であるがゆえに、魂が勝ち取った王国の諸区画をひとつひとつお見せ下さるのです」[11]。私たちはおそらくこう言ってよい――法悦は合一に上乗せされた享楽である、と。

加えて、法悦についてテレサが強調するのは、魂の歓びに反比例して小さくなる身体の関与である――

これらの法悦においては、見たところ、魂はもはや身体を動かさなくなるので、身体がその自然な熱を失ってゆくのがきわめてはっきりと感じられます。この上なく甘美で、この上ない歓びに満たされているにもかかわらず、身体は少しずつ冷えてゆくのです。

ここでは、いかにしても抵抗することができません。一方、合一においてなら、私たちはまだ地上にいるのですから、それは可能です。つまり、たいへんな苦労と努力をもってしてであるとはいえ、ほとんどいつでも抵抗することができるのです。しかし法悦の場合は、たいてい、それがまったく不可能になります。それどころか、しばしば、気持ちの準備が整わず、いかなる助けもないところで、猛烈な飛翔に襲われます。それはあまりに急に訪れ、あまりに激しいので、まるで一塊の雲が、いや、人を翼に乗せて飛び去る力強い鷲が、急上昇してくるように見え、また感じられるのです[12]。

法悦は、ようするに、どちらかといえば、いや、ほとんどまるごと、身体ではなく魂の経験、精神の経験なのだ。精神がめくるめく悦楽に一挙にさらわれてゆく一方、身体は生気を失い、死んだように動かなくなる。いや――この状態を「カタレプシー」と見る精神医学的言説があるとおり――動かせなくなる。このことは、法悦への「抵抗しがたさ」とワンセットだった。身体を動かしてそれから逃れるという道は、法悦においては封じられているのである。ただし、身体は法悦にまったく巻き込まれないわけではない。テレサによれば、身体は魂の欲望に従おうとし、その身体が法悦に与ることを神が望むことがありうるからだ。そうした場合には、それまで数々の痛みに襲われて不自由だった身体が、法悦後に治癒し、自由に動ける（動かせる）ようになることもあるという。

さて、デ・プラダノス神父がアビラを去ると、後任の司祭はテレサの神秘体験をもてあました。この司祭を含む五、六人の聖職者・識者が集まり、テレサの法悦について検討した結果、テレサに下されたのは、それは悪魔の仕業である、という判定だった。テレサは、聖体拝領の間隔を空けるように、また独りでいることを避けるようにと命じられた。こうして迷いのなかに突き落とされたテレサは、しかし、祈りを続けるうち、ある日、彼女を励ます神の声（「怖れるな、娘よ、私だ。私はそなたを見捨てはしない。何も思い煩うな」[13]）を内心に聴き、たちまち自信を取り戻す。そして一五五九年、四四歳のとき、はじめてキリストを「見る」経験に恵まれる――

聖ペトロのお祭りをお祝いしていたある日、祈りの最中に私は自分のすぐそばに主を見たのです。いや、主を感じた、と言ったほうがよいかもしれません。というのも、私は身体の目で何かを見たのでも、魂の目でそうしたのでもなく、キリストが私の傍らにいるという感じを抱き、私に語りかけているのはキリストであるということが分かるように思ったのです。このような見神《ヴィジョン》が存在しうることをまるで知らなかったので、私は最初ひどく怖くなり、ただ泣きました。しかし、私を安心させるためにキリストが僅かひとこと声をかけてくださるが早いか、私は日ごろの自分に戻りました。[14]

この日を境に、テレサにはキリストの顔や手、そして全身の幻視が続くようになる。そこへ、テレサの神秘体験として最も名高い――ベルニーニの彫刻のモティーフにもなる――いわゆる「突き刺し（*transverberación*）」の恩寵が下ったのは、その一年後、一五六〇年四月のことだ（この「恩寵」はその後も幾度か経験されたらしい）――

私のそば、私の左側に、肉体をもったひとりの天使が見えました。〔…〕この天使は大柄ではなく、むしろ小柄で、たいへん美しく、メラメラと燃えるそのお顔は、この方が最も高い位の天使のひとりであることを示しているように思われました。〔…〕天使の手には黄金の長い矢が見え、鉄でできたその先端には、うっすらと炎が点っていたと思います。ときおり、天使はそれを私の心臓に何度も突き刺し、それが臓腑にまで達していたように、私には思えました。天使がそれを引き抜くとき、臓腑もいっしょに奪い取られ、私の身は神への大きな愛で燃え上がるかのようでした。苦痛があまりにはっきりしていたため、私は思わず呻きを上げてしまいましたが、この苦痛が私にもたらす甘美さはまったくこの上ないものなので、それが止むことを望むような人はいないでしょうし、魂は神以外のものに満たされることなどできなくなります。それは身体的な苦痛ではなく、霊的な苦痛ですが、とはいえ身体も少しは、それどころか大いに、かかわらずにはおきません。魂と神のこの交わりはあまりに甘美なので、私が嘘をついていると思うような人には誰にでも、それを味わわせてやってくださいと、心から神に願うほどです。[15]

まさに戦慄を催させずにおかない体験だ。しかしテレサにとって、これもまたひとつの——高度な——法悦なのだった。

この年の夏には、フランシスコ修道会の最も厳格な一派「跣足派」を創設したことで尊敬を集め、神秘論者としても知られる、ペドロ・デ・アルカンタラ神父との邂逅もあった。ペドロはただちにテレサの擁護に回り、テレサの法悦を悪魔の仕業とみなす人々を一喝して黙らせてしまう。その直後にテレサが見たおぞましい地獄のヴィジョンと、そのなかで経験された魂の断末魔は、テレサのさらなるターニングポイントになった。この幻視により、いっそう厳しい修道生活への欲望を吹き込まれたテレサは、やはり同じ年に初めて構想された新たな修道院、初期カルメル会の厳格な戒律への回帰を唱うアビラのサン・ホセ修道院を——次々に降りかかる政治的・財政的難題（もっぱら献金だけで運営される托鉢修道院の新設は、新たな金銭的負担に直結するため、地元には歓迎されない）との格闘の末——一五六二年八月に開設したのを機に、スペイン女子カルメル会の立て直しを牽引する改革者へと変貌してゆく。少数の付き人だけを伴い、しばしば過密になるスケジュールをものともせぬ驚くべきタフネスを発揮しつつ、スペイン全土を縦横に駆け巡ったテレサが、一五八二年に世を去るまでに設立した修道院は、じつに一五を数える。今日、スペインを代表する神秘論者としてテレサと並び称される十字架の聖フアンとの友情と協力が生まれ、育まれたのも、この時代だ。テレサに触発された若き修道者フアンは、やがて男子カルメル会の改革を成し遂げることになる……。

だが、修道院改革者としてのテレサの活躍に立ち入ることは、私たちの手に余る。それは成書に譲ることにして、ここでは次のことだけを指摘しておこう。「突き刺し」の法悦は、けっしてテレサの神秘体験の頂点ではなかった。そもそも「頂点」という語が必ずしも適切であるかどうか心許ないかぎりだが、仮にこの語を用いることが許されるとすれば、テレサの神秘体験のそれは、一五七二年一一月に起きたとされる神との「霊的結婚」であると言わねばならない。その日、十字架の聖フアンから聖体を受けたテレサの「魂の目」に顕れたキリストは、テレサにこう告げる――「怖れるな、娘よ、もはや誰もそなたを私から引き離すことはできぬ。この〔右手の〕釘を見よ。これは今日からそなたが私の妻となる印である。これまで、そなたはこれに値しなかった。だがこれからは、私がそなたの創造主、王、神であるからではなく、そなたが私のほんとうの妻であればこそ、私の名誉を負うがよい。私の名誉はそなたのもの、そなたの名誉は私のものである」。そしてテレサは、神のこの言葉どおり、最期まで神の妻であり続けた。いや、神の妻としてこの世から旅立った。一五八二年一〇月三日、死の床にあったテレサは「私の主、私の夫よ。私たちが相まみえる時が参りました」と叫んだと伝えられる。六七歳の生涯だった。

こうしてテレサの歩みを辿ってきたのは、もちろん、宗教的経験としての神秘体験の意義を復権させるためでも、いわんや、宗教そのものの価値や権威を復活させるためでもない。ラカンによって「女の享楽」のパラダイムと位置づけられたテレサの神秘体験を通じて、いまだ謎めいたところのあるこの概念に私たちなりの輪郭を与え、肉付けを施すためだ。

といっても、じつは、テレサの個別の証言や具体的な記述をラカンが取り上げた箇所は、私の知るかぎりひとつもない。それゆえ、私たちにチャレンジできるのは、「上乗せ享楽」についてラカンが行った発言を、テレサの証言に突き合わせ、両者が嚙み合うか否か、嚙み合うとすればいかなる点においてそうなるのかを、検証してみること以外にない。

まず、古今の多くの人々をモヤモヤした気分にさせてきた常套的な問いから出発しよう。一九世紀末以来、近代医学、とりわけ「シャルコーやその他の人々を取り巻いていたあらゆる種類の立派な御仁たち」は、キリスト教神秘体験を「下《しも》の問題（affaires de foutre）」、つまり性行為にかかわる問題に連れ戻すのを常としてきた。だが、ラカンはこれをキッパリと斥ける。曰く、「つぶさに見てみれば、まったくそれではない、それではない、それではない[16]」。三度も繰りかえして否定を畳みかける、この意気込みが可笑しい。

だが、この断固たる否定は、おそらく、精神分析の世界のラカンの先人たち、とりわけマリー・ボナパルトにも向けられていたはずだ。ジョルジュ・バタイユが『エロティスム』で槍玉に挙げたように（バタイユがじかに参照しているのは、宗教誌『カルメル会研究』に報告された国際会議「神秘論と禁欲生活」において、ボナパルトに依拠しつつ神秘体験を論じた精神分析家ジョルジュ・パルシュミネの発表だ）、マリー・ボナパルトは、ひとりの友人の告白を引き合いに、テレサの「突き刺し」の享楽を性交のそれと同一視した。一五歳で強い神秘体験に見舞われたことのあるその友人は、後年、異性との性交を経験したとき、かつて「神の降臨」と捉えられた感覚が、「性交による激しいオルガスム[17]」であったことに思い至った、というのである。「神秘論者の生を性的に解釈することほど、私の思考から遠いものはない[18]」と断言するバタイユが、マリー・ボナパルトのこうした主張を一蹴したことはいうまでもない。ラカンもこの点ではバタイユと同じ意見だろう。

とはいえ、神秘体験の本質に「死への欲望」、より正確には「可能と不可能の境界領域において、ますます大きくなるいっぽうの強度をもって生きることへの欲望[19]」を見つつ、神秘的脱自を「侵犯（transgressions）」に結びつけようとするバタイユの戦略は、ラカンがおそらく『エロティスム』の影響下にあった『精神分析の倫理』（一九五九〜六〇）の時代ならいざ知らず、それから一〇年以上隔たった『アンコール』の時期には、もはやラカンのオプションにはならなかった。ここでラカンを捉えているのは、生の強度を高める不可能への「逸脱」ではなく、享楽についてファルス（的なもの）を「すべて」としないことに存する、あるいはそれにもとづく、「上乗せ（supplément）」という発想だ。『アンコール』の初回の授業で、ラカンは早々とこう告げている――

女なるものは、ファルス享楽にたいする「全ならず」のポジションと私が指摘した構えによって定義される。[20]

「女なるもの」というラカンの表記が「全ならず」の論理に由来することは、総論にも詳しく述べたとおりだ。だが、ラカンが続けて放った次の発言にいっそう注目しなくてはならない――

いま一歩進んで、こう言おう。ファルス享楽は、男が女の身体で享楽することに達するのを妨げる障壁である。なぜなら、男が享楽するのはこの享楽、すなわち器官の享楽によってだからだ。

ここで「器官」と呼ばれているのは、もちろんファルス、いや――「ファルス」そのものは解剖学的器官ではなく、ひとつの象徴的な機能を指すのだから――、ファルスと混同される器官である「ペニス」のことであると、さしあたって考えてよい。だが、直前の文が断定しているように、女性はファルス享楽に縁がないのではなく、それを「すべて」としないだけなのだとすれば、そのことは、ペニスをもたない女性にもファルス享楽が――享楽の「すべて」を独占しないにせよ――存在することを意味せずにはおかない。とすれば、ここにいう「器官」をペニスに限定する必要もなければ、相手の身体で享楽することを妨げられる不幸を男性に固有の障壁とみなす必要もないことになる。たとえ女性性器であっても、それどころか、性行為にて使用されるいかなる身体器官であっても、およそ「器官」なるもので得られる享楽、とりわけ、そこで享楽が得られてしまうがゆえに、異なる性の身体での、いや、この点では同性同士の性行為も同じはずだから、およそ他なる身体での享楽を妨げる享楽、それこそが「ファルス享楽」であるとラカンは言いたいのだ。多くの主体は、解剖学的に男であろうと女であろうと、それに甘んじるだろう。すなわち、性行為を共にしている相手の身体に真に乗り入れることなく、その手前で、つまり自らの器官で享楽することでよしとするだろう。それにたいして、このような満足（享楽）を「すべて」としない主体、というのはつまり、その先、その「彼岸」をめざす主体、ラカンの考えでは、「女なるもの」の名に値するのはまさにそれらの主体なのである。そして、そのような「彼岸」に見出される（かもしれぬ）享楽、そこにおいて「さらなる（en plus）もの」として経験される（と想定される）享楽を、ラカンは「上乗せ享楽」と呼ぶ。曰く――

「全ならず」であることによって、女性は「女なるもの」として次のことをたしかなものにする。すなわち、ファルス関数が享楽として指し示すものとの関係において、女たちは上乗せ享楽を手に入れる、ということだ。[21]

ファルス関数とは、つきつめて言えば、男および女とは何であるか、男および女はいかに振る舞うべきかを定める一般的な言説（もしくはシナリオ）の総体にほかならない。「器官の享楽」、とりわけ、男女それぞれの性器における享楽は、この「関数」が真っ先に名指す享楽でなくて何だろうか。

享楽を「器官」に定位すること。それがファルス関数の主要な任務のひとつであることは疑いを容れない。だからこそ、逆に、「器官」に定位されない享楽、したがってファルス機能が捉えそこなう享楽は、把握するのがむずかしい。「まざまざと感じられても、それについて何も知りえない」とラカンが繰りかえす、女の享楽(=上乗せ享楽)の捉えがたい性格は、そのことと切り離せない。

さて、こうしたラカンの発言に即してテレサの法悦を見直すとき、鍵になるのはおそらく「感覚的なもの」と「知的なもの」のあいだにテレサが設ける区別だ。自らに訪れるヴィジョンが他人には見えないもの、それゆえ肉体の目では知覚できないものであることを、テレサはもちろん知っている。その上で、彼女が最初に「見た」キリストは、「身体の目」のみならず「魂の目」でも捉えられなかったのにたいし、その後彼女が「見る」ようになるキリストの顔や手のイマージュには「魂の目」に映るものもあった。テレサは前者を「知的直観」、後者を「感覚的直観」と呼ぶようになる。[22]「感覚的直観」とは、実際の知覚とは異なるものの、まだしも「器官」がかかわっているように感じられる直観。これにたいして、「知的直観」とは、もはや「器官」に結びついているように思えず、それゆえ、テレサの幻視の場合でいえば、テレサ本人も当惑して語るように、「見る」という語が比喩としてすらふさわしくないと感じられる直観である。格上なのは、もちろん「知的直観」のほうだ。いや、テレサにとっての「格上」は、ラカンのタームでは「上乗せ」になる。つまり、テレサにおいては、知的なものは感覚的なものにたいする「上乗せ」として到来する。それが最もよく伝わるエピソードは、これら二種類の直観が共に現前する「突き刺し」の法悦をおいてほかにない。そこでは、テレサは出来事の一部始終、すなわち、先端に炎の点った長い矢を美形の天使が彼女の心臓に何度も突き刺し、引き抜くさまを、魂の目でありありと見ていた。そして、それによって彼女の身体に催される苦痛、彼女が思わず呻き声を上げずにはいられなかった苦痛も、彼女自身が記したように「身体的」に、いいかえれば「感覚的」に、つまりあたかも実際の心臓やその他の臓器が串刺しにされ、引き抜かれるかのように、体験していた。だが、この身体的苦痛は、やはり彼女自身の記述によれば「霊的」な、だから――身体的・感覚的なものとの対立において――「知的」なものと呼んでもいい苦痛によって、二重化されている。目もくらむような激痛のなかで、テレサがしかし「神への大きな愛で燃え上がるかのよう」に感じ、さらにその激痛がもたらす「甘美さ」に陶然としたとすれば、それはまさにこの「霊的苦痛」の水準においてのみ可能であったにちがいない。とすれば、これらの苦痛と法悦、霊的・知的なものとテレサが呼ぶほかないこれらの享楽は、身体的・感覚的なものにたいして「さらなるもの」として到来した、と言えないだろうか。つまり、それらはまさにラカンのいう「上乗せ享楽」だった、と。

先に示唆したように、テレサの「法悦」はそもそも「合一」にたいする「上乗せ」の価値をもつようにみえる。もっとも、神との「合一」は必ずしもファルス的なものではないかもしれない（つまり、合一への上乗せはファルス享楽への上乗せとはいえないかもしれない）。だが、テレサの享楽には、それが本来的に「全ならず」の構造をもつと考えてはじめて腑に落ちる「とめどなさ」がある。「全ならず（＝全体でない）」というのは、「これで全部（C'est tout）」といえるリミットが存在しないこと、だから、つねに「上乗せ」の余地があること、果てしなく、際限なく「上乗せ」が到来し続ける可能性があることを意味する。テレサの身に起きたのは、まさにそれではなかっただろうか。神の現前の感覚（合一の感覚）の次には最初の法悦、法悦の次には神の幻視、神の幻視（これ自体に様々なヴァージョンがある）の次には「突き刺し」の法悦……と続く神秘体験の連鎖には、文字どおり終わりがない。霊的結婚はいわば教義上の（つまりテレサが構築し、書物に著すことになる神秘論的教義の上での）完結でしかなく、テレサが霊的と名づける経験はそこで終了するどころか、むしろ

――これまでよりはるかに安定した形で、つまり、めくるめくような法悦にもはや振り回されることなく――継続され、恒常化される。そう考えると、テレサにとっては死すらも、いまひとつ上乗せされた享楽だったのかもしれない。「全ならず」の論理は、おそらく肉体の死によっても遮られることがない。いや、遮られてはならないのだろう。そこから、私がテレサについて打ち出したいテーゼはこうなる――女は不死である、と。

だが、「女の享楽」についてのラカンの教えは、けっして「全ならず」の論理に尽きるわけではない。もうひとつ、さらに謎めいた、しかし名高い命題が存在するのを忘れてはならない。ラカンの発言とテレサの証言を照合する私たちの作業の出発点になった、あの「それではない」三連呼に続く一節で、ラカンはこう問いかけている――

〈他者〉とはどういうものであるのかを、私たちに垣間見せてくれるにちがいないのは、おそらくそれ、すなわち、まざまざと感じられても、それについて何も知ることがないあの享楽である。しかしそれこそが、われわれを外存〔ex-sistence〕の道に就かせるのではないだろうか。〈他者〉のひとつの顔、神としての顔を〔…〕神のひとつの顔を、女の享楽によって支えられるものと解釈してはいけないだろうか？[23]

「実在（実存）」を意味するフランス語 existence を、あえてその語源的成り立ち（「～から生まれること」／「外に立つこと」）を際立たせるように ex-sistence と綴り、またそう発音するのは、この時期のラカンの習慣であり、「実在すること」を「（内と思われるものから、あるいは己れ自身から）外れて在ること」、あるいは「ズレて立つこと」と解することを私たちに促す。しかもここでは、どうやら、ラカンはわざと「エクスタシ（脱自、恍惚、extase）」という語が期待されてもおかしくない文の流れを組み立てつつ（つまり、「それこそがわれわれを恍惚の道に就かせるのではないか」とラカンが述べたとしても、誰も驚かなかっただろう）、あえてそれを裏切り、「エクス……」が同じ音になるこの語を発話することで、聴衆をくすぐろうとしているようにもみえる。いずれにせよ、この一節の冒頭に、女の享楽が「〈他者〉とはどういうものであるのかを、垣間見せてくれるにちがいない」と言われているとおり、この「外存」は紛れもなく〈他者〉のそれを指す。そして、この「〈他者〉の外存」を垣間見させるものは、「まざまざと感じられても、それについて何も知りえない」享楽でなくてはならない。あたかも、「〈他者〉の外存」はけっして「知」（の領野にあるもの）によって論証されたり、推測されたりするのではなく、もっぱら感じられるだけで、いかにしても「知」を構成しないものから、じかに導き出されなくてはならない、とでもいうかのように。じじつ、そうなのだ。「外存の道」は、知を通らない。では、何を通るのか。ラカンの答えは、それは信――あえて「信仰」とは言わずにおくが――を通る、というものだ。いま引用した一節に先だって、ラカンは、自らの著書『エクリ』もテレサや他の神秘論者たちの証言と並ぶ「神秘のほとばしり」の一例であると豪語しつつ、こう述べている――

そう考えれば、おのずと、諸君はみな私が神を信じていると納得してくれるだろう。すなわち、私は、さらなるものであるかぎりでの女なるものの享楽を信じているのである。[24]

私とあなたが言葉を用いて疎通を図るとき、二人が共通して依拠する「第三者」としての言語の場（シニフィアンの自律的な法が支配する場）を、ラカンとともに〈他者〉と呼ぶとき、それが「神」の別名にもなりうることはあえて説明するまでもない。「さらなる（en plus）」とは、先にもあったように、もちろん「上乗せ」のことだ。とすれば、この一節はようするにこうパラフレーズしてよい――上乗せ享楽としての女の享楽を信じることは、〈他者〉を信じること、いや〈他者〉の外存を信じることである、と。それこそがまさに、ラカンのいう「外存の道」にほかならない。

だが問題は、ここで「外存」を問われている〈他者〉には、じつはひとつの欠如が刻まれている、ということだ。この「欠如をもつ〈他者〉」を、ラカンは「Ⱥ」と記す。そしてこの「欠如」は、ただちに「〈他者〉の実在／外存」を危うくせずにおかない。言語の場、すなわち「シニフィアンの宝庫」である〈他者〉は、主体のパロールの真実の保証者として機能するが、シニフィアンの集合としての己れ自身の真実を保証することは――論理的に――できない。なぜなら、その真実を保証する何かが存在するとすれば、それはシニフィアン（によって構成されるもの）でしかありえないが、そうなると、それらのシニフィアンは〈他者〉に含まれ、かつ含まれないことになる。これはいわゆる「ラッセルのパラドクス」と同じ矛盾であり、私たちの言語の論理にはこのパラドクスを解くことができない[25]。それゆえ、〈他者〉の真実を保証するシニフィアンは存在しない、いいかえれば、そのようなシニフィアンは〈他者〉に決定的に欠けているのである。この欠如を、ラカンは「〈他者〉のなかの欠如」と呼ぶ。これは〈他者〉の実在にかかわる欠如である。というのも、シニフィアンの集合としての己れの真実を保証できないことは、一貫性をもつひとつの場として存在することができないことを意味するからだ。それゆえ、「〈他者〉は実在しない」。これは一九六〇年のラカンのテーゼである。ただし、ラカンによれば、この欠如を印づけるシニフィアンは存在する。〈他者〉の欠如を印づけることは、事実上、〈他者〉のリミットを画することであるゆえ、このシニフィアンは〈他者〉の場を縁取る線として存在するといえる。ラカンはそれを「$S(\not{A})$」と記す。己れの真実を保証するものを欠き、ともすれば輪郭の揺らぐ〈他者〉に、辛うじて縁取りを与え、いわば〈他者〉が非存在に転落するのを防ぐのが、この「$S(\not{A})$」にほかならない。

『アンコール』において、女の享楽への「信仰」を語るとき、ラカンはもちろんこの議論全体を踏まえている。その上で、「神のひとつの顔」が「女の享楽によって支えられ」るのではないか、とラカンは問うのである。『アンコール』の白眉のひとつである「性別化の表」（「総論」参照）にラカンが添えた図のなかで、これは「$\not{L}a \rightarrow S(\not{A})$」と記される。すなわち、女の享楽は「〈他者〉のなかの欠如」を印づけるシニフィアンに向かう、あるいはそれをめざす、ということだ。〈他者〉の場を縁取り、〈他者〉を非存在への転落から救うシニフィアンに向かう、と言い換えてもよい。だからこそ、女の享楽を信じることは〈他者〉の「実存／外存」を信じることに等しい、とラカンは断定するのだろう。だが、なぜそうなのか。女の享楽は、いかなる意味において、「〈他者〉のなかの欠如」のシニフィアンに向かうといえるのだろうか。これまでの議論は、この問いにいささかも答えてはくれない。そもそも、『アンコール』におけるラカン自身のいかなる発言も、この問いの解決にじかにつながるヒントを与えてくれるとはいいがたい。とすれば、答えは私たち自身の手で見出すしかない。ようするに、解釈が必要なのだ。

　問われていることの重大さに鑑みれば、その「解釈」にはいくら慎重を期しても慎重すぎることはない。だが、ここでは思いきりシンプルな道を採ってみよう。ラカンにおいて、「〈他者〉のなかの欠如」の概念に結実したのは、「〈他者〉は自らの真実を保証することができない」という事実――これは言語の事実、すなわち構造の事実にほかならない――だった。それにたいして、ラカンは女の享楽をどう性格づけていただろうか。彼は繰りかえしこう述べたのだった――「女たちはそれをまざまざと感じているが、それについて何も知らない」と。だが、この定式はいささか正確さを欠くようにみえる。テレサは、少なくとも、それが神から来ることを知っていたからだ。テレサの証言に幾度となく疑いの目が向けられた事実からも察せられるように、テレサにとっての、だから女の享楽について証言する主体にとっての困難は、むしろ「まざまざと感じられる享楽について自分が語ることの真実を保証するものが何もない」ことではないだろうか。そう捉え直すとき、ここには明らかにひとつのアナロジーが成り立つ。〈他者〉とテレサのいずれもが、自らの真実を保証するものの欠如に独り向き合い、どこまでも孤独なのである。

だが、いっそう重要なのは、いま述べたように、テレサの困難は「享楽する女」の困難ではなく、「自らの享楽について語る女」の困難である、ということだ。つまりそれは、徹頭徹尾、言語の問題であり、そのかぎりにおいて、女の享楽の困難は結局のところ〈他者〉の困難、すなわち「〈他者〉のなかの欠如」に行き着くといえる。もっとも、そのように考えるのであれば、私たちが経験するいっさいのことがらは、おのずと言語を離れて経験されることが不可能である以上、最終的にはいつも同じ欠如に、すなわち「〈他者〉のなかの欠如」に、逢着すると考えなくてはならない。だが、それらの経験は多くの場合、テレサの証言のようにただちに、そして無防備に、剝き出しの「Ⱥ」に衝突することはない。テレサの神秘体験、すなわち女の享楽の経験は、その意味では、他の経験の困難を極度に凝縮した形で引き受け、映し出す鏡でもある。だからこそ、それを「信じる」ことにも格別の意味が生まれる。テレサを娶りに来た神は、「私の名誉はそなたの名誉であり、そなたの名誉は私の名誉である」と告げた。だが、一致するのは「名誉」ではなく、じつは「欠如」という名の傷ではないのだろうか。自らの真実を保証するものが何もない、という傷だ。〈他者〉の傷に晒されつつ、それに寄り添う女たち。その女たちに、彼女たちが語る享楽への信仰で報いることは、それゆえ、この〈他者〉に「外存」という名の実在を返してやることに等しい。のちのラカンなら、この「信仰」もひとつの「症状」に数えるだろう。しかし、ファルスの彼岸に決然と進み出る女たちとともに歩むことを望むなら、私たちはこの信仰＝症状の道を辿るしかない。それはまた「不死」への信仰でもあるはずだ。

先ほどのテーゼにいまいちど立ち戻ろう。女は不死である、と私は述べた。より正確には、女なるものは不死である、と書かなくてはならない。いずれにせよ、これは女たちについてラカンが教える「全ならず」の論理、及びそれにもとづく享楽の上乗せの「とめどなさ」から導き出される帰結だった。もちろん、いかなる享楽も、事実上、肉体の死とともに止む運命にある。だが、女性本来のモード（「上乗せ」のモード）で享楽する心得のある主体なら、死を知らずに逝くこと——つまり死を享楽の「停止」として経験せずに逝くこと——もありえないとはいえない。なぜなら、権利上、すなわちその論理において、ひとつの上乗せ享楽にはつねにその次の享楽が、果てしなく、とめどなく、上乗せされうるのだから。一八世紀の末、カントは、魂の不死を論証するために、道徳的実践の果てしない本性に訴えねばならなかった。[26] つまり、「汝の意志の格律が、つねに同時に普遍的律法の原理として妥当するように行為せよ」という定言命法が実現されるには、時間の無限の延長、すなわち死を越えての延長が不可欠である、という理屈だ。なぜなら、万人が例外なく（つまり「普遍的」に）善と判断するものを、いやそれのみを、つねに意志することは、事実上不可能だからだ。しかしテレサは、そのカントに二百年以上も先だって、ただ己れ自身の享楽の流儀のみから、それゆえいかなる思弁を弄するまでもなく（テレサにはいかなる「普遍」も「不可能」もまるきり無用なのだ）、同じ「不死」をすでに証明していたのだといえる。享楽について「上乗せ」の論理に依拠する主体は、享楽することを死によって妨げられることはないし、妨げられてはならない、いや、妨げられるはずがない、と。

そうなのだ。女の享楽を実践する主体、その「上乗せ」のロジックを実践し尽くす主体は、不死でなくてはならない！　ラカンに媒介されて、私たちの耳にいよいよ届く聖女の官能の声は、紛れもなくそう告げている——ご覧なさい、女たちは不死なのですよ、と。

1　Jacques Lacan, *Séminaire 20 : Encore*, texte établi par Patrick Valas, inédit, http://staferla.free.fr, p. 61. 本章におけるセミネール『アンコール』からの引用はすべて、市販版より明らかに信用のおけるこのパトリック・ヴァラス校訂版に拠る。

2　テレサの生涯の伝記的事実については、テレサ自身の『生涯の書』に加えて、次の二つの文献に拠る——Emmanuel Renault, *Ste Thérèse d'Avila et l'expérience mystique*, Seuil (Coll. Maîtres spirituels), 1970. Jean Canavaggio, Introduction, in : *Thérèse d'Avila / Jean de la Croix, Œuvres*, Gallimard (Bibliothèque de la Pléiade), 2012.

3　Thérèse d'Avila, *Livre de la vie* (1562-65), in : *Œuvres, op. cit.*, p. 8. なお、テレサの著作からの引用はすべてこのPléiade版から行う。原著はもちろんスペイン語だが、私がスペイン語に明るくないため、甘んじて仏語訳を用いることをお許し願いたい。

4　*Ibid.*, p. 20.

5　*Ibid.*

6　*Ibid.*, pp. 52-53.

7　*Ibid.*, p. 57.

8　このスペイン語に対応するフランス語は、前章で注目されたravissementである。ロル・V・シュタインの物語は、それゆえ、キリスト教神秘主義のコンテクストから切り離すことができない。

9 *Ibid.*, p. 157.

10 *Ibid.*, p. 121.

11 Thérèse d'Avila, *Le Château intérieur* (1577), in : *Œuvres*, *op. cit.*, p. 619.

12 Thérèse d'Avila, *Livre de la vie*, *op. cit.*, p. 121.

13 *Ibid.*, p. 166.

14 *Ibid.*, p. 173.

15 *Ibid.*, p. 195.

16 Jacques Lacan, *Encore*, *op. cit.*, p. 62.

17 Marie Bonaparte, De l'essentielle ambivalence d'Éros, *Revue française de psychanalyse*, t. XII, numéro 2, 1948, p. 193.

18 Georges Bataille, *L'Érotisme*, Minuit, 1957, p. 248.

19 *Ibid.*, p. 265.

20 Jacques Lacan, *Encore*, *op. cit.*, p. 6.

21 *Ibid.*, p. 60.

22 ただし、「直観」という語が登場するのは『内なる城』(*Le Château intérieur*)においてであり、『生涯の書』(*Livre de la vie*)にはこの語がまだ見られないだけでなく、『内なる城』の「感覚的」の代わりに「想像的」というタームがほぼ同じ意味で用いられている。

23 Jacques Lacan, *Encore*, *op. cit.*, p. 62.

24 *Ibid.*

25 英国の哲学者バートランド・ラッセルが二〇世紀初頭に見出した〈矛盾〉は、それ以後の論理学の発展を決定的に方向づけた。「自らをその成員としない集合の全てから成る集合」は自らをその成員として含むか否か。どちらの仮定から出発しても、その逆が帰結してしまう。この〈矛盾〉あるいはパラドクスが意味するのは、「定義可能な集合が場合によってはひとつの全体を構成しない」ことにほかならない。ラッセル自身は、諸々の集合を階層化することで、このパラドクスを回避することを試みた。すなわち、ひとつのクラスはそれを含むクラスとは異なる「論理階型」に属する、という制約を設ける戦略だ。だが、もちろん、この戦略をラカンは採用しない。すべてのシニフィアンを含む集合である〈他者〉は、シニフィアンについて想定されうる最大の集合である以上、「〈他者〉の真実を保証するシニフィアン」をそれ以外のシニフィアンと別の階層に位置づけたところで、次にはこの二つの階層を含む〈他者〉の真実を保証するシニフィアンがさらに必要になることは避けられないからだ。ラカンにとって、そのようなシニフィアンはむしろ端的に存在しないのである。

26　イマヌエル・カント『実践理性批判』(一七八八)、波多野精一ほか訳、岩波文庫、一九七九年。

6　カトリーヌ・ミーヨ——「女たちの神」のほうへ

なんという澄明さだろう！

ラカンという巨大な謎、日本のみならず、フランスにおいてすら「理解不能」と喧伝され、時にいかなる接近をも峻拒するかにみえるこの秘境のような知性を、かくも揺るぎない確信とともに「捉えた」と断言することは、紛れもなく、カトリーヌ・ミーヨにしかできなかったことだ。曰く——

　ある時期、ラカンの存在を内側から捉えたという感覚を抱いていた。ラカンが世界とのあいだにもつ関係をつかんだという意識のようなもの、ラカンと諸々の存在や事物との、また彼自身との繋がりがそこに発する内奥の場に乗り入れる不思議な通路のようなものを、手に入れたという感覚だ。まるで私が彼の内部にするりと滑り込んだかのようだった。

　ラカンを内側から捉えるというこの感覚は、含まれて《コンプリーズ》いるという印象、彼が理解するもの《コンプレアンシオン》のなかにまるごと内包されているという意味で理解されて《コンプリーズ》いるという印象と、対をなしており、その理解の広がりは私を越えていた。ラカンの精神——その広さ、その深さ——、ラカンの心的宇宙は、ひとつの球体がそれより小さい別の球体を包むように、私の心的宇宙を包摂していた。〔…〕私はラカンに見透かされていると感じ、ラカンは私についてひとつの絶対知を握っているのだと確信していた。何も隠さず、どんな秘密も守らなくてよいと思えることで、私はラカンといると完全に自由でいられたが、しかしそれだけではなかった。私の存在の本質的な一部がラカンに手渡され、彼がその部分を預かってくれるので、私はそのぶん身軽になった気がしていた。ラカンのそばで暮らした数年のあいだ、私はこのような軽やかさのなかにいた。

これは、二〇一六年のアンドレ・ジッド文学賞に輝いた著作『ラカンと生きる』(*La vie avec Lacan*)の書き出しだ。この本の出版は、同年、フランスの精神分析界にさざ波を立てずにはおかなかった。カトリーヌ・ミーヨがラカンのアナリザント(分析を受ける主体)であると同時に愛人でもあったという事実の、本人による公式のカミング・アウトと受けとられたからだ。

そこで語られているのは、一九七二年から八一年までのラカンとミーヨの関係である。ミーヨは一九四四年生まれ。ラカンの末娘ジューディットより三年遅く、その夫ジャック＝アラン・ミレールと同じ年の誕生日だから、ラカンとは文字どおり親子ほど歳の離れたカップルだったことになる。

二人が出会ったとき、ミーヨは三〇歳になる手前、ラカンはじつに七〇歳を越えた「高齢者」だった。

もっとも、カトリーヌ・ミーヨがラカンの愛人だったことは、『ラカンと生きる』の出版を俟つまでもなく、長年にわたっていわば「公然の秘密」だった。エリザベート・ルディネスコの『ジャック・ラカン伝』(一九九三)に見えるいくつかの記述、とりわけ、病床にあった晩年のハイデガーを見舞いに、「カトリーヌ・ミーヨを伴って」[1]、フライブルクを訪れたラカンが、黙して語らぬハイデガーを前に蕩々と「ボロメオ結び」[2]の理論を説いて聞かせたという記述、あるいは、一九七三年五月、娘カロリーヌが交通事故で死亡したという報せを受けて、「父親が駐ティラナ大使を務めていたカトリーヌ・ミーヨとともに、そのときアルバニアにいた」[3]ラカンが、ただちにパリに引き返したという記述を読めば、ラカンとミーヨがただならぬ関係にあったことに思い至らぬ読者はいなかっただろう。これらのエピソードについてルディネスコの情報源になったのはミーヨその人であり、『ラカンと生きる』においても同じエピソードが本人のことばで語り直されている。

カロリーヌの死には追って触れるとして、ハイデガー訪問の逸話には、ルディネスコが記さなかった（あるいは、そもそもミーヨから聞かされていなかった）ディテールがある。ハイデガーの住まいは、住宅街に立つ比較的新しい一軒家だった。ラカンとミーヨがその玄関に入るやいなや、ハイデガー夫人はスリッパを履くようにと二人に命じた。まるで外界の汚れを持ち込むなといわんばかりのこの一言に驚き、その時点からイライラを募らせていたミーヨは、ラカンのいつ果てるとも知れぬ長口上を夫人にあっさりと切り上げられ（もちろん「夫をあまり疲れさせてはいけないから」というのがその理由だ）、急かされるようにハイデガー家を辞するなり、すかさず「あの奥さんはナチなの？」とラカンに訊いた。「もちろんさ」と、ラカンは平然と答えたのだった。ヴィクトル・ファリアスの『ハイデガーとナチズム』（一九八七）が世に出る十年以上も前のことだ。立ち去り際に招待を受けて、同じ日の午後、ラカンとミーヨがハイデガー夫妻とランチをともにしたとき、ハイデガーはミーヨに絵葉書サイズの自分の写真を贈り、その裏面にその場でこう記したという——「一九七五年四月二日、フライブルクへのご訪問の思い出に」。サービスのつもりだったのだろう。後年、ミーヨのキャビネでその写真を目にした男性患者のひとりが、「あなたのお祖父様ですか」とミーヨに尋ねたというのが可笑しい。[4]

そもそも、ラカンとミーヨの関係は、遅くとも七三年一一月、モンプリエ近郊ラ・グランド・モットで開かれたパリ・フロイト学派大会以来、ラカンの周囲では知られていた。人目につくことを嫌って、ラカンや学派重鎮の宿泊するホテルから離れた場所に宿をとった本人の意向にお構いなく、ラカンはミーヨを同じホテルに（いや、それどころか同じ部屋に？）泊まらせたため、ミーヨは「ラカンと並んでホテルのロビーをエレベーターに向けて突っ切らねばならず、お偉方の一団がグラスを傾けている目の前を、彼らの視線が自分たち二人に釘付けになるのもかまわず、通らなくてはならない」羽目に陥ったのだった。実際、ミーヨ自身も、この一件が「私たちの関係を「カミング・アウト」する試練」[5]だったと書いている。ラカンのほうも、この関係を隠す気がないばかりか、むしろ人目に晒したかったのだろう。別の大会の折には、ホテルの館内放送でミーヨを呼びつけることすらあったらしい。だからラカンの死後、ミーヨは自身の著作のなかでも、ラカンとのプライヴェートな関係を隠してはこなかった。一九七五年にパリ第八大学精神分析学科の教員になる前、ミーヨにはしばらく定職に就いていない時期があったらしい。そのころのあるエピソードを、ミーヨは二〇〇一年の著作『ありふれた奈落』に記していた。「ある日、ラカンのいる前で、私がどんな仕事をしているのかと尋ねた人があった。ラカンは私に助け船を出し、この人は *otium cum dignitate* を実践しているのですよと答えてくれた。[6]」このラテン語は、「名誉ある無為徒食」とでも訳せるだろうか。今日、「無為」がおうおうに「無職」を指し、それが「不名誉」としか受けとられぬことを踏まえて、ラカンは巧みにミーヨを――彼女の返答によっては相手が示したかもしれない快からぬ反応に先回りして――弁護したのである。よくいえば気の利いた、悪くいえばどこか保護者気取りの、いかにも愛人らしい振る舞いだ。

　それゆえ本人にしてみれば、『ラカンと生きる』は「カミング・アウト」というより、むしろ、「きみのラカンを書いてくれ」というフィリップ・ソレルスの依頼どおりに、[7]ラカンのアナリザントとして、同時に愛人として、我と我が身とで「捉え」たラカンを世に伝えることを望んで生み出された一書なのだろう。多くのラカン愛好者にとって貴重であり、それゆえ嬉しいのも、むしろそのシンプルな意図で綴られたミーヨの証言の数々であり、そこに見出されるラカン像の——同書出版の三五年も前に亡くなった人物であることをしばしば忘れさせるほどの——瑞々しさであるにちがいない。ずんずんと前のめりに、どんな障害物もお構いなく、まるで回避も迂回も知らぬかのように、ひたすらまっすぐに歩く、のみならず、車に乗っていても、スキーを履いていても、同じようにまっすぐに進まずには気がすまないラカン。牡羊座生まれ（ラカンの誕生日は四月一三日だ）の証拠とミーヨが冗談めかして指摘する一方、私にとっては男性ヒステリーの極端な例にしかみえないこの特徴は、車の助手席に座ったときにもラカンは運転者が赤信号で停車することを「絶対に許さなかった」[8]とする娘婿ジャック＝アラン・ミレールの証言と見事に合致する。いずれにせよ、それは、ミーヨによれば、ラカンの欲望と一体化する彼の並外れた集中力（「集中力の純粋状態」[9]）の現れであり、「他人を寄せつけぬ断固たる勢い」[10]を伴うこの集中力こそ、「ラカンの存在」とミーヨが呼ぶものを捉えるうえでのキーになることはまちがいない。

　とはいえ、ミーヨによって記述されるラカンのイマージュは、それに尽きるわけではない。スキーをして骨折し、身動きがとれない苛立ちを新参の秘書グロリアにぶつけたのはいいが、堪忍袋の緒を切らしたグロリアにギプスをはめた脚を持ち上げられ、次いで下に落とされるという反撃に遭い、手のひらを返したように大人しくなったラカン。イタリア中のミュージアムや教会を訪れ、開館時間外であってもあの手この手でスタッフを説得しては、たいていの場合、自分のために首尾よく扉を開けさせてしまうラカン。珍しく開館時間に訪れたローマの聖アウグスティヌス聖堂では、チャペルのひとつの祭壇の上に架けられたカラヴァッジョ作『ロレートの聖母』のマリアの素足に魅入られ、スタッフに梯子をもってこさせて、間近から食い入るようにその素足を眺め尽くしたにもかかわらず、それについて一言もコメントしなかったラカン（ボルゲーゼ美術館でも、同じくカラヴァッジョ作『聖アンナと聖母子』の蛇を踏みつけるマリアに見入っていたラカンだけに、聖アウグスティヌス聖堂ではマリアの素足に蛇を踏んだ跡が残っていないかどうかを検分していたのではないか、というのがミーヨの解釈だ）。旅先でも、パリでも、旧知のお気に入りのレストラン（彼を待たせないことが分かっているレストラン）にしか足を運ばなかった「習慣の人」[11]ラカン。朝から晩まで続く面接（もちろん精神分析の面接だ）とセミネールの準備とで、ふだんはまったく余裕のないスケジュールのゆえに、美容師から書店や仕立屋まで、マニキュア・ペディキュアのサービス（！）から体操教師まで、歯医者以外はどんな業者でも名高いリール通り五番地の自宅兼キャビネに呼び寄せ、その場で施術させ、採寸させ、あるいは注文していたラカン。サンタンヌ病院での患者提示（精神病患者の公開面接）では、「孤独のなかにあって、私たちの価値がいっさいの他者のそれと厳密に等しいことを私たちに思い知らせるもの」[12]へと患者を連れ戻しつつ、患者の真実がそこに喚び出されるように対話を導く、卓越した臨床センスをきらめかせる一方、ときには、患者が告げた「フォーミュラ・ワン」という言葉を知らなかったために、まるで妄想について尋ねるときのような神妙さで患者に説明を求め、緊迫したセッションに心ならずも「おかしみ」を添えてしまうこともあったラカン。一九七五年から七六年にかけてジェイムズ・ジョイスに入れ込んだ時期には、そのきっかけを作った若き英文学者ジャック・オーベールに、思いついたらその宿泊先に押しかけてでも、資料や情報の提供を求める強引さを見せたかと思えば、ある日、職場のあるリヨンに帰るオーベールを駅まで車で送っていき、彼の乗車する予定の列車までまだ時間があったため、一時間後にまた来るからと言い残してオフィスに戻り、ほんとうに一時間後に駅に引き返すと、オーベールの乗るはずの列車に彼の姿が見当たらないことにパニックを起こし（オーベールはラカンのことばを真に受けず、予定より早い列車に乗ってしまったのだった）、リヨンの彼の自宅に幾度と知れず安否を気遣う電話をかけまくったラカン……。

ギトランクール（パリ西北の近郊）の別荘での日々についても、ミーヨの思い出は尽きない。ラカンがミーヨを伴って週末ごとにギトランクールを訪れるようになるのは七三～七四年以降だが、そこにはやがて、娘ジューディットとその夫ジャック＝アラン・ミレールが子供連れで合流するようになり、加えて義娘ローランス・バタイユとその子供たちも顔を見せるようになった。「そこには家族の生活があり、私もそこに加えられた。〔…〕いい時代だった。このように家族に囲まれて、ラカンは幸福そうに見えた――しばしば自分の思考に没入して、黙りがちになることはあっても」[13]と、ミーヨは記している。実際、ミーヨはほとんど家族の一員としてラカンの周囲に溶けこんでいたようだ。上述の「集中力」と並んでミーヨが際立たせようとする、人間関係におけるラカンの「シンプルさ」という長所は、そうした環境のなかで彼女に刻みつけられた印象であるだけに、なおさら説得力をもつ。そのシンプルさとは、ようするに、ラカンがビッグネームすぎるとか、気むずかしそうだとか、あれこれと思い悩まずに（「心理学」をせずに）本人に相談してみたらいい、そうすれば、人に頼られることに目がない持ち前の気前よさを発揮して、ラカンはきっと直ちにあなたの役に立ってくれるはずだ――と、そう思わせてくれる何かのことだ。ミーヨの本には、ラカンがミーヨや彼女の友人に、あるいはそれ以外のいわば一見の若者に、一肌脱いでやったエピソードに事欠かない（ただし、そのために自分がかかわることになる交渉相手について、ラカン自身もまるきり「心理学」をやらないがゆえに、彼の仲介がかえって好ましからざる結果を生んでしまうこともあった）。そのように他人に払う「注意」と、全神経を何かに「集中」させてしまうがゆえにそうした注意が疎かになる「没入」状態とのたえまない「交代」[14]、すなわち「現前」と「不在」の不断の入れ替わりこそが、ミーヨの記述するラカンの「存在」を最も根本的に印づけているといえるかもしれない。

しかし、一九七二年夏のヴァカンスをラカンとともにローマで過ごしたカトリーヌ・ミーヨが(二人のプライヴェートな関係がはじまるのはこの旅行からだったのだろう)、このように急速にラカンの家族に溶けこんでいく過程には、代償がなかったわけではない。いうまでもなく、他の「ラカンの女たち」との接触による傷だ。とりわけ、ラカンがミーヨと通じるようになったのちもしばらく「ラカンの公式の愛人」と認識されていた女性、すなわち、ラカンが「ファルス(Fals)」の名で登場するソレルスの小説『女たち』では「アルマンド」と名指され、ミーヨの『ラカンと生きる』では「T」と記される女性を、彼女はたえず意識しなくてはならなかった。それどころか、ラカンはTとミーヨに「同居《コアビタシオン》」を求めたというから、驚きだ。正しくは同じ旅行への「同行」だが、一度目はウンブリアへ、二度目はレバノンとシリアへ、ミーヨは、ラカンの強引さと、ラカンと離れているあいだの懊悩の予感に負けて、少なくとも二度にわたってそれを受け入れた。そうした試みがそのつど失敗に終わったことはいうまでもない。ミーヨは、このような企てに自分が向いていないことを思い知らされただけでなく、炎天と冷房に悩まされた中東では体調を崩し、散々な思いをしたのだった。それゆえ、七四年、ソレルス、ジュリア・クリステヴァ、ロラン・バルト、フランソワ・ヴァール(ラカンの『エクリ』を担当したスイユ社の編集者)らと文化大革命さなかの中国を訪れる計画を持ちかけられたラカンが、そこにTとミーヨを参加させることを望んだとき、ミーヨは早々にそれを断った。おそらく賢明な判断だっただろう。すると、Tもラカンに同伴することを拒み、そのせいでラカン本人も旅行への参加を取りやめてしまう。この顚末は、ソレルスの『女たち』に、著者の分身であるアメリカ人ジャーナリスト「ぼく」が仕組んだ「インド旅行」をめぐるファルスとアルマンドのいざこざ、すなわち、アルマンドからインド行きの返事をもらえないことに矢も楯もたまらなくなったファルスが、彼女のアパルトマンへ押しかける壮絶な修羅場として描かれている。憔悴しきった体《てい》で、中庭から彼女の部屋の窓に大声で呼びかけるファルスにたいし、はじめは居留守を決め込んでいたアルマンドがとうとう痺れを切らし、音を立てて窓を開けるなり、「いったい全体この馬鹿騒ぎは何なのよ！」[15]と怒鳴りつけるシーンは強烈だ。もちろん、ソレルスによる脚色はあるだろう。だが、どれほど控えめに言っても、Tが物腰の柔らかな人でなかったことだけはまちがいない。

このほかにも、ミーヨには、ラカンのいわば「公式の配偶者」（二番目の妻であり、ジューディットの母親）であるシルヴィアとの接触があった。ある日、ラカンと並んで歩いているところを「まるでドン・キホーテとサンチョ・パンサみたい」とシルヴィアにからかわれ、ミーヨは、なるほど自分はこのまっすぐ突き進むことしか知らぬ男と踵を揃えているのだと納得しながらも、臍を曲げたという。だが、先にのぞいたギトランクールでの一家団欒の図にシルヴィアの姿がなかったことからも察せられるように（とはいえ、この別荘のインテリアを整えたのはシルヴィアだった）、ラカンとシルヴィアは、このころにはもうそれぞれの生活を互いに干渉しあうことなく送っていた。「シルヴィアの家」であるリール通り三番地にラカンが戻るのは、ほとんど昼食のときだけ、それも毎日ではなく、寝泊まりはつねに五番地のほうだった（そこにミーヨが来ていた）。それより、ミーヨが手を焼いたのは、毎年七月、一年のセミネールが終了したあとに、ラカンが決まって繰りかえす浮気のほうだった。ようするにラカンは、女たちに目がない人だったのだ。ラカンのほうは、自分が女性に忠実であると言って憚らなかった。しかしそれは、忠実に愛する相手を次々と「層状に重ねていく」という意味だった——「相手にとって自分の存在が欠けることを拒んで、ラカンはけっして女性と別れなかった。ときには、相手のほうが匙を投げるように仕向けることはあったにせよ[16]。ミーヨがラカンと共に過ごした最初のヴァカンス（七二年のローマ）のときでさえ、ラカンはイタリアの別の街で別の愛人と落ち合う約束だったのを、すっぽかしていた。ローマから戻るやいなや、そのツケを払わされたのはミーヨのほうだった。リール通り五番地でミーヨとすれ違い、はじめてミーヨの存在を知ったその女性は、あとから一枚の短信をラカンに送ってよこした――「あんな感じなのね、猿から人間が出てきたときに通った系統は」、と。腕が長く、やや突顎気味のミーヨの姿を、彼女はこう書いて嘲ったのだった。

だが、当初こそラカンの周囲はこのありさまだったにもかかわらず、ミーヨは次第に、本人が言うとおり「洪水[17]」のように、ラカンの生活を満たしていった。唯一の「防波堤」だったTは、ギトランクールや旅先でラカンの世話を焼く役を、いつしか完全にミーヨに譲り渡していた。毎夏恒例のラカンの浮気も、結局のところシーゾナルなお遊びの域を出ることはなかったようだ。もちろん、ラカンの齢が進んだこともある。しかし、ミーヨという洪水を「災禍（fléau）」と名づけながらも、ラカンがそれをしいて堰き止めようとしなかった事実は、それとして受けとめられてよい。その理由はどこにあったのだろうか。残念ながら、『ラカンと生きる』には、答えらしい答えが書かれていない。この問いに答えるには、ラカンがなぜミーヨを愛したのか、いいかえれば、ミーヨの内なる何がラカンの欲望に応えたのか、という最もプライヴェートな領域に立ち入らざるをえないがゆえに、著者のモデスティがそれを語ることを許さなかったのかもしれない。あるいは、この点だけはミーヨが自分ひとりの秘密にとっておこうとした可能性もある。いずれにせよ、ミーヨがラカンの愛人であることをやめたとき、すなわち、リール通り五番地で夜を過ごさなくなったときには、ラカンの周囲には他のいかなる女性の影もなかった（ミーヨが去ったのち、娘ジューディットの家に泊まりに来たラカンは、孫であるリュックのベッドに潜り込むことがあったらしい)。それだけに、別れは痛切だった。しかしそれをもたらしたのは、ほかならぬラカンとの精神分析だった。

ラカンの愛人でありながら、ラカンと分析を続けている「特殊な状況」――ラカンのほうは、ある種の実験でもしているつもりなのか、その「特殊性」を踏まえた解釈を行うことをためらわなかったようだ――に、ミーヨはたえず居心地悪さを感じていた。そのせいで分析を正しい方向に進められないのではないか、という危惧を、彼女はしばしばラカンに打ち明けてさえいた。それにたいして、ある日、ラカンはこう答える――「たしかに、何かが欠けているな」[18]、と。日常生活でラカンと接しながら、分析のセッションでもラカンと顔を合わせる状況をむしろ「過剰」とばかり捉えていたミーヨが面食らうには、これで十分だった。突如姿を現した「欠如」は、その刹那に「ギヨティンの刃のように私の上に落ちた」のだった。それに続いて、やはり分析のなかで、ひとつの「真実」が明らかになり、治療の方向が大きく動いていく。ミーヨの実存の基調だった不安がちな気分は一掃され、これまで味わうことのなかったような「身体の平安」を満喫することができた――「まるで私がはじめて成育力をもち、人生が生きられうるものになったかのようだった」。すると、ミーヨのうちで、ひとつの欲望がくっきりと形をもつようになる。子どもを得たいという欲望だ。しかし、ラカンとの生活でこの欲望を満たすには、もう手遅れだった――

> ラカンとの分析によって、どこまでも激烈なものとして解き放たれ、とても有名無実のまま棄てておくことはできない――そんなことになれば、私の辿ってきた道のり全体が無に帰してしまうおそれがあった――と思われた、この欲望の名において、私は心を鬼にして、ひたすらそれを実現するチャンスを手に入れるために、彼と別れた。私にとっては身を引き裂かれる経験、

彼にとってはまさに地震だった。[19]

こうして、ミーヨはラカンのもとで夜を過ごすのをやめた。一九七九年、すなわちラカンがこの世を去る二年前のことだ。この選択はおそらく正しかっただろう。といっても、たんに、ラカンにはもはや子をなす能力がなかったからというだけではない。ここからは私の解釈だが、はじめに引用した『ラカンと生きる』冒頭の一節を思い出してみよう。「ラカンを内側から捉える感覚は、含まれて＝理解《コンプリーズ》されているという印象と対をなしていた」と、ミーヨは書いている。奇妙に澄みわたったこの印象は、いったいどこから出てきたのだろうか——ラカンの胎児になること、いや、ラカンの胎児であるという幻想を生きることからでないとしたら？ いうまでもなく、ミーヨ自身が子をなし、母になることは、一般に「幼児的万能感」と呼ばれるものの究極のパラダイムであるかのようなこの幻想と両立するはずがない。子どもを得たいという欲望に身を焦がすようになったミーヨには、それゆえ、この幻想から自由になる必要があった。より正確には、このような幻想を抱かせる、あるいは、それを許容してしまう性的パートナーから、身をもぎ離さなくてはならなかった。ラカンともうベッドをともにしないという決断は、ようするに、ラカンという母胎から分離するという宣言だったのである。実際には、ミーヨはその後も子どもをもたなかったと聞く。しかし、ラカンという母胎から生まれ落ちることで、彼女は自らを精神分析家として産み直したとはいえるかもしれない。それに続く数年、ミーヨはさらに学派の解散（八〇年）とラカンの死（八一年）というドラマに立ち会うことになる。だが、そこにいたのはもはやラカンの私的なパートナーとしてのミーヨではなかった。そうではなく、ラカンによって生み出され、ラカンの紛れもない影響を刻まれているとはいえ、もはやラカンの内に留まってはいない、自立したひとりの精神分析家としてのカトリーヌ・ミーヨだったはずだ。

とはいえ、ほかならぬラカンとかくも濃密な関係を生きたカトリーヌ・ミーヨであるだけに、本書で私たちが辿ってきたテーマ、すなわち、女性のセクシュアリティと享楽をめぐるラカンの教えというテーマについて、私たちの胸にはおのずとある期待が芽生える。ラカンとミーヨが「いってみればもうお互いに離れなくなった」[20]とされる七二年秋といえば、ラカンが「女の享楽＝上乗せ享楽」について語るセミネール『アンコール』のスタートする時期だ。とすれば、ミーヨはこれについて、他の人が知らないような核心を、いや、核心でなくてもよい、何らかの示唆やヒントを、ラカンの口からじかに聞いてはいなかっただろうか。それどころか、じつはミーヨ自身がこの概念化の手がかりやモデルをラカンに提供してはいなかっただろうか。

この期待は、どうやら的外れではないらしい。ミーヨは神秘論（la mystique）に「取り憑かれて」おり、『アンコール』中に言及されるアントウェルペンのハデウェイヒの著作をラカンに読ませたのは、じつは彼女だった。後年のセミネールでラカンが「神秘論者と呼ばれる女性が災禍であるのは、そういう女性の手にかかったすべての男たちが証明するところだ」[21]と口走ったときにも、ミーヨは自分のことを言われたと思ったようだ。あるいは、アビラのテレサの「心的構造」は何か（たとえばヒステリーなのか、それともパラノイアなのか）と詰め寄るミーヨに、ラカンが「あれは神的恋愛妄想〔érotomanie divine〕の症例だ！」[22]と答えたという可笑しいエピソードも、『ラカンと生きる』には記されている。だが、これらの事実は残念ながら、私たちが期待するような理解の糸口になってはくれない。そもそも、神秘論について何か踏み込んだ説明や手がかりがほしいと望むミーヨ本人が、そのつどラカンから肩すかしをくらっていたのである――

私がベギン会の聖女、アントウェルペンのハデウェイヒ（実際には、こう名指される女性は二人いたのだが）の著作をラカンに持っていったのは、彼女たちの内的経験についてラカンが何らかの解釈を与えてくれるのを期待してのことだった。それはとんだ無駄骨だった。この年〔のセミネール『アンコール』で〕ラカンが「神秘論」と「女の享楽」を関係づけて行った議論は、私の理解を助けなかった。神秘論者とされる人々のうち、私の関心を惹きつけていたのは、アビラのテレサについてラカンが述べたような、「ごつい色呆けども」ではなく、身を破滅させる男女（彼らが同時に「ごつい色呆け」であることもある）だったのである。これらの人々について、ラカンは何も語らなかった〔…〕[23]。

にもかかわらず、ミーヨを参照すること、ミーヨを読むことが私たちに欠かせないのは、まさに神秘論の研究というかたちで、彼女が「女の享楽」の問いをラカンから引き継いだとたしかに言えるからだ。本書総論に示唆したとおり、「女の享楽」はラカンにおいて、「性関係はない」のテーゼにはじまり、「性別の論理式」の完成でほぼ終熄する一連の議論、すなわち男女の「性的ポジション」の定式化という一事業の、最後の精華ではあったものの、その肉付けがまだ十分になされぬうちに（あるいは、そこからの帰結が満足に取り出されぬうちに）、ラカンの関心は「ボロメオ結び」のほうにみるみる傾斜していった。『ラカンと生きる』は、そのことを確信させてくれる記述に事欠かない。ラカンの教えにボロメオ結びへの言及が現れるのはずばり『アンコール』（の後半）からであり、ミーヨがラカンとつきあいはじめたころには、ラカンはすでにそれに取り憑かれつつあった。いわゆる「おしゃべり」（無駄話）が不得手なラカンは、レストランでミーヨが店主と世間話などを続けようものなら、すかさずポケットから四つ折りの紙を取り出し、エンピツで環を描きはじめるのだった。[24] こうしたエピソードにも窺われるとおり、ラカンにとって、ボロメオ結びは、ミーヨを感心させつづけた絶大な「集中力」を傾ける恰好の対象になると同時に、彼の思考がそこへといわば引きこもる避難所にもなった。『アンコール』のセミネールが終わりに近づいた七三年五月、ラカンの長女カロリーヌが交通事故で落命するという悲劇が起きる。ラカンは当時もちょくちょくカロリーヌの家で夕食をとっていたというから、その嘆きは大きかった。ミーヨは記している——

ラカンはこの喪の前と後で別人のようになったと、今日はっきりと思える。彼の気分の色あいが変わったのだ。知り合ったころ、ラカンは陽気で、それが彼のヴァイタリティの一部をなしていた。この陽気さが完全に消えてしまったわけではないが、そこには染みができ、その奥には影が差し、ラカンはいっそう黙りがちになった。[25]

その後も、自らが六八年前後にいわば鳴り物入りで学派に導入した制度「パス」(学派を指導する分析家を認定する新たな仕組み)の機能不全や、やはり自らのイニシアティヴで七四年に断行されたパリ第八大学精神分析学科の組織改革の方針をめぐって、学派のなかに不満や緊張が高まるにつれて、ラカンはますますボロメオ結びにのめり込んでいく。といっても、この没入はけっして精神分析の忘却ではなかった。むしろ、精神分析にたいするラカンの不変の「情熱」がボロメオ結びにすべて注がれるようになった結果(こう言ってよければ、ラカンはボロメオ結びの探求を通じて自らの精神分析を進めていたのだろう)、それ以外のことから、だから学派内のゴタゴタからも、いっさいの関心が撤退してしまったということだ。そしてそのかぎりにおいて、ラカンの集中力は「もはや以前のようには対象を変更できなくなってしまった」[26]のである。

こうしてボロメオ結びにのみ投入されるようになったラカンのリビドーが、「女の享楽」のほうに容易に引き返さなかった事情は想像に余りある。カトリーヌ・ミーヨには、それゆえ、このテーマを我が身に引き受け、さしあたって彼女独自の道、つまり「ごつい色呆けども」にしか言及しなかったラカンのそれとは異なる道を、一から辿り直さなくてはならなかった。だが、結論を先取りしていうなら、その道は大きな弧を描いて、最終的にラカンの教えに合流したようにみえる。いいかえれば、「女の享楽」についてラカンの掘削しつつあった現場がけっして鉱脈から外れてはいなかったことが、ミーヨのその後の仕事によって証明されたようにみえる。とすれば、私たちは最後に、ミーヨの「神秘論」を駆け足にではあれ概観しておかねばならない。そのために私たちが手に取るのは、しかし、もはや『ラカンと生きる』ではない。それに先だって彼女が書き継いできた一連の著作、とりわけ、二〇〇一年の『ありふれた奈落』と〇六年の『完璧なる生』の二著である。前者においてすでに、自身の「神秘論」の主要な要素を、荒削りとはいえ、ほとんどすべて描き出していたミーヨは、後者で三人の個別のケース（ジャンヌ・ギュイヨン、シモンヌ・ヴェイユ、エティ・ヒレスム）を掘り下げながら、それを完成させたのだった。いずれも、たしかな読み応えのある著作だ。

さて、カトリーヌ・ミーヨが神秘論に抱く関心には、いわば体験的な基礎があった。『ありふれた奈落』の冒頭に、それはこう記述されている――


私の生の最も秘められた部分を語ろう。

最初は六歳のとき。その日の朝、ブダペシュトの家に到着したばかりだった。これから三年を過ごすことになる、山の手に立つ大きなヴィラだ。私は、すぐ下の階に何かを取りにいくように言われた。見知らぬ階段を下りていると、突然、世界が空っぽになった。一瞬のうちに、人気のない場所になってしまったのだ。もはや前も後ろもなく、親もおらず、人っ子ひとりいない。数秒のあいだ、私は完全に、たった独りになった。いや、「私」と言うのもなお言い過ぎなくらいだ。そうでなければ、それは質を欠いた、もはや点でしかない「私」だったと、言葉を足さなくてはならないだろう。この剝き出しの、純粋な実存の染みは、空っぽの階段に佇み、周りには何もなかった。忘れられぬ体験だ[27]。

ミーヨはこの六年後にも、同じような状況で（ヘルシンキに引っ越してきたばかりで、荷物の山に囲まれていた）、またしても「空虚」を、しかしそれ以上に「目の前に開かれた星辰の瞬く空間の無限」を経験する。自我が消え、いっさいのアイデンティティを失った「私」がめくるめくような宇宙の高みに連れ去られる恐怖を、ミーヨは自分の固有名にしがみついて逃れたという。外交官の娘として過ごした子供時代、父親の転任に伴って見知らぬ土地に飛び込んでは、やがてそこを離れ、生のひと区画を丸ごと失うという外傷的体験が重ねられたことが、こうした「心をかき乱すような内的体験[28]」に見舞われる素地になったのだろうと、ミーヨは別のテクストに書いている。実際、成人したのちに巡ってきた三度目の体験も、自身の「異動」が絡む出来事だった。それは、教員として地方の任地「モール……（Mort...）」へ自動車で赴く旅の途中、危機一髪で衝突事故を――それゆえ死《モール》を――回避したのちに訪れた。「あたかも生の負債を完済したかのように、すべての不安が消え、未知の自由に満たされた」数日が過ぎて――

ひとつの大いなる空虚が腰を下ろした。それがはじまったのは空からで、あたかも不可視の蓋が持ち上げられたかのように、底なしの穴が顔をのぞかせた。[29]

この「ほとんど物質的で、間隙的で、分離をもたらす」空虚は、次第に広がっていき、世界をあらゆる方向に拡張すると同時に、物と物のすべての隙間を埋め尽くし、これらの隙間を輝かせた。「それはブダペシュトとヘルシンキで垣間見られたのと同じ空虚、根源的な孤独を伴う空虚だったが、そのサインはどうやら逆向きになったらしく、不安の代わりに未知の平安が訪れた。」まるで「第二の生」を授けられたかのようなこの「恩寵状態」は、ミーヨが思春期のころに見たひとつの夢を思い出させる——

何か分からない理由で、私は死刑を宣告された。苦悩と反発を覚えながら、私はもがき苦しむが、やがて突然、あきらめ、そして受け入れた。すると大いなる平安を感じたのである。[30]

この恩寵状態は、しかし、長くは続かなかった。空虚は徐々に姿を消し、不安が回帰してきた。それからのモール……での生活はつらく、最初の年度が終わると、ミーヨは逃げるようにその街を飛び出さずにいられなかった。そして、「あの空虚をもう一度見出す」ために彼女が決意したのは、精神分析を受けることだった。しかも、自分がのぞき見た「空虚」は、「〈他者〉の〈他者〉はない」というラカンのテーゼに関係があると直感していたミーヨには、どの分析家のもとに通おうかと迷う余地はなかった。ミーヨが叩いたのは、ラカンの門だった。ところが、先に述べたように、自らの「内的経験」についてミーヨが問いかけるたびに、ラカンから返ってくるのはきまって肩すかしのような答えばかりだった。結局のところ、ミーヨにとって、ラカンとの分析を活かすべき場所は、そこではなかったのだ。ただし、ラカンは、モール……でのミーヨの体験を *Gelassenheit* と名指してはくれた。己を無にし、すべてを神の手に委ねることを意味する、神秘論者エックハルトの言葉だ（「放下」と訳されることが多い）。この僅かな示唆は、ミーヨがやがて自分の取り憑かれている謎を「寄る辺なさから *Gelassenheit* への転換[31]」というタームで結晶化させるバネのひとつになった。

ラカンとの分析によって、自らの不安がちな性格から解放されたミーヨは（この点についてはすでに述べた）、その後一度だけ、数日のあいだ、モール……を離れて以来待ち望んでいた「空虚」の回帰を――「モール……時代の至高の自由」とともに――迎えることができた。そして、それが最後の「空虚」体験になった。だが、ミーヨには、それとは別の、瞬間的な、ロマン・ロランが「大洋的感情」と呼んだものに近い体験もあった。自己の内なる「平安の大洋」にいわば引きこもり、「一種の澄明な眠りのうちにいっさいの思考が宙づりに」なる「インスタシ（内部でのエクスタシ、instase）」。反対に、「自我の境界の廃棄」として経験される「エクスタシ（脱自）」。後者の状態では、「内と外の対立がなくなる。自我と世界の区別が消え、まるで内部と外部が連続性を獲得したかのようだ。両者は単一の空間を形づくり、自我はそこに溶けこんでゆく[32]」。ミーヨによれば、メビウスの帯、クロスキャップ、クラインの壺といった、ラカンが好んで扱う表裏なき、内外の区別なきトポロジーが表す（といっても、メタファーとしてではなく、そのリアリティを文字どおり体現するものとして）のはそれだった。このような自我境界の喪失を、ミーヨは二度にわたって経験し、そのつど幸福感を味わったようだ――「己れの自我を失うことで、なぜ幸福な気持ちになれるのだろう[33]」という疑問とともに。

これらの経験、そしてこれらの問いが、カトリーヌ・ミーヨの神秘論研究のモティーフであり、バネであることは、繰りかえすまでもない。そこから出発して、ミーヨは、フロイトとラカンを片手に、古今の文献や映画をさながら臨床報告のように参照しつつ、自身の神秘体験論を組み立てていく。リルケ、ブランショにはじまり、ヴィシー政権下の強制収容所で安心感と自由の感覚を伴う自我喪失を経験したアーサー・ケストラー、薬物がもたらす神秘体験をそれに呑み込まれることなく吟味し尽くしたアンリ・ミショーを経て、イングリッド・バーグマンがロベルト・ロッセリーニとのほとんど共依存的な関係のなかで演じた、絶望のどん底で光明を見出すヒロインたち、愛とメランコリーのあいだをたえまなく揺れながら、死と再生を繰りかえしたドストエフスキーへ(『ありふれた奈落』)、さらには、*Gelassenheit* を徹底的に実践し、永続する「神化」という「完璧なる生」に辿り着いた一七世紀フランスの神秘論者ギュイヨン夫人ことジャンヌ・ギュイヨン、不可能を思考する勇気と力をもって短い生涯を駆け抜けながら、しかしギュイヨン夫人のような境地に達することなく難破してしまったシモンヌ・ヴェイユ、そして、オランダ在住ユダヤ人として送られたヴェステルボルク収容所で、内なる神的な力を見出すとともに、彼岸の生を生きる神秘論者へと変容を遂げたエティ・ヒレスムへと(『完璧なる生』)、かつて自分の身に訪れたのと同じ体験についての証言を追い求めて、ミーヨが続ける歩みは、それ自体がまるでひとつの知的巡礼のようだ。

それらの証言をピースのように集めてミーヨが再構成する「内的体験」の透視図には、いくつかの軸、もしくはキーがある。そのひとつが、すでに触れた「自我」の消滅ないし溶解であることはいうまでもない。自我とは、フロイトによれば、快原理(心的な緊張を最小限に保とうとする傾向)に奉仕するひとつの防衛機構であり、外界および欲動の強い刺激から個体を守る働きをする。ミーヨの参照する神秘論者たちが口を揃えて自我の消滅を語るのは、この防衛機構の停止が「内的体験」

の条件であることを示しているとみてまちがいない。だが、そのような条件は少なくとももうひとつある。フランス語にいう déréliction（「見放された状態」と訳されることもある）、すなわち「フロイトが *Hilflosigkeit*〔寄る辺なさ〕と呼ぶ、私たちを破壊するものに防御なく引き渡された状態」[34]（に陥ること）だ。生まれ落ちたばかりの乳児の経験がそのプロトタイプであることはいうまでもない。否応なく襲いかかる生理的欲求や、生命にかかわるその他の緊急事態に晒されながら、乳児は泣き叫ぶことしかできない。しかも、その叫びを「呼びかけ」と受けとり、対処してくれる他者がいつもそばにいるとはかぎらない。フロイトはそこに人間の根源的な「危険状態」を見ることに吝《やぶさ》かではなかった（「不安」はこのような危険状態の訪れを知らせる「信号」にほかならない）。だが、ミーヨの数々の参照項のうち、この「人間の根本的経験」がどこまで苛烈なものでありうるのかを、有無をいわせぬ説得力で捉えさせてくれるのは、何といってもロッセリーニ作の映画『ストロンボリ』（一九五〇）だろう。開発から取り残されたような島の生活、住人たちの冷ややかさ、そして火山の噴火によって強いられるパニックの末、とうとう島からの脱出を決意したヒロイン（バーグマン）が、港のある島の反対側の街に向かうために、妊娠中の身であるにもかかわらず、ところどころに硫黄の噴出する荒涼とした火山を孤独に登ってゆくシーンは、まさに究極の déréliction の映像化と呼ぶにふさわしい。

　しかし、これだけでは、もちろん、まだ神秘体験には届かない。もうひとつのキーがある。それは、ミショーのいう「同意（acquiescement）」、すなわち、宗教的文脈では「信従」と訳されることもある「（自己）放棄（abandon）」であり、それに必然的に伴う「受動性（passivité）」である。これについては『完璧なる生』のほうが詳しい。「信従、受動性、解脱〔détachement〕、無関心〔indifférence〕――これらの語はすべて同じ方向に際立ち、神へと向かう跳躍のなかで、自己を手放すこと〔délaissement〕、神の手にいっさいを委ねて自己を引っ込めること〔désistement〕という唯一の同じ運動を指さしている。[35]」自己の存在を危うくする苦境や困難へと、あるいは寄る辺ない絶望の奈落へと、たんに押し流されるのではなく、むしろすすんでそれを受け入れること、いっさいの「抵抗」（精神分析的な意味におけるそれも含めて）をかなぐり捨ててそれに「諾《ウイ》」と言うこと。そのようにしてはじめて、自らの陥った寄る辺なさのただなかで、自我の消失するがままにまかせると同時に、いっさいをあるがままに受けとることができる、いいかえれば、内と外、現在と永遠、〈空虚〉(le Vide) と〈全〉(le Tout) が分かちがたく一となる、逆説的というより、いっさいの逆説を呑み込むような境地に到ることができる。それは、ジャンヌ・ギュイヨン（一六四八〜一七一七）が「広大 (le large)」と名づけた境地、すなわち、一六八〇年のマドレーヌ（マグダラの聖マリア）の祭日に彼女の魂が辿り着いた「完璧なる生」にほかならない。

　ジャンヌ・ギュイヨンにとって、それは、七年（そのうち五年は「一瞬たりとも慰めのない」時間だった）に及ぶ長く深い霊的な「夜」の出口だった。結婚前の一時期を除いて修道院に入らず、一介の信徒として終生を送りながら、自らの経験にもとづいて、祈りを通じた神との一体化の道を説き、時の大神学者フェヌロンに影響を与える一方、ルイ一四世の宮廷で絶大な権勢を振るった説教師ボシュエを脅かしつづけた（ジャンヌがボシュエから受けた執拗な迫害は、この脅威の裏返し以外の何ものでもない）この怖れ知らずの女性の横顔については、ここでは立ち入らない。だが、この「夜」に先立つ時期に、ある種の徹底的な苦行——夫や姑の横暴を受け入れることにはじまり、地面に残る他人の痰唾を舐めることにまで至る——を通じて、ジャンヌが一旦は「神をどこにでも見出せる」境地、すなわち「「完璧なる生」の予覚[36]」を手に入れていた事実は指摘しておいてよいかもしれない。近親者の死と自らの妊娠を経て、そのあと彼女に訪れる「夜」は、つまりそのような見かけ上の高みからの転落だったのだ。ひとりのジャンセニストの司祭にのぼせ上がり、神への愛と被造物への愛のあいだで引き裂かれたジャンヌは、彼女を誘惑しつつ彼女の「内なる最良のもの」すなわち神秘的生を否定するこの聖職者から身をふりほどくことができずに過ごす二年半のあいだに（ジャンヌを指導する告解師ベルトーは、彼女が男と別れることを禁じた）、祈りも苦行も忘れ、「霊的な死」に陥る。すると、まず恩寵（神の現前の感覚）が去り、美徳が失われ（まるで七つの大罪に身を任せるように）、精神の全般的な不安定に見舞われる（虚言癖、抑えられぬ怒り、過食、官能性の昂進）。そこに訪れるのは「霊的地獄」だ。神の慈悲を求める叫び声も神の耳に届かず、告解師ベルトーにもいよいよ見放され、さらには神の子であるという秘められた確信さえ消え入ってしまう。それだけではない。このような魂の死ではまだ十分ではないかのように、さらに霊的に埋葬され、腐り、いっさいの人間的形姿を失ったあげく、この腐敗にとことんまで耐えて、旧約聖書の「詩篇」に唱われるとおり、「人の心からかき消される死者たち」のごとく消滅しなければならない。これは、ラカンが述べた「第二の死」、すなわち、個人の尊厳をどこまでも根こそぎにする非人間的状態の極でなくてなんだろうか。

こうして、神を失った苦悩までをも失い、「愛するか愛さないかを考えなくなる」という意味で愛をも手放し、もはや灰と塵だけの身になって、腐敗臭すら感じなくなる。ここにはじまるのが、神秘論の固有の意味での「消滅（文字どおりには「無になること」、anéantissement）」にほかならない。それはまず、「自我の消滅」の形をとる。これが何を意味するのかについては、先に述べたとおりだ。ラカンの鏡像段階理論に照らせば、自我とは、「寸断された身体」という主体の根源的な現実（諸々の身体感覚や欲動刺激がひたすら無統一に散乱し、浮遊している状態）に被せられる見せかけの、というより間に合わせの（ようするに「想像的」な）統合イメージ、それゆえ、一枚のはかないヴェールでしかない。神秘論者は、ミーヨによれば、「奇妙で強力な渇望に突き動かされ」て、このヴェールが剝ぎとられることを求めてやまないのである――徹底的な受動性のうちに！　だが、これはまだ、神秘的消滅の最初のステップにすぎない。さらに、第二の消滅が続く――

消滅しなくてはならないのは自我のみではなく、さらにその彼岸、いかに粗末であっても、それによってまだ何かが、滓であれ、滓であれ、屑であれ、存続するところの、存在の残余すら、滅びなくてはならない。屑であること、それはまだ何ものかであることだ。もはや何も残らなくなるまで、腐り切らなくてはならない。破壊は腐敗の彼岸においてすら遂げられねばならない、あたかも世界というテクストから完全に消し去られることが問われているかのように。[37]

このように記しつつ、ミーヨがここで、ラカンの好んで引くヴァレリー「蛇の粗描」の一節、すなわち「宇宙とは非存在の純粋さに刻まれた瑕にすぎぬ」を想起するのは意味のないことではない。いかに逆説的に見えようとも、いっさいの存在がかき消され、無に帰すこの「彼岸」とは、まさに存在と非存在が混同され、存在の無欠性が復元される地平なのだ。ここに、霊的消滅をして「最終的な、後戻りできぬ出口」への通路たらしめるバネがある――

無は跳躍と化す。完全に無根拠な、溢れんばかりの生の純粋な跳躍だ。それはひとつの恐るべきエネルギー、自己へと連れ戻したり、ブレーキをかけたりする湾曲をもはや知らず、自己の消去と神の退去をもって開かれた空間において、対象なき跳躍により、不断にほとばしるエネルギーである。[38]

この空間、「完遂した無が一気にサインを替える」ことで生まれるこの「自由な大気」を、ジャンヌ・ギュイヨンは「広大」と呼んだのだった。一六八〇年の夏、「私の魂はひとつの広大無辺さのうちに置かれました」と彼女は書いた。そこでは時空が変容し、現在と過去が共在するとともに、内と外が連続性をもつようになることは、先に述べたとおりだ。ここまで区別がなくなると、ジャンヌによれば、「魂は平安の河に没したようになり、またその河に深く貫かれるがゆえに、いまや魂それじたいが平安そのものになる」[39]。同じことが、そのまま神との関係についてもいえる。霊的消滅の道にある主体にとって、神はけっしてペルソナとしては見出されないし、その彼岸をなすはずの神性（déité）はただ無としてしか把握されえない。その無に同化する主体にとって、神はもはや自分と離れたところにはなく、その存在を捉えることは、すでに自らがそれになっていると悟ることに自ずと等しくなる。ジャンヌが到達したのは、それゆえ語の全き意味における「神化（déification）」だった。そしてそれこそが、ミーヨを魅了してやまない彼女の「自由」の源泉にほかならない。いや、源泉ではなく、神化とこの「自由」は完全に等しいと言わねばならないのだろう。いずれにせよ、それに勝る自由はあるまい。これ以後、ジャンヌは、フェヌロンを訓化する際にも、ボシュエの理詰めの批判に決然と反論する折にも、はたまた、迫害の末にバスティーユ監獄に幽閉されるあいだも、この自由に拠って立ち、我と我が身を支えたにちがいない。打ち負かされるはずがない。

しかし、いまひとつ注目しておきたいのは、ジャンヌ・ギュイヨンにとって、このように「完璧なる生」へと自らを産み直すことは、いかなる「脱自（extase）」とも、「恍惚（ravissement）」とも、無縁だったことだ。この点で、ジャンヌはアビラのテレサと明白に一線を画する（つまり、ジャンヌはラカンの言う「ごつい色呆け」ではなかったのだ）。実際、ジャンヌはこれらの経験を祈禱に劣るものとみなしていた。ジャンヌにいわせれば、「霊的な官能性」に属する「脱自」の場合、魂はただ心地よさに引きずられているだけだから、すぐに失墜してしまうし、脱自よりは上位の経験であるとジャンヌ自身がみなす「恍惚」ですら、神が魂を惹き寄せようとすることに魂（の自己愛）がなお「抵抗」する証左にすぎなかった。これにたいして、ジャンヌに訪れた「内的経験」とはつまるところ何だったのか。それは、「失神も、目を見張るような顕れかたも、感覚や意識の喪失も伴わぬ、完璧な恍惚と脱自、すなわち、そこでは魂がいっさいの属性を失い、まるで自分に固有で自然な場所に赴くかのように、努力も激しい身動きも無用のまま、神の内へと進みゆく、自己からの退出」[40]であり、「数時間ではなく、永遠に、激しさもなければ変質もなく、行われる脱自」[41]である。だが、じつは、これはアビラのテレサが『内なる城』（一五七七）に記した「第七の居室」、すなわち、純化された魂が到達するとされる「完徳の高み」からそう遠くない。テレサが「蝶」にも準《なぞら》える魂はそこで死に、キリストという新たな命を受けとる。法悦（arrobamiento）や脱自は、感覚的な体験としては途絶えてしまうが、魂はむしろ感覚を超越した至福にたえまなく満たされるようになる。というのも、神との「霊的結婚」により、魂はまるで「二本のローソクがぴったり合わさってそれぞれの光がただ一つに」なるかのように、「水が天から川に、あるいは泉に落ちてくる」[42]ように、神との一致を生きるからだ。これは——用いられるレトリックに至るまで——、ジャンヌが「魂は平安の河に没したようになり、またその河に深く貫かれるがゆえに、いまや魂それじたいが平安そのものになる」と記したのと同じ境地でなくてなんだろうか。つまり、「色呆け」の段階（テレサにおける第五、第六の居室）を経由したか否かにかかわらず、到達した地点にのみ目を向けるならば、テレサとジャンヌはともに同じ「広大」へ突き抜けたといえるのかもしれない。

こうして、私たちはジャンヌ・ギュイヨンとともに、いや、ジャンヌに導かれたカトリーヌ・ミーヨとともに、ラカンがセミネール『アンコール』に残したあのセンセーショナルな定式に立ち還ることができる。ラカンはこう述べたのだった――

〈他者〉のひとつの顔、神としての顔を、女の享楽によって支えられるものと解釈してはいけないだろうか？[43]

前章において私たちがこの一節に加えた長々しい評釈のようなものは、ミーヨにはどうやら無用であるらしい。もっとも、この定式が、神のうちに何よりも「父の機能」をみる伝統的な、そして精神分析も長らく依拠してきた、定番の認識といささかも噛み合わない事実は、ミーヨの目にも留まっている。そもそも、ラカン自身がこの定式に続けて、「ご覧のとおり、神がふたりいるというわけではないが、さりとて神はひとりしかいないということでもない」と、いつになく歯切れの悪い説明を弄しているのは印象的だ。だが、そうした齟齬にすら、ミーヨはいささかも拘泥しない。彼女の答えは至ってシンプルだ――

完全にふたりであるわけではないこれらの神を、私はいまや「子供たちの神」と「女たちの神」と呼びたい。[44]

子供たちの神とは、それが長引けば病理的な症状を引き起こさぬともかぎらない、母親への隷従にも似た依存状態（いいかえれば、子供が母親から受ける侵襲）から、子供を救い上げ、解放してくれる「父」の機能のことだ。いかに救済者としての側面が強調されるとはいえ、これは所詮「エディプス的父」の域を出ない。それにたいして、「女たちの神」とは、もはや繰りかえすまでもあるまい、神秘論者たちの神、すなわち、ジャンヌがその隅々にまで溶け入ってゆく「広大」、その外部にはいかなる存在も非存在も見出されぬ究極の「大いなるもの（l'immense）」にほかならない。『完璧なる生』のジャンヌ・ギュイヨンに捧げられる章は、晩年のジャンヌが記した次のような言葉で閉じられる――

つまるところ、何も、何もありません。私に足りぬものは何もなく、何についても欲求を感じません。死、生、いっさいは同じです。永遠、時間、いっさいが永遠であり、いっさいが神なのです。[45]

ジャンヌは死んだのだろうか。もちろん、一個の肉体をもつ主体としてのジャンヌは死んだ。バスティーユから解放されて以来ひっそりと、しかし弟子たちを教育しながら余生を送っていたロワール河畔の小都市ブロワで、一七一七年六月のある日に。だが、あの完璧なる無限、あの「広大」を生きていたジャンヌにとって、肉体の死がいかほどの意味をもちえただろうか――いっさいの差異を消し去る「広大」のうちでは、生と死のあいだにすらもはや境界を見出すことはできないのだから。それゆえ、私たちはいまいちどこう繰りかえさなくてはならない――女は不死である、と。

ラカンからミーヨへと続く女性論の結語は、やはりそれ以外にない。

1 Elisabeth Roudinesco, *Histoire de la psychanalyse en France* (1994) - *Jacques Lacan Esquisse d'une vie, histoire d'un système de pensée* (1993), La Pochothèque, 2009, p. 1791.

2 三つ以上の環を、いずれの二つも直接に繋ぐことなく、全体としてひとつに結び合わせる結びかたで、そのように結ばれた場合、いずれの環が切断されても、すべての環がばらばらに解けてしまう。ボロメオ結びのこの特異な性質は、ラカンにとって、「症状」の位置づけを再考する（象徴界、想像界、現実界を三つの環に見立て、そのボロメオ結びの破綻を症状の環が補修するという構図の一般化）契機になる一方、集団形成のモデル（「学派」という集団ももちろんこのモデルで考察しうる）でもありえた。ボロメオ結びの原理は「三なくして二なし」と要約することができるが、このモティーフをラカンがすでに一九四〇年代に「集団論理」（集団内の各々の主体が、他のそれぞれが行っていると想定される推論にもとづいて行う推論を成り立たせる論理）の根本に位置づけていた――ただしボロメオ結びに言及することなく――ことは銘記しておく必要がある。ボロメオ結び的なものへの関心は、おそらく、ラカンのなかに一貫して存在していたのだろう。しかし最晩年のラカンは、それがあたかも知的インスピレーションの唯一の源であるかのように、ボロメオ結びの構造とその展開に没頭していった。

3 *Ibid.*, p. 1927.

4 Catherine Millot, *La vie avec Lacan*, Gallimard (coll. L'Infini), 2016, p. 88.

5 *Ibid.*, p. 64.

6 Catherine Millot, *Abîmes ordinaires*, Gallimard (coll. L'Infini), 2001, p. 52.

7 次のヴィデオを参照：https://www.youtube.com/watch?v =1bp0Fa7zXgs ソレルスは、本書がラインナップされたガリマール書店「無限《ランフィニ》」シリーズのディレクターである。

8 Jacques-Alain Miller, *Vie de Lacan*, Navarin, 2011, p. 16.

9 Catherine Millot, *La vie avec Lacan*, *op. cit.*, p. 10.

10 *Ibid.*, p. 11.

11 *Ibid.*, p. 41.

12 *Ibid.*, p. 51.

13 *Ibid.*, p. 67.

14 *Ibid.*, p. 32.

15 フィリップ・ソレルス／鈴木創士訳『女たち』上、河出文庫、二〇〇七年、一二八頁。

16 Catherine Millot, *La vie avec Lacan*, *op. cit.*, p. 28.

17 *Ibid.*

18 *Ibid.*, p. 102.

19 *Ibid.*, p. 103.

20 *Ibid.*, p. 27.

21 Jacques Lacan, *Séminaire 25 : Le moment de conclure* (1977-78), texte établi par Patrick Valas, inédit, http://staferla.free.fr, p. 51.

22 Catherine Millot, *La vie avec Lacan*, *op. cit.*, p. 49.

23 *Ibid.*, pp. 47-48.

24 *Ibid.*, pp. 43-44.

25 *Ibid.*, p. 78.

26 *Ibid.*, p. 102.

27 Catherine Millot, *Abîmes ordinaires*, *op. cit.*, p. 11.

28 Catherine Millot, La mystique ferenczienne (2009), in : *La logique et l'amour*, Éditions nouvelles Cécile Défaut, 2015, p. 26. いうまでもなく、「内的体験」という語をミーヨはバタイユに倣って用いている。

29 Catherine Millot, *Abîmes ordinaires*, *op. cit.*, p. 13.

30 *Ibid.*, p. 14.

31 *Ibid.*, p. 22.

32 *Ibid.*, p. 19.

33 *Ibid.*, p. 20.
34 *Ibid.*, p. 40.
35 Catherine Millot, *La vie parfaite*, Gallimard (coll. L'infini), 2006, p. 38.
36 *Ibid.*, p. 47.
37 *Ibid.*, p. 55.
38 *Ibid.*, p. 56.
39 *Ibid.*, p. 60.
40 *Ibid.*, p. 30.
41 *Ibid.*, p. 14.
42 アビラの聖女テレサ／高橋テレサ訳『霊魂の城』聖母文庫、一九九二年、三八二頁。
43 Jacques Lacan, *Séminaire 20 : Encore*, texte établi par Patrick Valas, inédit, http://staferla.free.fr, p. 62.
44 Catherine Millot, *La vie parfaite*, *op. cit.*, p. 257.
45 *Ibid.*, p. 108.

あとがき

『三田文學』での連載のタイトルは「ラカンと女たち」だった。

このタイトルは、とくに知恵を絞るまでもなく、執筆のテーマと同時に決まった。その経緯はいたってシンプルだ。当時の編集長・福田拓也氏が、ラカンについて書いてほしいと私に声をかけてくださったとき、私は多忙を理由に一度お断りした。しかし福田さんは重ねて、「一回一五枚でも二〇枚でもいいからお好みのテーマで」と熱心に誘ってくださった。そのおかげで、私はだんだん、自分自身が楽しめるテーマでなら、書き続けられるかもしれない、と考えるようになった。そして、そう思えるテーマと方法はひとつしかなかった。何らかの点、何らかの理由でラカンを触発したといえる女性たちを、毎回ひとりずつ取り上げ、ラカンが当の女性について何を考え、その女性から何を学んだのかを、描いていくことだ。これは、ちょうどその時期に刊行された前著『狂気の愛、狂女への愛、狂気のなかの愛』の延長線上に、自ずと見出されるモティーフでもあった。いや、その延長線上で何かを試みるというより、むしろ、この著作でやり切れなかったこと、やり残したことを達成するという意識のほうが強かったかもしれない。いずれにせよ、その中心には「女の享楽」の問いが横たわっていた。

こうして、二〇一六年七月(『三田文學』第一二六号)、「ラカンと女たち」の連載がはじまった。ところが、開始早々、いきなり大きな誤算が生じた。初回のみで済ませる予定だった「序論」を、一回で書き切ることができなかったのだ。それもそのはずだ。私は当初から、本連載で取り上げる「女たち」をもっぱら一九七〇年代のラカンの言説——すなわち、「女なるものは存在しない」というテーゼや、「全ならず」、「上乗せ享楽」といった概念に縁取られるそれ——を例証するためだけにラインナップするつもりはなかった。一九五〇年代から六〇年代にかけて、ラカンには堅固なファルス主義にもとづく女性論（女の愛と欲望にたいする問いかけ）があり、それはさらに早い時代、とりわけ一九二〇年代から四〇年代にかけて、フロイトその人を震源地にヨーロッパ中の分析家を巻き込んで繰り広げられた女性のエディプスとセクシュアリティをめぐる論争に、明らかに棹さして構築された理論だった。それを一瞥することなくして、この企画はありえない。もっとはっきりいえば、ファルスを語ることなくして、「女なるものは存在しない」を吹聴することはできない。とすれば、それは序論から果たされなくてはならなかった。本書のとくに前半が「ファルス」のオンパレードになった所以である。

だが、三年間・全一二回のスパンで企画された連載だ。もちろん、そんなペースで序論を書いてよいはずがない。最終的に五回（！）に及んでしまった序論は、連載の残りを圧迫せずにおかなかった。つまり、当初一一人ピック・アップされていた女性たちとともに綴るはずだった各論は、その半数近くを切り詰めなければならなかった（一方、単行本に編み直すに当たり、序論はそのヴォリュームゆえ「総論」と銘打ち直された）。おまけに、今世紀に入って俄に見直しが進んだマリー・ボナパルトに、つい深入りしてしまい（それほどに、彼女についての最近の研究はおもしろいのである）、彼女に二回を費やしてしまった迂闊もそれに追い討ちをかけた。こうして、元のレパートリーから五人の女性の名を削除せざるをえなかったわけだが、それらの名をここでつぶさに明かす必要はあるまい。そのうちの二、三については、もちろん不十分であるのは承知の上で、連載後に書き加えた註のなかで触れるだけは触れるようにした。

もっとも、これらの不足を補うために、私には、この単行本化の機会に、いくつかの章を追加するという選択肢もあった。にもかかわらず、それをしなかったのは、昨年度の学務の煩わしさがそれを許さなかったという事情もあるが、何よりも、単行本化に向けて全体を読み直したとき、私がいま書くべきこと、書きうることは、十分に——あえて「すべて」とはいわぬが——書き切っている、という思いが強かったからだ。そう思わせたのは、ほかならぬテレサについての章だった。前著『狂気の愛……』の序章になった論文（「性関係はない——男の享楽と女の享楽」二〇〇六）のなかで、この聖女の「内的経験」に初めて触れて以来、私のなかにはつねにある種の物足りなさが燻っていた。もちろんテレサが物足りないのではなく、私自身が物足りないのであり、その理由は明らかだった。テレサという人物が私のなかで明確に像を結ばなかったのである。ようするに、彼女を捉えきれていなかったのだ。実際、その論文を書くときに私が——間に合わせのように——目を通したテレサの著作は、『生涯の書』のみ、しかもその一部のみだった。それではこの偉大な魂の軌跡を思い描けるはずがない。もちろん、テレサの経験を女の享楽＝上乗せ享楽のパラダイムのひとつに挙げておきながら、なぜそうであるのかを——ベルニーニによって不滅化《インモータライズ》されたテレサが「享楽している」と断定する以外——まったく説明しなかったラカンにも責めはあるといえばいえるのかもしれない。しかしこれは、ラカンにはよくあることだ。カントやサドについてのラカンの説明も、お世辞にも十分とはいいがたい。にもかかわらず、「欲望の純化」というモティーフについてラカンが語ったことをつかみとろうと思えば、私たちはやはりカントやサドがそれぞれ像を結ぶようになるまで、彼らの著作を読み込まなくてはならない。結局のところ、ラカンが私たちにしてくれるのは「ここ掘れワンワン」というやつだけだと思ってかかる必要があるのだろう。その先へは、私たち自身が欲望をもって進めるかどうかだ。

私にとっては、テレサの場合もこれと同じだった。テレサは女なるものの極北であるというラカンの示唆に触発されたからには、それを真に受けて、テレサをとことん問い詰めなければ埒が明かない。二〇〇六年におそるおそるこの聖女に近づいたときには、私にはそこまで進んでみる覚悟がなかったのだ。それゆえ、「ラカンと女たち」の企画は、私にとって、自らのこの不甲斐なさにリヴェンジすべく、テレサに再度向き合うまたとないチャンスだった。おそらく、こういうことだ。私にこの本を書かせたのは、突き詰めていえばテレサだった。前著を上梓したあと、なおも「完成」させなくてはならないと私が感じていたのは、テレサについての仕事だったのだ。実際、「女たち」のレパートリーからテレサの名を外すことだけは、一度も考えなかった。というより、このレパートリーの筆頭にあったのはつねにテレサの名だった。そして、連載第一一回を前にあらためて挑んだテレサのテクスト群は、誇張抜きに、驚きの連続だった。潑剌とした才気に満ちあふれているのである。突き刺しの幻視のごとき過激な内容がいかにも修道女らしい実直な文体で淡々と綴られる絶妙な落差までが思考をくすぐり、心憎い。そこに見出されるのは、自らを翻弄する特異な体験の数々、本来的に名状しがたく、定義上筆舌に尽くしがたい体験の数々を、何とか書き留め、証言し、記述し尽くそうとする、澄んだまなざしと粘り強いエクリチュールだ。しかもその記述のなかには、感覚的なものと知的なもの（知性的なもの）を弁別するほとんど哲学的な考察も含まれている。いや、これらの著作全体が紛れもない哲学の書、思想の書でなくてなんだろうか。

一般に、近代哲学の祖はデカルトであるとされる。デカルトはいっさいの悟性的認識の基礎となる「コギト」を発見し、哲学と科学を神学的世界観（スコラ哲学）から脱皮させるとともに、哲学的思考を俗語（ラテン語でないヨーロッパ語）で書き記す道を拓いた。だが、『方法序説』（一六三七）

に半世紀以上も先駆けて、テレサもまたその哲学的思考を母語であるスペイン語で綴っていた。なるほど、テレサの著作は哲学ではなく神学の書とみなされるのがふつうだ。テレサは「コギト」を発見したわけでもない。だが、哲学と神学の境界は、じつはそれほど明確ではない。デカルトの形而上学的著作はいずれも神の存在証明をコギトの発見と並ぶ軸として組み立てられており、コギトが明証的に認識する物事は神の無謬性があってはじめて真実と認識される。一方、ラカンがそれを見抜いたように、テレサが自らの神秘体験について残した記述全体もまた、一個のたえまない神の存在証明だった——ただし、テレサにとっての神は、デカルトの真実を支える神とはおそらく異なる顔をした神、女の享楽によって支えられる顔をもつ神だったわけだが……。

とすれば、デカルトは神学とは別の伝統を起こし、テレサのほうは近代に廃れゆく神学のフィールドに留まったなどと、どうして決めつける必要があるだろうか。むしろテレサこそがデカルトに先駆ける哲学者であった可能性を吟味する余地はないのだろうか。というより、テレサが哲学者であったかどうかではなく、テレサを含む「哲学」が存在するとしたら、それはいかなるものでありうるかを考えることが重要なのだ。実際、もしもテレサの著作に哲学的な価値があると早くからみなされていたなら、哲学史の表面は大きく変わっていたにちがいない。もしかすると、一九七〇年代のラカンを俟たずして、哲学ではいち早く女の享楽や「全ならず」の論理にスポットが当てられていたかもしれない。それどころか、「全ならず」や「上乗せ」の論理が現在の哲学のカノンになっていた可能性すらある……。もちろん、事実はそうならなかった。なぜなら、デカルト以来の「哲学」は、神学的なものからますます遠ざかっていっただけでなく（そしておそらく、神学的に言い表されたものを何か別のものとして見る視点をもたなかった）、何よりも女の思想、女たちの思想を事実上抑圧してきたからだ。「女性的なるもの（le féminin）」を拒絶してきた、といってもよい。試みに、哲学史や思想史を名乗る本を一冊でも繙いてみるといい。そこにどれほどの女の名が拾われているだろうか。二〇世紀にボーヴォワールやアーレントが登場するまで、ひとつでも女の名に出会うのはむずかしいはずだ。あるいは、それらの本のどこに、女の顔をした概念が見出されるだろうか。真実、存在、現実、自我……こうした概念は、哲学・思想史において、つまるところ、男たちのあいだで、男たちだけの了解によって、確立され、鍛えられ、いわば制度化されてきたのではなかったか。哲学的「概念」とはいずれもマッチョでファリックな代物であり、それ以外の何ものでもない。それを弄ぶ主体の大多数がいまだに男たちであるのは、それゆえ理由のないことではない。いったい、哲学・思想研究は、この本質的なマッチョぶり、ホモソーシャルぶりにいつまで身を浸し続けるのだろうか。

ここに、私にとっての本書のもうひとつの賭け金がある。哲学・思想界にはびこるこの事実上のミソジニーを、根こそぎにするとはいわないまでも、それに楔を打ち込むこと、いや、いっそ潔くそれと縁を切ることだ。もう男の名だけを繰りかえす思想書、概念という名のファルスに凭《よ》りかかる哲学書は要らない。もし思想を語るなら、むしろ女たちの思想、これまでの哲学史や思想史によって隠されてきた「女性的なるもの」の思考の鉱脈をこそ掘り起こしてみたい。いや、掘り起こさなくてはならない。本書の後半は、そのささやかなパイロット・スタディーのつもりである。

もちろん、本書のなかでたびたび触れたとおり、ラカンの「女なるもの」は必ずしも生物学的・解剖学的な女性を指すわけではなく、それに還元されもしない。ラカンによれば、テレサの盟友でもあった十字架の聖フアンは女であり、何よりも当のラカン本人が「第一名誉女性」を名乗って憚らなかった。反対に、解剖学的な女性のうちにも、性別化の表の左側のみに「すべて」書き込まれてしまう主体、その意味で「男」である主体が、たっぷり紛れ込んでいるにちがいない。本書では、結果的に、解剖学的性を越境してやってきた女たちについて触れることができなかった。つまり、本書に集められたのは、いずれも解剖学的に女性である女たちばかりだ。だが、いかに理論的にファルス≠ペニスであるといっても、両者の混同や取り違えは今日の文明に根強く行きわたっている以上、こうした幻惑から自由でいられるのは、どちらかといえばやはり解剖学的な女性たちであることはいうまでもない。それゆえ、さしあたりそこから出発することを、控える理由もあるまい。「女の享楽」の秘密の解明をラカンが呼びかけたのも、まずは解剖学的な意味で「女性」である分析家たちだった。

なお、本書には、これ以外にも不出来なところはある。とりわけ、最終章では、いわゆる「パンドラの筺」をうっかり二つも開けてしまったにもかかわらず、それをどうすることも——こういってよければ、見て見ぬふりをする以外——できなかったという忸怩たる自覚がある。それが本書の、いや、いまの私のリミットなのだろう。それにたいする批判は、甘んじて受けるつもりだ。そしてこれらの「筺」には、いつの日か立ち戻りたい、いや、立ち戻らねばならないと思っている。

さて、この本の誕生を私は多くの恩人に負うているが、そのなかでも福田拓也氏は別格だ。四年前の春、福田さんが熱心に声をかけて下さらなければ、いくら前著と密接な繋がりがあるとはいえ、本書の内容が書かれることはなかったかもしれない。福田さんはその後間もなく『三田文學』を離れられたが、それからも折々に私を気にかけ、現代詩と現代文学の世界に私を誘って下さる。福田さんのなかには、ご自身が研究なさっているシュルレアリスムの言語世界とラカンのそれがどこかで繋がっているという直観がおありなのだろう。青年時代のラカンがシュルレアリスムの洗礼を浴びた事実はつとに指摘されるとはいえ、その影響関係を言語実践の平面で捉えた業績は少ない。福田さんのエリュアール研究には、まさにそれへの鍵になる論点が溢れている。その福田さんだからこそ、そもそも、ラカンの日本語観に触発された気鋭の日本語論『「日本」の起源：アマテラスの誕生と日本語の生成』の著者たりえたのだろう。パリ留学の先輩でもあるこの敬愛すべき詩人に、本書を真っ先に届けたい。心からの謝辞を添えて。

ところで、いま「ラカンの日本語観」と述べた。すべての漢字に音読みと訓読みがあり、両者は発話と意味の次元をそれぞれ独占していて、日本語話者はこの言語を話す以上、音読みで発音される語を、訓読みが表すその意味に翻訳する作業、つまり、意識的なものから無意識的なものを引き出す精神分析的「解釈」にも似た作業を、休みなく行っている、それゆえ（これらの翻訳がかえって、自分が話していることがらを問いに付すことを忘れさせてしまうので）日本人は精神分析不可能である……と、ラカンはどうやら──本気で──考えていたらしい。この考えの当否はともかく、これはけっして純然たる空想の産物ではなかった。というのも、ラカンは日本語を学んだことがある、少なくとも、その手ほどきを受けたことがあるからだ。教師役を務めたのは、ひとりの日本人女性だった。ラカンは一九七一年の復活祭の休暇に二度目の来日を果たしたのだが、その前後のテクストでちらほらと言及されるこの女性、ラカンによると、ラカンとの会話ではじめて西洋の「機知（mot d'esprit）」がどういうものであるのかを「発見し」（件の絶え間ない「翻訳」のゆえ、日本語では機知はあまりにも当たり前のことになりすぎているので、この日本人女性には西洋の機知がかえって新鮮だった、というのがラカンの理屈だ）、ラカンが自分の著作集に「書《エクリ》」というタイトルをつけたのがあまりに不遜だと「かんかんになって怒った」（エクリチュールは日本において、シニフィアンを音読みから訓読みへと響かせる際に無数の屈折を生じさせ、いわば文字の乱反射を起こさせるが、それは高天原でアマテラスが放った有難い無数の光線の再現である、だから日本人にとってエクリチュールは神聖であり、軽々しく書物のタイトルなどにつけてはならないのだろう、とラカンは推測している）というこの日本人女性を、私は、福田さんに紹介する意味もこめて、本書を彩る「女たち」のリストの最後に加えたいと思う。この女性の素性は、すでに四〇年近く前に、木村治美（『こころの時代に』、文藝春秋、一九八三）によって明かされた。驚くなかれ、日本で初めてフロイトの著作（それは『精神分析入門』だった）を翻訳した京都帝国大学出身の開業医・安田徳太郎の娘、朝子さんだ。日本初のフロイトの翻訳者の娘が、ラカンに日本語を教えたという事実の妙に、目の眩む思いがする。しかし、朝子さんがラカン（けっして扱いやすい生徒ではなかったはずだ）とどうつきあったかについては、しばし木村治美の筆に譲ったほうがよいだろう――

朝子さんがパリに留学していたとき、偶然ラカン教授〔ママ〕に日本語を教えたことがおありになるそうです。ラカン教授というのは、精神分析の大家であり、高名な思想家ですが、そんな偉いかたとは知らず、日本語を教えに通ったとか。「きょうはよくわかった」という日には、授業料を倍もくれたり、「きょうはわかりにくかった」という日は、半分しかくれない。あまつさえ、わからないといって、テーブルをバーンとたたいて、紅茶を引っくり返してしまったりするのだそうです。

朝子さんも負けるものかと、同じようにバーンとたたいてやり返す。ラカンさんがそんな立派な大学の先生〔ママ〕とは知らなかったのですが、人から「盲蛇におじずだ」とあとでいわれました。

パリ五区の診療所で、朝子さんがラカン教授に日本語を教えていると、むこうのほうに、患者さんがたくさん待っている。日本語の勉強が長びくと、患者さんがワァワァさわぐ。「黙れ、患黙れ」と、ラカン教授はよく患者たちにどなったそうです。
たくさんの患者さんに精神分析をしていたのですけれど、まるで歯医者の治療みたいに一人あたり三分くらいで、料金もとても高かったのですが、三分間話を聞いてもらっただけで、出てくるときの患者さんの顔は生き生きと輝くという評判だったそうです。

英文学者の木村治美は、米国の分析家がしばしば医学校の教授であるのを見聞きしていたから、おそらくそのバイアスのせいで、実際には大学のポストに縁のなかったラカンも「立派な大学の先生」だと思い込んでしまったのだろう。もちろん、同じような誤解が朝子さん本人にもあったのかもしれない。しかし、イライラしてテーブルを叩いたラカンに、同じくテーブルを叩いてやり返したという彼女の堂々たる猛者ぶりはまぶしい。リール通り五番地のラカンのオフィスに、ラカンが歯医者以外のありとあらゆる職種の専門家や販売員を呼び寄せていたことは、カトリーヌ・ミーヨが『ラカンと生きる』のなかで報告しているのを本書でも紹介したとおりだが、そうした人々の一角をこの朝子さんも占めていたのである。日本の精神分析の不幸のひとつは、フロイトに分析を受けた日本人、クラインに分析を受けた日本人、ラカンに分析を受けた日本人が、ひとりもいないことだ。古沢平作はフロイトに分析を申し込んだものの、料金が高すぎるという理由でそれを断念した。矢部八重吉はクラインの自宅にお茶に招かれることがあったが、分析はやはり別の分析家のもとで行っていた。じつは、私の知るかぎり、ラカンに分析を申し込んだ日本人は、まさにこの時代、すなわち、一九七〇年代前半に、少なくともひとりはいた。だが、いま引用した木村の文章にもあるように、ラカンのキャビネの待合室に大勢のアナリザンが文字どおり詰めかけていた時代だ。ラカンに「こいつはおもしろい」と思ってもらうことに残念ながら成功しなかったのだろう。この日本人医師は他の分析家のもとに送られてしまったようだ。そうした不幸に照らすと、けっしてアナリザントとしてではなかったにせよ、ラカンのキャビネに定期的に招かれ、あまつさえ日本語を教えたという朝子さんの経験は、貴重などという言葉では語れない。木村治美の本には、しかし、彼女が安田徳太郎の娘であるという以外に、朝子さんに繋がる情報は何ひとつ書かれていない。もし存命しておられるなら、その目でご覧になったラカンについて、一言でも二言でもお話を伺ってみたい思いがいや増しに募ってくるのだが……。

いささか脱線が長くなった。元の軌道に戻ろう。

私は出版前の本の原稿を滅多に人に見せない。まだ活字にもなっていないもので他人の目を煩わせるのが憚られるからだ。だが、本書総論の第一節だけは、友人である古典学者・堀尾耕一氏のご好意に甘えて、事前にひととおり目を通していただいた。ゼウスとヘラの諍いにテイレシアスが決着をつけたエピソードに、古代・中世を通じてさまざまに継ぎ足された尾ひれについて、目の届く範囲で連載時にしっかり調べたつもりだったのだが、所詮はギリシャ語もラテン語も板につかぬ身、今回あらためて原稿を整える際には足の竦む思いがした。堀尾さんのような専門家の手助けがなければ、本書のこの部分に日の目を見せてやることはできなかっただろう。堀尾さんの友情に心からの感謝を捧げたい。

本書の出版に当たっては、もうおひとり、『三田文學』の現編集長・関根謙先生にも御礼を申し上げなくてはならない。私の連載がどこまで関根先生のお眼鏡にかなっていたのか、心許ないかぎりだが、関根先生は私がこの連載を最後まで全うすることを励まして下さった。それだけに私のほうは、毎回の原稿の分量が少しずつ嵩んでいくだけでなく、連載中もみるみる増えていく学務のおかげで、そのクオリティは回が進むにつれてどんどん低下していくことに、焦りと疚しさを感じずにはいられなかった。そのことにたいするお詫びも、この場を借りて、遅まきながら申し上げたい。思えば、『三田文學』は荷風の手で創刊された雑誌だ。その伝統ある誌面に、三年間とはいえ、名を刻ませていただけたことは、私の誇りである。

連載が終わったあと、単行本化に興味を示してくれる出版社はいくつかあった。だが私は、この本だけは女性の編集者にお願いしたい、いや、お願いしなくてはならないと、強く自分に言い聞かせていた。つまり、シヴィアな女性の目を通さずに出版してはいけない、と。そうなると、心に浮かぶのはたったひとり、前著『露出せよ、と現代文明は言う』の『文藝』連載時にお世話になった高木れい子さんだ。その我が儘を快く聞き入れてくださった高木さんには、いくら感謝の言葉を並べても足りない。せめて衷心からの御礼をここに記したい。

SARS-CoV-2と命名された目に見えぬ無数の対象 a によって、私たちの日常が瞬く間に一変した。臨床で出会われる a がしばしば個人にたいしてそう振る舞うように、このウイルスも社会に潜在する症状を一挙に噴き出させ、抑圧されていたものを唐突に回帰させた（百年前のスペイン風邪の記憶だけでなく、先の大戦下の混沌——移動の制限や物資の不足から、多数者に同調しない者への攻撃性、指導者の浅慮や凡策によって兵卒や国民が理不尽な犠牲を強いられる構造に至るまで——が想起されるのは、だからもちろん誇張でも偶然でもない）。そして、それがもたらす経済的打撃やジレンマ（感染の抑制をとるか、経済活動拡大をとるか）を前に、資本主義の諸装置の限界をあらためて痛感した人も多いにちがいない。

いうまでもなく、ラカンが「ファルス関数」と名指したものの政治経済版が、私たちがどっぷりと身を浸してきた資本主義にほかならない。新型のコロナウイルスによってたちまち引き起こされたその深刻な機能不全を前にして、私たちはいまやこう問われているはずだ。資本主義という関数にたいして、私たちは女になれるのか、すなわち「全ならず」のポジションに立てるのか、と。これは貨幣経済の外に出るということではない。そうではなく、すべてがそれに依存するわけではないことを身を以て知り、それを実践することだ。すなわち、政治経済的な意味での享楽＝享受（jouissance）について、資本の装置に依拠しないこともできると我と我が身とで示すこと。ようするに、カネと時間で買えない享楽を手に入れることだ。

資本に結びついたテクノロジーが大量に生産する粗悪なガジェットに、危機下においてすらかくも耽溺している私たちには、これでも十分にむずかしいチャレンジになるにちがいない。しかし、いまや避けられない一歩であることは疑いを容れない。

願わくは本書が、そう考える人々のささやかなよすがにならんことを。

二〇二〇年八月

立木康介

〈初出一覧〉

Ⅰ　総論　女のエディプスから女なるものの享楽へ

(1)　ラカンと女たち 第Ⅰ回 序――(精神分析的に)女性的なるもののほうへ
『三田文學』第一二六号、二〇一六年七月

(2)　ラカンと女たち 第Ⅱ回 序(其二)――男と女とに神は彼らを創られた
『三田文學』第一二七号、二〇一六年一〇月

(3)　ラカンと女たち 第Ⅲ回 序(其三)――女=ファルス
『三田文學』第一二八号、二〇一七年一月

(4)　ラカンと女たち 第Ⅳ回 序(其四)――ファルスがある/性関係はない
『三田文學』第一二九号、二〇一七年四月

(5)　ラカンと女たち 第Ⅴ回 序(其五)――女なるものとその享楽
『三田文學』第一三〇号、二〇一七年七月

Ⅱ　各論　ラカンと女たち

1　ラカンと女たち 第Ⅵ回 オフィーリア――幻想の構造と対象への関係
『三田文學』第一三一号、二〇一七年一〇月

2　ラカンと女たち 第Ⅶ回 マリー・ボナパルト(前)――キャスティング・ヴォートを握るプリンセス

『三田文學』第一三二号、二〇一八年一月

3　ラカンと女たち 第Ⅷ回 マリー・ボナパルト（後）――盗まれ……買い戻された手紙（たち）
『三田文學』第一三三号、二〇一八年四月

4　ラカンと女たち 第Ⅸ回 肉屋の美人細君――ヒステリーの「満たされぬ欲望をもつ欲望」
『三田文學』第一三四号、二〇一八年七月

5　ラカンと女たち 第Ⅹ回 マルグリット・デュラス――ラカンの教えを、ラカン抜きに……
『三田文學』第一三五号、二〇一八年一〇月

6　ラカンと女たち 第Ⅺ回 アビラのテレサ――女の享楽とはなにか？
『三田文學』第一三六号、二〇一九年一月

ラカンと女たち 第Ⅻ回 カトリーヌ・ミーヨ――「女たちの神」のほうへ
『三田文學』第一三七号、二〇一九年四月

＊本書に編み直すに当たり、必要な修正を施すとともに、「各論」の各章にはいずれも大幅な加筆・補筆を行った。なお、カトリーヌ・ミーヨの章（Ⅱ-6）の、『ラカンと生きる』を取り上げた部分については、元の原稿に加筆したものが雑誌『思想』に書評として掲載され（「ラカンと生きる、ラカンから生まれる」、『思想』2020年9月号、岩波書店）、それを本章に組み入れ直した。また、テレサについての章（Ⅱ-5）には、次のフランス語版もある（内容は連載時のそれに等しい）――

Kosuke TSUIKI, Du supplémentaire―― Sainte Thérèse d'Avila dans ses jouissances, *PSYCHANALYSE YETU*, 45, érès, mars 2020.

立木康介　ついき・こうすけ

一九六八年生まれ。京都大学文学部卒業。
パリ第八大学精神分析学科博士課程修了。
現在、京都大学人文科学研究所教授。専攻、精神分析。
主な著書に、『精神分析と現実界』(人文書院、二〇〇七)、
『精神分析の名著』(編著、中公新書、二〇一二)、
『露出せよ、と現代文明は言う』(河出書房新社、二〇一三)、
『狂気の愛、狂女への愛、狂気のなかの愛』(水声社、二〇一六)がある。

女は不死である——ラカンと女たちの反哲学

二〇二〇年一一月二〇日　初版印刷
二〇二〇年一一月三〇日　初刷発行

著者　立木康介
発行者　小野寺優
発行所　株式会社河出書房新社
〒一五一-〇〇五一　東京都渋谷区千駄ヶ谷二-三二-二
電話　〇三-三四〇四-一二〇一［営業］　〇三-三四〇四-八六一一［編集］
http://www.kawade.co.jp/
ブックデザイン　鈴木成一デザイン室
組版　株式会社キャップス
印刷　株式会社亨有堂印刷所
製本　小泉製本株式会社

Printed in Japan　ISBN978-4-309-24981-0

露出せよ、と現代文明は言う

「心の闇」の喪失と精神分析

立木康介

犯罪のたび問題にされる「心の闇」。
だが「心の闇」を失ったことこそ現代の危機ではないのか。
〝心の露出〟を強いる文明を問う、
亀山郁夫氏絶賛の衝撃の評論！